司法手続きにおける子どものケア・ガイド

子どもの面接法

M・アルドリッジ
J・ウッド 著

仲 真紀子 編訳
齋藤憲一郎
脇中 洋 訳

北大路書房

INTERVIEWING CHILDREN:
A Guide for Child Care and Forensic Practitioners
by
Michelle Aldridge and Joanne Wood

All Rights Reserved. Authorized translation from the English language
edition published by John Wiley & Sons, Ltd.
Copyright © 1998 by John Wiley & Sons, Ltd.
Japanese translation published by arrangement with John Wiley &
Sons, Ltd. through The English Agency (Japan) Ltd.

編訳者まえがき

　事故や犯罪などの特別な事態に限らず，子どもから出来事の報告を受けなければならないケースは少なくありません。病院での申告（どのように転んだのか，何を食べたのか），いじめの発見（誰が誰に何をしたのか），お留守番の報告（いつ誰が来て何と言ったのか）など，大人が子どもから話を聞き出さなければならない場面は多々あります。けれども子どもは順序立てて，相手にわかるように体験を話すことが不得手です。子どもから正確に詳細な情報を聞き出すのは容易なことではありません。

　実際，私たちは裁判の領域で，大人があれこれと質問をしたり，何度にもわたって聴取を繰り返した結果，子どもの記憶が混乱したり，報告が変遷するケースを見てきました（法と心理学会叢書の『生み出された物語』『マクマーチン裁判の深層』などにもそれが見られます）。どのようにすれば子どもはより多く，より正確に話してくれるのでしょうか。

　本書は，子どもに出来事や体験を話してもらうためのガイドブックです。本書の特徴は，現実の面接事例をあげながら，どのように情報を求めればよいのか，子どもはどのように答えがちか，話が聞き出せない時にはどうすればよいのかといった具体的なアドバイスを提供していることです。各章のアドバイスや「すべきこと・すべきでないことのリスト」を参照しながら面接計画を立てれば，よりよい面接が可能でしょう。また，「自己査定シート」を用いて事後の評価を行なうことで，面接スキルは確実に向上するでしょう。

　本書で分析されている事例は，1992年に英国内務省が発行した子どもの面接ガイドラインMOGP（「よき実践のためのメモ」Memorandum of Good Practiceの頭文字をとってMOGPと呼ばれる）に沿って行なわれたものです。MOGPは，犯罪，特に身体的・性的虐待の被害にあったり，あるいは事件を目撃した子どもから事情を聴取するためのガイドラインとして作成されました。子どもの記憶は変容しやすいので，事件のごく初期に記録をとる必要があります。また，子どもに繰り返し面接を行なったり，法廷で尋問をしたりすると，子どもは嫌な出来事について何度も話さなければならないという二次的な

編訳者まえがき

被害を被ります。そこでMOGPでは，子どもの面接はできるだけ初期に行ない，法廷で提示できるようにビデオで録画する，ということが義務づけられました（MOGPについては付録1を参照してください。また，法と心理学会叢書の『取調べの心理学』にもMOGP成立の経緯が書かれています）。本書はこのMOGPに依拠し，警察官またはソーシャルワーカーがMOGPに沿って行なった面接を分析対象としています。

英国では，イングランドとウェールズの全地域で，MOGPによる面接が行なわれています。編者が視察させてもらった英国ポーツマス市ハンプシャー警察での面接の様子を少しご説明しましょう。そこでは5つほどのチームが，日々，その地域の子どもの面接に当たっていました。深刻なケースでは面接は当日，遅くても1，2日以内に行われます（子どもの記憶が汚染されることのないよう，面接が行なわれる前に家族や他の人が子どもから話を聞くことを禁じています）。

警察はホテルのような仕様でしたが，子どもの面接のための建物はそこから歩いて5分ほどの，森の中にある民家のような二階建ての一軒家でした。建物は通常無人であり，面接が行なわれる日には警察官，ソーシャルワーカー，親や付添人，子どもがこの建物で集合します。キッチン，医務室，ビデオのモニター室などの他，二組の面接を同時に行ない，しかもそれぞれの面接関係者が直接顔を会わすことがないように，2つの待ち合い室，2つの面接室が配置されていました。待ち合い室と面接室はほぼ同じつくりで，置かれている家具も似ています。そのため，子どもは待ち合い室で遊ぶことで面接室にも馴染むことができるようになっていました。面接室に入ると，ソファとテーブルの位置関係から，つい部屋の隅にある居心地のよさそうな席に座りたくなります。実はその席の正面上に小さなカメラがついていました。「時計もあったのですが，子どもが時間を気にするのではずしました」「以前はプラスチック製の椅子だったのですが，リラックスできないので無理を言ってソファにしてもらいました」「最初は皮のソファだったのですが，キュッキュッと音がするので布製に替えました」。試行錯誤の後が見られる設備です。

面接官はおもに婦人警察官で，私服で面接を行ないます。面接上の要点を小さなカードに書き，そのカードを見ながら聞き漏らしがないように面接を行なうと話していました。「このことは後で聞こう」と思っても，2度目の面接の

機会はほとんど得られないので，1度がすべてと考えて行なうとのことでした。面接のビデオ録画も見せてもらいましたが，心理カウンセリングなどでの受容的な面接とは異なり，いくぶん事務的な印象を受けました。応答も「よくできました」「なるほどね！」といった，過度に受容的な応答は行なわないということでした。面接官の応答によって，子どもが自分の話は正しいのだと考えたり，誘導されたりすることがあるからだというのです。

　全体として，子どもからの事情聴取が必要だ，さてどうしよう，というのではなく，組織化された手続きを日々着々とこなしているという印象を受けました。このような組織や機関があるからこそ，本書のような研究も可能だったのでしょう。わが国では，子どもや弱者を対象とした「捜査や証拠を得る目的で行なう面接法」は，部局ごと，個人ごとの試みはあっても，組織全体のガイドラインとしては確立していないように思われます。また，日本はもとより国外の文献を見回しても，本書のように多くの事例を分析し，具体的なアドバイスを掲げたガイドラインは見当たりません。本書が司法にかかわる実務家の方たちだけでなく，親，教師，看護師，医師，その他，子どもとかかわりをもつ多くの人々にとって，実用的な助けとなればと願っています。

　翻訳にあたっては，仲が1，2章，齋藤が3，4章，脇中が5，6章を訳し，やりとりをしながら仲が統合的に編集しました。付加的な情報が必要だと思われる箇所には適宜訳注をつけました。しかし，まだわかりにくいところやイメージしにくいところもあるかもしれません。特に言語発達の章は，英語と日本語では事情が異なります。たとえば疑問文の理解や特定の語彙の習得過程は，そのまますぐに日本の子どもに当てはまるわけではありません。しかし発達の大枠は共通であり，提案されているアドバイスは，どれも日本の子ども・弱者にも有効だと思います。なお，原書では文末に障害児の面接を支援する英国の団体のリストがありますが，本書では日本のリストを付けました。参考にしていただければ幸いです。

　最後になりましたが，これらの作業は浜田寿美男先生の励ましや関一明さんの叱咤激励がなければとうてい成し遂げることはできませんでした。記して感謝いたします。

編訳者　　仲　真紀子

はじめに

1. 著者について

　この本はミッシェル・アルドリッジとジョアン・ウッドの2人が，本書すべての段階にかかわり書き上げたものです。私たちは研究者です。アルドリッジはバンガーのウェールズ大学言語学科の上級講師で，子どもの言語獲得と言語障害が専門です。ウッドは同学科の研究助手であり，アルドリッジの指導のもとで子どもの言語獲得に関する博士論文を書いています。アルドリッジはこれまでに英国アカデミー，経済社会調査審議会，リバーヒューム・トラストの資金援助を受け，数多くの研究プロジェクトを行なってきました。そしてウッドはこれらの研究において，アルドリッジの上級助手を務めました。

　私たちはこれらのプロジェクトを通じて，本書を執筆するのに必要な調査を行なうことができました。その過程で子どもの言語獲得に関する経験を重ね，本書を著わしたのです。私たちは警察やソーシャルワーカーの訓練を受けたことはありません。子どもに捜査面接を行なったこともありません。私たちの知識の多くは何年にもわたる実験研究，すなわち言葉を用いた種々のゲームや遊びを用いた（虐待の経験はないと思われる）子どもへの面接や，国内外の研究者や実務家が執筆した文献から得たものです。また，私たちはこの領域の実務家に多くのアドバイスを仰ぎました。そして彼らが必要とする情報，幼児への面接に関する質問に応える形で本書を著わしました。

2. 本書の背景

　本書は1990年に始まった北ウェールズ警察の仲介委員会（現在は地域プロテクション委員会）との共同研究から生まれたものです。当時，この委員会では北ウェールズのソーシャルワーカー・チームとの会合，子どもの保護にあたる警察官との会合，警察の上級管理者との会合など，さまざまな会合が行なわれていました。その結果，幼児に面接を行なう面接官を訓練する必要性が確認

され，この領域での専門活動の要件の1つは，子どもの言語発達に関する詳しい情報を得ることだ，ということが認識されました。そこで私たちが仲介委員会に呼び出され，北ウェールズで行なわれていた幼児への面接の長所，短所を言語学的見地から明らかにするよう求められたのです。さまざまな年齢や背景の子どもにどの程度の言語能力を期待できるのか，情報を提供することが目的でした。

　このデリケートな問題について研究を行なうにあたっては，さまざまな倫理的問題を考慮する必要がありました。たとえば研究の初期の段階で，私たちが直接面接に立ち会うのは適切ではないという判断がなされました。さまざまな問題がありましたが，おもなものは倫理的問題と実務的問題でした。第1に，状況の倫理性の問題。面接では当然のことながら，関係する誰しもが緊張し，信頼できる情報を得ようと懸命になっています。そのような状況で面接を中断し，研究者が面接を観察するのを受け入れてほしいと求めるのはとうてい無理なことでした。研究者による観察は，将来の面接には役立つかもしれませんが，現在進行中の面接の役には立たないからです。第2に，私たちが面接の最中に作成し得るメモが問題になりました。このようなメモは，供述と一緒に提出されねばなりません（研究の決定は，「よき実践のためのメモ：MOGP」(Home Office and Department of Health, 1992)が導入される前になされました）(訳注：当時は筆記による記録が主たる証拠となった。なお MOGP，すなわち Memorandum of Good Practice は1992年に Home Office，すなわち英国内務省が発行した子どもの面接のガイドラインである。以下 MOGP とする。本書にも概略があるが，付録1に MOGP で推奨している段階アプローチの要約を示す)。しかし，私たちは犯罪捜査の調書を作成する訓練を受けたことがありません。そのため，このようなメモも現在進行中のケースには役立たないであろうと判断されました。

　現実的な問題も数多くありました。初回の面接はしばしば緊急に行なわれます。そのため面接の統括者に，証人（たち），面接官，事件にかかわる人々に加えて，私たちを呼び出すよう期待するのは困難でした。また，物理的なスペースの問題もありました。面接の最中，証人と面接官は私たちの存在を知っている必要がありますが，私たちの姿が見えるのは望ましくありません。研究の当初は，証人，面接官，付添人（友だち，親，きょうだいなど），研究者（つい

立ての後ろにいる必要があります）が全員入るスペースのない，狭い部屋で面接が行なわれることがよくありました。こういった諸般の理由のため，後で面接データが見られるように録画器機をセットするという決定がなされました。

　研究は種々の制約条件のもとに開始されました。たとえば，私たちは公職秘密法に署名し，得られた結果の報告書はどのようなものであれ，実務家および資料を提供した家族に提示することに同意しました。また，実際の面接の書き起こし資料（トランスクリプト）は用いることはできるが，そこに登場する証人やその家族または友人，告発された人物やその家族または友人，面接官を同定することはできない，ということにも同意しました。そのため書き起こし資料における氏名は可能な限り削除し，それができない場合は仮名を用いました。唯一書き換えていないのは証人の年齢と性別だけです。また書き起こし資料の引用においては，面接官は「面接官」，子どもの証人は「子ども」で示しました。その他の人がいた場合はソーシャルワーカーを「ソ・ワ」，母親を「母親」，父親を「父親」で示しています。

　すでに述べたように，この研究はMOGPが導入される前に開始されました。そのため初期の面接データは匿名の供述から得られました。こういった過程を経て，私たちは面接の手続きや，面接に出現しがちな話題に通じ，子どもと面接官がうまくやっている，または困難を示している言語的な箇所を取り出す作業を開始したのです。

3. 録画面接と面接室

　しかし本書の執筆にあたっては，MOGP導入後に北ウェールズで行なわれた録画面接に焦点を当てることにしました。適切な契約を取り交わした後，私たちは録画された面接を警察署内で閲覧することができるようになりました。ただし，いかなる時もビデオを警察署から持ち出すことは許されませんでした。また，録画を見るのには，「プレイ」「リワインド（戻す）」「フォワード（進む）」の基本的機能だけをもつビデオ機器を用いました。

　北ウェールズには弱者（訳注：子ども，障害者，外傷体験のある被害者など）に面接を行なうための特別の面接室があります。私たちはそのような面接室がある家に（面接が行なわれていない時に）赴き，面接室の典型的なレイアウト，医務室，

その他の設備についての知識を得ました（訳注：イギリスでは，一軒の家にこれらの設備が備わっていることが多い。家は通常無人であり，面接の時だけ面接官や警察官が鍵を開けて用いる。個人の家の居間のような面接室，同様の待ち合い室，ビデオ録画をモニターするモニター室，医師による診断も可能な医務室，簡単なおやつを用意することもできるキッチン，トイレなどの設備がある）。また，モニター室にも入り，録音機材やカメラがどのように動くのかを理解しました。しかし面接中にその家に入ったことはありません。

4. 書き起こし資料（面接データ）

　私たちはおよそ180件の面接ビデオを見ましたが，本書では，1994～97年に行なわれた3～12歳児を対象とした約100件の録画面接の書き起こし資料をデータベースとして用いています。3歳児の面接は1件，4～12歳児の面接は各年齢につきそれぞれ12～15件ずつありました。

　面接はすべて英語で行なわれていました。また，証人の性別は男女それぞれほぼ同数でした。このデータベースに含まれる面接のほとんどは，女性警察官が行なっており，男性面接官が入っていた面接は1件のみでした。書き起こし資料の50％は子どもと女性警察官だけが部屋にいて，2人の実務家がモニター室にいるというものでした。子どもの付添人（友だち，親，きょうだいなど）は1階の談話室で待っていました。残りの50％の面接では，付添人は警察とともに部屋の中にいました。その80％では，ソーシャルワーカーが付添人を務めており（ソーシャルワーカーには女性も男性もいました），残りのケースでは証人の母親が付き添っていました。

　身体的暴行に関する面接もいくつかありましたが，書き起こし資料の大半は，性的虐待の申し立てがなされたケースの面接でした。本書では，おもに性的虐待の申し立てがなされている面接を中心に扱います。これらのケースには補強証拠がない場合が多く，申し立てられた出来事に関する子どもの証言が，捜査を行なううえでたいへん重要な役割をもっているからです（この点については1章でも触れたいと思います）。

　私たちが知る限り，どの子どもも健常で，障害はありませんでした。つまり聴覚障害，視覚障害，重篤な知的障害などをもつ子どもの面接はありませんでした。ただ1件，知的障害のある証人の面接がありましたが，これは16歳の

少女への面接でした（6章で，このデータについて少し触れます）。

　以上で述べた使用可能なビデオ録画が，私たちの分析対象です。これらの資料は，必ずしも1994～97年に北ウェールズで行なわれた子どもの全面接を代表しているわけではありません。警察署に保管されており，私たちがアクセスできた面接にすぎない，と言うこともできます。書き起こされた面接の何割が法廷に行き，その結果成功したのか否かも不明です。私たちの目的は，（事件の）最初期に行なわれた面接の書き起こし資料を言語学的に検討し，実務家が子どもの言語能力に対して抱く仮説や期待について，何らかのガイドラインを示すというものでした。公訴局から法廷へと進むビデオ面接の成りゆきや，子どもが反対尋問に対して言語学的にどう対処するかといった問題は，現在，経済社会調査審議会の資金を受けて行なわれている研究プロジェクトのテーマになっています。

　先に述べたように，面接の書き起こし資料は男女ほぼ同数の証人から得られました。しかし読みやすくするために，性別が問題ではない場合は子どもの証人を「彼（訳注：または子ども）」と表わしています。また，面接官は「彼女」で示すことにしました。この資料における面接官は女性であることが多かったからです。

　なお，私たちは書き起こし資料のデータに加え，ウェールズの警察官を対象とした面接調査の成果や（Aldridge & Wood, 1997a），その他の研究成果も用いました。これらの研究では，子どものさまざまな側面における言語的スキルを調べるために言葉遊びを用い，（虐待の経験はないと推定される）子どもを対象とした実験を行ないました。実験結果は他所で詳しく報告していますが（たとえばAldridge, Timmins & Wood, 1996；Aldridge & Wood, 1996, 1997b, 印刷中；Aldridge, Timmins & Wood, 1997），面接の実施にかかわる成果については本書でも詳しく述べました（訳注：Aldridge & Wood, 印刷中は，Aldridge, M. & Wood, J. (1999). Telling it how it was: A comparative analysis of children's evidential and non-evidential narrative accounts, *Narrative Inquiry*, **9**, 257-277. のことだと思われる。以下も同様である）。

5. 本書の概要

　導入部（1章）に続く2～5章は，MOGPで行なわれる段階アプローチに沿う形で書かれています。また，最終章（6章）では，特別な配慮が必要な子どもの面接に関する言語的な問題について述べます。

1章—子どもに話しかけ，子どもの話を聞く

　この章では，まずMOGP導入の契機となった出来事について簡単な歴史的説明を行ない，MOGPの目的をまとめます。また多くの研究で報告されているMOGPの長所，短所に焦点を当て，議論します。次に，各年代の子どもの言語発達および言語能力について，実務家がどのような情報提供を受けているのかを評価します。最後に，子ども，特に幼児に面接を行なう際は，実務家は言葉やコミュニケーションに関する訓練を受ける必要性がある，ということを述べます。

2章—ラポールを築く

　この章ではMOGPが述べている面接の第1段階，「ラポールを築く」に焦点を当てます（訳注：ラポールとは信頼できる関係性のこと）。まず，面接の時期や付添人の問題など，面接のセッティングについて述べ，子どもとのラポールを築く種々の方法について説明します。効果的な話題提供，各種おもちゃの長所や短所，子どもの発達を査定するさまざまな方法，面接の目的やカメラ機材について説明する方法，子どもが嘘と真実，または事実とファンタジーを区別しているかどうかを明確にする方法などについて論じます。各問題について，ビデオ面接の例も紹介します。章の最後には「すべきこと・すべきでないことのリスト」と，読者が自分の面接のラポールについて評価するための「自己査定シート」をつけました。

3章—自由語り：子どもの話を聞く

　ここでは自由語り（訳注：自由語りとは自発的な報告のこと。自由ナラティブともいう）の段階に関する問題を扱います。子どもから自由語りを引き出す時に起きる問題（子どもがそのような会話に慣れていないなど）や，より十分な報告ができ

るよう子どもを援助する方法について論じます。また，どうすれば自由語りを始めるのに適切なきっかけを与えられるかという問題や，子どもの自由語りを非誘導的なやり方で支援する方法にも焦点を当てます。そして，これらの議論を支える面接データの事例や言葉遊びの成果を例示します。最後に「すべきこと・すべきでないことのリスト」と「自己査定シート」をつけました。

4章—質問をする

ここでは面接の質問段階に焦点を当てます。まず，MOGPで示される質問段階の目的をまとめ，情報を引き出すための各種質問について考察します。また，子どもがどのようにWH質問（たとえば「何」や「いつ」）を獲得あるいは理解するのかを論じ，日常場面における子どもの質問応答能力について，先行研究の成果を検討します。最後に，子どもの面接ではどの種類の質問を用い，どの種類の質問は避けるべきなのかを示すチェックリスト，および「自己査定シート」をつけました。

5章—面接の実際：子どもの言語と発達

この章では，捜査面接で用いられやすい言葉に関する子どもの理解能力に焦点を当てます。たとえば，法的な言葉（「警察官」や「裁判所」），身体部位の名称（性的部位を表わす語），感情表現（「恐怖」や「無理強い」），前置詞（「〜の中の」や「〜の下に」），時間を表わす言葉（「前に」や「後で」），代名詞（「彼」や「それ」）を子どもがどのように理解しているかを各節で論じます。これらの節では，子どもが面接官の言葉を十分（またはまったく）理解していない場合，どのような誤解が生じ得るか，面接データの例を示します。また可能な場合には，各年齢段階の子どもが理解できると考えられる言葉のガイドラインを提供します。章の最後には「すべきこと・すべきでないことのリスト」と「自己査定シート」をつけました。

6章—特別な配慮を要する子どもへの面接

この章では，言語的に見て特殊と考えられる2つの集団の子どもたちのケアに焦点を当てます。まず，面接における言語その他の側面に影響を及ぼし得る

障害をもつ子どもに注目し，どのような配慮が必要かを考えます。また，障害児への面接に関連し，私たちが行なった面接官への面接調査の成果（Aldridge & Wood, 1997a）も紹介します。次に，バイリンガルの子どもや少数言語を話す子どものケアについて検討し，どのような配慮が可能かを考えます。ここでも面接官を対象とした調査の成果を紹介します。最後に，障害をもつ子どもを支援する種々の機関の連絡先を紹介します（訳注：原書には英国の関連機関の連絡先のリストが掲載されているが，本書では日本国内のものを紹介する。付録2を参照のこと）。

目 次

編訳者まえがき	i
はじめに	iv

1章　子どもに話しかけ，子どもの話を聞く　　1
1. はじめに　1
2. MOGPが導入された経緯　3
3. MOGPがめざすもの　6
4. MOGPにかかわる問題　11
5. MOGPにかかわる手続き上の問題　17
6. 子どもの面接にかかわる言語の問題　19
7. 子どもの言語発達に関する情報の評価　23
8. 訓　練　26
9. まとめ　28

2章　ラポールを築く　　31
1. 面接のタイミング　32
2. 面接の場所　33
3. 面接室に同室すべき人とは？　34
4. 面接の開始　39
5. ラポール段階　42
6. 効果的なラポールを築く　43
    - ◆ すべきこと・すべきでないことのリスト
    - ● 自己査定シート

3章　自由語り：子どもの話を聞く　　81
1. 自由語り段階の重要性　82
2. 進め方　82
3. 自由語りは子どもにとって馴染みがない　85
4. 無　口　86
5. 量の問題　89
6. 質の問題　91
7. 子どもの記憶スキル　94
8. 言語スキルの影響　95
9. 特定質問に入るのを急ぎすぎること　104
10. 自由語りの機会を十分に提供すること　105
11. 子どもの自由語りを支援する　110
    - ◆ すべきこと・すべきでないことのリスト
    - ● 自己査定シート

4章 質問をする ……………………………………………………… 125

1. 子どもに質問をすることの難しさ　126
2. 質問段階の目的　134
3. 質問の種類　136
4. 先行研究：子どもによる質問の理解　138
5. 捜査面接における子どもの言語的能力　143
6. 先行研究：実務家へのアドバイス　147
7. 面接データ　149
8. 先行研究によるアドバイスの利用　163
9. ガイドライン　169

　　◆ 自己査定シート

5章　面接の実際：子どもの言語と発達 …………………………… 171

1. 子どもの知らない，または理解できない語彙　171
2. 異なる意味をもつ同じ言葉（多義語）　173
3. 適切な言葉を知っていること　173
4. 法律用語　175
5. その他の法律用語　181
6. 身体の部位や性に関する用語　184
7. 感情を表わす語彙　200
8. 代名詞　205
9. 前置詞　211
10. 要　約　215

　　◆ すべきこと・すべきでないことのリスト
　　◆ 自己査定シート

6章　特別な配慮を要する子どもへの面接 ………………………… 221

1. 障害をもつ子ども　222
2. バイリンガルの子どもと少数言語話者　250

付録1　MOGP について　255
付録2　障害者支援の関係団体リスト　258
参考文献　260
索　引　268

1章

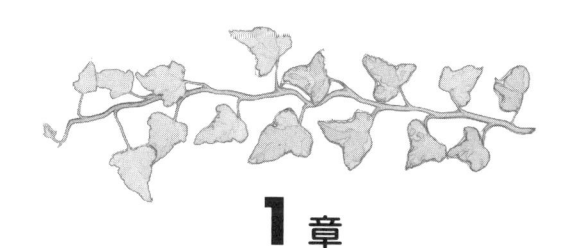

子どもに話しかけ，子どもの話を聞く

1. はじめに

　どんな面接にもストレスはつきものです。質問をされると私たちは適切な言葉を探し，情報を忘れ，舌先が固まってしまうものです。面接官にとっても面接は楽な仕事ではありません。相手から答えを引き出そうと質問を考え，さらなる情報を聞き出す方法を模索し，相手の沈黙によって生じる間を埋めようとあれこれ考えます。

　大人である私たちは，このような状況（多くは就職面接など法とは無関連の状況であり，そこでの会話は特別な情動を伴うものではありませんが）にある程度は慣れているかもしれません。しかし，子どもが証言を行なうために面接を受ける場合，しかも面接の内容が情動的で，子どもの証言が唯一の証拠かもしれない場合には，状況はかなり困難なものになるでしょう。スペンサーとフリン（Spencer & Flin, 1990）が述べているように，この種の面接は最も困難な面接として位置づけられます。しかも，子どもが法的手続きにかかわる理由はさまざまです。親権の問題もあるでしょうし，犯罪を犯したり，犯罪を目撃するといったこともあるでしょう。幼児が証拠収集の目的で面接を受けることも稀ではありません。実際，最近は子どもが証人として関与した犯罪事件の報道がよく見聞きされます。ジョジー・ラッセル（1995年，母親と姉妹が殺さ

れた事件における唯一の生存者）やジェームズ・バルガー殺人事件（1993年）の犯人（訳注：2人の10歳の少年が2歳の少年を誘拐し，殺害した事件）のことは，すぐに思い出すことができます。

しかしこの本では，虐待が申し立てられている事件における子どもの面接に焦点を当てたいと思います。その中でも特に，子どもの性的虐待の申し立てを中心に扱います。というのは，こういった事件では子どもの証言が唯一の情報源であることが多いからです（Saywitz, Geiselman & Bornstein, 1992; Coulborn-Faller & Corwin, 1995）。他に証拠がない場合，もしもビデオ面接が子どもの主たる証拠として用いられ，そして実際に法廷で聴聞を受けることになれば，子どもの証言はたいへん重要な役割を担うことになります。子どもにはたいてい身体的な証拠は残っていません。また，他には証人がいないことも多いのです。たとえいたとしても，それはしばしば共犯者や他の子どもであり（Coulborn-Faller & Corwin, 1995），必ずしも子どもの証言を補強できるとは限りません。セイヴィッツらも述べているように，正義を追求するには，誰にとっても，子どもから正確な証言を得ることが重要です（Saywitz, Geiselman & Bornstein, 1992）。出来事を思い出して話す子どもの能力や，適切な情報を引き出す面接官の能力が，捜査の成功・失敗を決定的なものにするといえるでしょう。

子どもの虐待事件の多くは，現在，「よき実践のためのメモ」（1992）（Memorandum of Good Practice：以下MOGPと略す）というガイドラインに沿って捜査が行なわれています。そこでまず，（MOGPによる）ビデオ面接の各段階において子どもが経験することを，言語の側面に注目しつつ見ていくことにしましょう。そのうえで，3～12歳の子どもとのコミュニケーションをより効果的にする方法を紹介します。

本章では以下の内容を扱います。

* MOGPの導入を導いた歴史的経緯について簡単に説明します。
* MOGPの目的をまとめ，関連する研究（Davies et al., 1995; Aldridge & Wood, 1997aなど）を紹介します。また，子どもの面接をガイドラインに沿

って行なうことの利点について述べます。
* MOGPに関する上述の研究成果や，統計，メディア報道，実務家の意見を紹介します。
* MOGPに沿った面接を行なううえでの手続き的問題について論じます。
* 子どもを対象とした面接で経験される言語的問題について論じます。

さらにまた，次の内容も扱います。

* 現段階で実務家に提供することができる，子どもの言語発達についての知見を評価します。
* 訓練の問題について論じます。

MOGPについてのさらなる情報やMOGPについての意見に関心がある方はウエストコットらの研究（Westcott & Jones, 1997）をご覧ください。この本は実務家と研究者の共著によるもので，MOGPの学際的評価がわかりやすく書かれています。

2. MOGPが導入された経緯

子どもの性的虐待が蔓延しているという問題提起を受けて，クリーブランド調査（Cleveland inquiry, 1987）やロックデール・オークニー報告（reports from Rochdale and Orkney）が行なわれました。その結果，実務家も一般市民も，幼児に対する捜査目的の面接が日々行なわれていること，行なう必要があることを認識するようになりました。そして1980年代半ばには，子どもによる精神・身体・性的虐待の申し立てが多数あること，子どもに開示を求める方法いかんで問題は複雑なものとなり得ることを，多くの人が意識するようになりました。

1990年代以前の捜査手続きでは，子どもの認知的，言語的能力は考慮されていませんでした。子どもは法廷で被告人と対峙する時，どのように感じるだ

ろうかとか，法廷の人々の風変わりな格好に驚くのではないかとか（訳注：イギリスでは検事，弁護人などがかつらをつける），法廷での厳格な質疑応答による手続きに戸惑うのではないかとか，そういったことは一切考慮されていませんでした。捜査手続きのために子どもが委縮したり，（申し立てている）出来事を報告できなくなるという可能性もまったく無視されていました。それだけではありません。そもそも子ども，特に幼児が証人として信用できるのかどうかも疑問視されてきました。たとえば，子どもに話を聞き信用してもらう権利はあるのか，記憶の信頼性はどうか，被暗示性はどうかといった問題が，議論と争いの的とされてきたのです。実際，何十年もの間，子どもは信用性のある供述をすることはできないと，単純にそう考えられてきました。デイヴィス（Davies, 1991：178-9）が述べているように，子どもは法的には二級市民として扱われてきたのです。当然，子どもに性的虐待を行なっても，適切に訴追される者はわずかでした。

　幸いなことに，この10年間に英国の司法制度は大きく変わりました。世界レベルで同様の進展が見られています（Goodman & Bottoms, 1996；Davies & Wilson, 1997のレビューを参照のこと）。これらの改革では，ストレスの少ない方法で，子どもから証拠能力のある報告を得る必要性が提唱されています。かつての司法手続きでは，能力検査，補強証拠の要請，子どもが証人となる場合は裁判官が陪審に警告を与える，といった形式的側面がありました（Spencer & Flin, 1993）。現在では適切な質問を行ない，証人の年齢や障害を考慮にいれた法的手続きをとれば，子どもであっても信用に足る証人となり得るという考えが受け入れられています（Goodman & Helgeson, 1988）。

　MOGP（1992：1）にあるように，バトラー＝スロス控訴院裁判官（Lord Justice Butler-Sloss）による1987年のクリーブランド児童虐待についての報告書は，被疑者の捜査や子どもの面接法に多くの示唆を与えました。この報告書によれば，効果的な活動の鍵は以下のとおりです。すなわち，バトラー＝スロスによる子どもの面接法のガイドラインに従い，関連するすべての実務家が連携し，複数の部局が共同して働くこと。このことは複数の行政部局にわたる委員会が作成したガイドライン「ワーキング・トゥギャザー（子ども保護の

ためのワーキング・トゥギャザー：児童虐待対応のイギリス政府ガイドライン（訳注：松本伊知朗・屋代通子（訳）　医学書院　2002年））」にも説明されています。こうした報告を受け，刑事司法法（1988）は子どもの証人が遭遇する問題に取り組みました。そしてついに，刑事裁判において，子どもが法廷外から特別のテレビ・リンクを通じて証言することを認めたのです。ピゴット委員会の報告書にあった提案（Home Office, 1989）のすべてが受け入れられたわけではありません。しかし刑事司法法（1991）では，面接のビデオ録画を子どもの主たる証拠として用いることが認められました。そしてその結果，ビデオ録画の質は面接方法に依存するであろうという考えが生まれたのです。面接は特別な訓練を受けた警察官やソーシャルワーカーが，子どものために設計された快適で居心地のよい面接室（警察署ではなく，特別に設計された家であることが多い）で行なうように義務づけられました。

　このようにして，ビデオ証拠を子どもの主たる証拠として法廷に提出することができるようになりました。子どもは法廷で反対尋問を受ける必要があります。しかし反対尋問では，ライブのTVシステムを用いることができるようになりました。この方法によれば，子どもは被告人と対峙する必要がありません。法廷の人々はテレビ画面を通して子どもの姿や声を見聞きすることができ，子どもは質問をする検事や弁護士の姿を，小さなテレビ画面を通して見ることができるのです。

　1991年，子どもが法廷で証言する際の障害を取り除くために刑事司法法の改正が行なわれました。そして1992年10月には，MOGP，すなわち面接官が捜査初期のビデオ面接を執り行なう際に助けとなるガイドラインが内務省によって導入されました。MOGPは1回の面接の長さを1時間までとし，段階アプローチをとることを推奨しています。段階アプローチとは以下の4つの段階，すなわちラポールの構築（面接官が子どもに趣味などの一般的な質問をする），自由語り（問題の出来事について子ども自身のペースで話すよう促す），質問（申し立てのあった事件について具体的な質問を行なう），終結（面接で話されたことをまとめ，子どもに質問がないか尋ねる）の4つの段階から成る面接法です（訳注：本来は段階ではなく，「様相：phase」という言葉が用いられているが，ここでは段階と訳した）。

3. MOGPがめざすもの

3-1. MOGPの概要

　MOGPの理念は，1987年のワーキング・トゥギャザー法（Working Together Act）の精神に則っています。その精神とは，複数の行政部局にまたがるチームが連携し，まずは子どもに自由に報告するように促し，徐々に具体的な質問を行ないつつ，できるだけ子ども自身の言葉で話してもらうよう支援する，というものです。MOGPには面接の技術的側面についての助言，主たる証拠として用いられるビデオ録画の作成にかかわる法的問題についての議論，および「段階面接」と呼ばれる面接法の概要が書かれています。MOGPの第1ページにあるように，そのおもな目的は，子どもにビデオ面接を行なう人々を（その面接が刑事手続きで受け入れられるように）助けることです。

　MOGPでは4ページにわたる導入の後，4つの部が続きます。第1部では，刑事手続きのためのビデオ面接をいつ，どこで行なうかについての一般的アドバイス，適切な機器についてのコメント，面接のビデオが刑事法廷で受け入れられる前提条件などが詳しく書かれています。第2部では，面接の計画に焦点が当てられています。連携捜査チームは前もって子どもの認知的，言語的，情動的，社会的，性的，身体的発達およびその他の発達的側面について考慮し，その子どもが問題の出来事について一貫した報告ができそうかどうか，判断するよう求められます。できそうであれば，チームは面接の日時や長さ，誰が行なうかを計画するよう求められます。第3部の1章では，面接を行なう際の段階アプローチ，次の章では，証拠として受け入れられるビデオ録画を作成するための法的規則について，概要が書かれています。第3部Aでは各節ごとに，第1段階（ラポールの構築），第2段階（自由語り），第3段階（質問），第4段階（面接の終結と，さらなる面接が必要か否かを決定する時に考慮すべき事柄）についての助言が述べられています。また，第3部Bでは，刑事手続きでビデオを子どもの主たる証拠として用いる際に考慮すべき法的制約，ビデオが満たすべき条件，たとえば誘導質問を避けねばならないといったことが書かれています。

第4部では，ビデオ録画の保管，管理，廃棄，および他者による視聴（訓練の目的であっても）についてのアドバイスが書かれています。そして付録A～Lとして，用語の解説，刑事司法法（1988）の詳細，性犯罪のリスト，主たる性的および暴力的犯罪の法的構成要素のリスト，刑事裁判所の規則，技術的なガイド，刑事司法法（1988）その他の規定のもとでのビデオ録画の証拠能力，ビデオ面接の情報記録用紙の見本，ビデオテープに添付する警告ラベルのコピーが添付されています。

　刑事手続きのためのビデオ面接を行なう際，MOGPを用いるか否かは自由裁量にまかされています。しかし，「きわめて例外的な状況を除けば，MOGPについての適切な知識をもっていない人は，刑事手続きのためのビデオ録画を行なう目的で，子どもの証人の面接を行なってはならない」（MOGP, 1992：3）と言えるでしょう。

3-2. 子どもの面接をMOGPに沿って行なうことの利点

　それでは，子どもの面接をMOGPのガイドラインに沿って行なうことの利点について，実務家がどのような考えをもっているかを見てみましょう。2つの研究（Davies et al., 1995とAldridge & Wood, 1997a）を紹介します。

　内務省はMOGP導入後の最初の2年間の評価を，デイヴィスら（Davies et al., 1995）に依託しました。彼らは子どもの保護にあたる実務家（おもに警察官とソーシャルワーカー）と法曹界の実務家に質問紙調査を行ないました。法曹界の反応はここでの議論の範囲を越えますので，以下，子どもの保護にあたる実務家の反応にのみ焦点を当てることにしましょう。デイヴィスら（1995）の研究は縦断的なものでした。彼らはまず，警察官やソーシャルワーカーを対象に，MOGP使用開始前のMOGPに対する意見を尋ねました（1993年2月）。そしてMOGP使用開始後しばらくたった頃，もう一度意見を尋ねました（1994年8月）。1993年の調査では警察官から117通，ソーシャルワーカーから75通，1994年の調査では警察官から76通，ソーシャルワーカーから42通の回答が寄せられました。1993年の調査では，警察官，ソーシャルワーカーを問わず，ほとんどの人がMOGPおよびビデオ録画による証拠が導入されたことを支持していました。また，彼らの最大の関心事は，適切な訓練やスーパービジョン（訳

注：面接の指導や監督のこと）の必要性でした。1994年8月の調査でも，導入を支持する熱意はほとんど冷めていませんでした。ただし訓練やスーパービジョンについては（回答者の半数は未だ不十分，あるいは継続が必要だと感じていましたが），必要性を求める声は少なくなっていました。1993年のミューレイ報告にもあるように，関係者（警察官とソーシャルワーカー）は全体的に，1991年の刑事司法法とMOGPは子どもに（法律制度における）利益をもたらしたと考えています。

調査（Aldridge & Wood, 1997a）に引き続き，私たちはウェールズの政府機関の各部局に200通の質問紙を送付し，警察官から41通の回答を受け取りました。この質問紙は，MOGPのガイドラインに関する回答者の体験や態度を尋ねるものでした。おもな結果は以下の通りです。

* 回答者の100%が，面接にビデオを用いていました。
* 回答者の95%が，訓練でMOGPのことを知ったと答えています。多くの場合訓練は3日間で，それはソーシャル・サービスとの連携による捜査に関するコースでした。
* 回答者の73%が，少なくとも1つ以上，最高3つの訓練を受けていました。受けたことがある訓練としては，ソーシャル・サービスとの連携による捜査に関する3日間のコース，ビデオ面接に関する1週間のコース，面接の技術向上のためのコース，子どもの保護に関する2週間のコース，性犯罪のコース，認知面接のコースなどがありました。実務家の大半は，合計約7日間の訓練を受けていました。
* 回答者の27%は，訓練を受けていませんでした。しかし，MOGPを常時読んで練習するようにとコピーを手渡された，と回答しました。

面接の経験については，以下のような情報が得られました。

* 「ビデオ面接を行なったのは10回未満」と回答したのは，20%でした。
* 「10〜29回行なったことがある」は27%。
* 「30〜49回行なったことがある」は27%。

※「50 〜 69 回行なったことがある」は 7%。
※「70 回以上行なったことがある」は 19%。

　これらの結果は，MOGPへの反応は概して好意的だとするデイヴィスの結果を支持するものです（Davies et al., 1995）。実際，以下の結果が得られました。

※回答者の95%が，ビデオ面接には利点があると述べました。

　利点としては，以下のような回答がありました。

※回答者の44%が，ビデオのほうが筆記よりも質問や答えを迅速に記録できる，と答えました。
※回答者の37%が，ビデオだと子どもの情動が見てとれるので，陪審への影響力が大きいと思われる，と答えました。
※回答者の24%が，ビデオはよりリラックスした雰囲気をもたらすので，ラポールが築きやすく，子どもに自由に話させやすくなる，と答えました。
※回答者の24%が，ビデオを用いれば，子どもは供述を何度も繰り返す必要がなくなる，と答えました。
※回答者の19%が，ビデオを用いれば，子どもは主たる証拠のために法廷に立つ必要がなくなる，と答えました。
※回答者の17%が，ビデオには視覚的なインパクトがあるので，公訴局は判断（子どもが法廷において信用に足る証人となり得るかどうかの決定）が容易になるだろう，と答えました。
※回答者の17%が，ビデオのほうが質の良い証拠となり得る，と答えました。ビデオ面接は構造化されており，筆記された供述よりもはるかに深く，大量の情報を記録することができる，というのが理由です。また，ビデオを用いることによって，最初期の報告を記録することができる，という回答もありました。
※回答者の12%は，ビデオは筆記よりも客観的であり，子どもが報告したことを子ども自身の言葉で提示することができる，と答えました。

- 回答者の12%が、ビデオではすべてが録画されるので隠しだてができない、と答えました。ビデオは面接官やソーシャルワーカーの中立性を映し出してくれる、と彼らはコメントしています。
- 回答者の7%が、反対尋問の時期が近づいたら子どもにビデオを見せ、記憶を喚起させることができる、と答えました。
- 回答者の5%が、ビデオによって必要な反対尋問の量は減るだろう、その結果、子どもが捜査手続きによって受ける外傷も軽減されるだろう、と述べました。

2つの研究結果（Davies et al., 1995；Aldridge & Wood, 1997a）によれば、子どもの保護に携わる実務家の多くが、MOGPの導入は子どもの証人のストレスを軽減させるのにも、子どもの報告の質を高めるのにも有効だと考えていました。特に警察官は、MOGPや具体的なガイドラインは、面接の技能と効果を高めるのに有益だと考えています。彼らはMOGPによって、面接をどのように行なえばよいかという形式的なフレームが初めて与えられたと感じていました（Butler, 1997）。また、ビデオ録画のほうが供述筆記よりもよい証拠となる、という意見もありました（Brownlow & Waller, 1997）。

それだけではありません。多くの子どもの証人が、法廷に立って証拠を示すよりも、ビデオ録画によって証拠を示すことを望んでいる、という報告もあります（Davies et al., 1995）。また、子ども自身も（訳注：大人と同様に）形式的な手続きによって公正さを評価しているという報告もあります（たとえばSharland et al., 1995）。

しかし、ソーシャルワーカーはMOGPの成功に多少及び腰である、という報告（Holton & Bonnerjea, 1994；Davies et al., 1995）には注意をはらうべきです。たとえば、彼らはMOGPの導入により権能感が低下したと感じています。また、法廷での聴聞に適う資料の生成が重視されるあまり、子どもの福祉が軽んじられている、と案ずる人もいます。

確かによく見ると、証拠を得ることを目的とした幼児の面接には多くの困難が存在します。法廷に提出され、法廷で成功した事例の統計、メディアによる報道、MOGPにおける実務家の経験といったいくつかの側面から、これらの

問題を見てみましょう。

4. MOGPにかかわる問題

4-1. 統　計

　まず，ありのままの統計を見てみます。先に述べたように，多くの子どもが虐待されているという考えには根拠があります。たとえばNSPCC（National Society for the Prevention of Cruelty to Children：子どもの保護のための慈善事業）の報告によれば，英国では年に百万人の子どもが虐待の被害にあっているといいます（NSPCC & Tower Hamlets ACPC, October, 1996）。しかもその数は1983年～1988年の件数の12倍です（Fielding & Conroy, 1992）。合衆国も同様で，1976年に報告された子どもの性的虐待の事件は6,000件でしたが，1993年には55倍の33万件が報告されています（Coulborn-Faller & Corwin, 1995）。英国でもその他の地域でも，たくさんの子どもが虐待を受けていることは明らかでしょう。正義の追求のため，これらの子どもが訓練を受けた実務家に話をする機会が与えられなければなりません。

　しかし残念なことに，ビデオ面接を受けた子どもの数は驚くほど低いのです。たとえば英国で1993年10月までに起きたと推定される百万件の事件のうち，子どもにビデオ面接が行なわれたのは14,000件だけでした。もっと大きな問題として，法廷にまで行き着いたビデオ面接の数はその6％にも満たず，有罪宣告にまでいたった事例はさらに少ない，ということがあります（Social Services Inspectorate, 1994）。MOGP下での実務の評価を行なったデイヴィスらも同様の結論，すなわち毎年何千と作成されるビデオのうち，法廷で用いられるのはほんのわずかしかない，という結論を出しています（Davies et al., 1995）。具体的にはこうです。デイヴィスらによれば，1992年10月～1994年6月の21か月間にイングランドとウェールズで行なわれた，子どもの証人が含まれる裁判は1,199件でした（Davies et al., 1995）。そのうち53％においてビデオ面接が提出されました。しかし，認められたのはその73％であり，実際に法廷で映されたのは43％でした。端的に言えば，この期間中に法

廷でビデオ面接が映されたのは，子どもの証人を含む全裁判の 17% だということになります。ブラウンロウとウォーラーの報告も同様です（Brownlow & Waller, 1997）。1994 年，レスターシャー州で録画されたビデオの 40% が公訴局に提出されましたが，刑事手続きで用いられたのは 3% 未満でした。

これらの統計は，子どもを対象としたビデオ面接が本来期待されているほどには成功していないこと，法廷で認められたビデオ面接の数は増えているものの，法廷に提出されたビデオ面接の数はがっかりするほど少ないことを示しています。もちろん統計だけではありません。子どもの証人を対象とした，うまくいかなかった面接についてのメディア報道もたくさんあります。以下はそのような記事の一部です。

4-2. 子どもの証人の事例についてのメディア報道

1998 年 2 月 4 日付『ザ・ガーディアン』誌，「少年ら，9 歳の少女のレイプの容疑晴れる」

「小学校の昼休みに 9 歳の少女をレイプしたとして逮捕されていた 2 人の少年が，昨日，オールド・ベイリー（訳注：ロンドンの中央刑事裁判所。オールド・ベイリーは通りの名前）で公式に無罪放免を言い渡された（ただし 2 人とも，強制猥褻の容疑は晴れていない）。予審判事であるブレイスウェル裁判官は，2 人のレイプの容疑に関し，陪審に無罪評決を行なうよう説示した。裁判官はまた，陪審に，第 3 の被疑者（同じく 10 歳の少年で，見張り役をしたとして告発され，強制猥褻の容疑がかけられていた）を無罪にするよう言い渡した。本件のレイプについて陪審に無罪評決を出すよう説示した理由は 2 つある，と裁判官は述べた。第 1 は，被害者とされる少女（現在 10 歳）が告発された少年の 1 人を明確に識別できなかったため，第 2 は証拠におけるもっと抜本的な問題，面接にかかわる問題のためである。（この少女は）警察官による面接を受け，ビデオ録画が行なわれた。面接時間はおよそ 45 分であったが，この間，少女はレイプの申し立てを一切しなかった。警察官はいったん部屋を離れ，面接は事実上終了したかのように見えたが，この警察官は戻ってきて不適切で誘導的な質問を行ない，その結果少女は実際にはなかったことを話してしまったのである」。

1998年2月5-11日付『コミュニティ・ケア』誌，「ジョー・ウォーターズ：法廷は虐待の被害を受けた子どもへのビデオ・リンクを否定」
　「最近出された控訴局視察団の報告書によれば，虐待の被害にあった子どもは法廷での証拠提示に際し，未だ十分なケアを受けていない。1998年・1991年の刑事司法法によれば，保護措置に値するとされた証人は閉回路テレビまたはビデオ録画リンクで証拠を提示することができる。しかしこの報告書によれば，すべてのケースにおいてこの保護措置が認められているわけではない」。

1995年3月5日付『インディペンデント・オン・サンディ』誌，「悪魔虐待／子どもの物語：クリーヴランド，オークニー，ロッチデール（訳注：地名）の子ども虐待スキャンダル：ソーシャルワーカーは，ドールを私の顔に押し付けた（訳注：ドールとは，性器などを備えたアナトミカルドールのこと）。
　「両親が性的虐待のかどで誤起訴され，5年間保護されていたエアーシア（訳注：地名）の8人の子どもの1人が次のように語った。彼女はソーシャルワーカーに強制されて母，父への申し立てを行なったのだという。彼女はソーシャルワーカーがいかにして（出来事の詳細を勝手にねつ造するというよりも）保護されていた従兄弟7人への面接を通して詳細情報を収集したかを説明した。少女によれば，ソーシャルワーカーは特定の内容を好んで聞きたがった。そして彼女はこう語った，『私は言いなりにはなりたくなかったけど，従兄弟たちは小さかったし，ソーシャルワーカーが次々質問をするのをやめさせようと，ありもしないことを言ってしまったのかもしれない。そんな心配をしたのを覚えている』」。

1995年1月14日付『ザ・ガーディアン』誌，「マーティン・ウェインライト：子どものビデオ証拠に関するガイドライン見直しに」
　「政府は学術報告，ならびにビショップ・オークランド（訳注：地名）での儀式虐待事件の破綻に鑑み，子どものビデオ証拠に関するガイドラインを見直す決定を下した。昨日，ジョン・ボウイズ厚生省副大臣は厚生省が調査を行なう旨を発表した。ただしこの調査結果およびすでに開始されているビデオ録画に対する子どもの反応の研究成果が出るまでは，ガイドラインは効力を持ち続けると述べた。ビショップ・オークランドの儀式虐待事件は，ビデオによる申し立

てに依存するところの多い事件である。この事件では，1年にわたる捜査期間の間に警察官とソーシャルワーカーらが12歳の少年3人と10歳と7歳の少女2人に，ほぼ240時間にわたる面接を行なった。しかし社会福祉査察団が，年間に録画される14,000件の面接ビデオのうち法廷で用いられるのはわずか6％であることを明らかにし（訳注：それほど面接は質が低い，という主張），この裁判は破綻したのである。社会福祉，子ども，家族にかかわる委員会の役員連合の議長を務めるブライアン・ウォーカーは『多くの子どもが役立たずの有害な手続きを受けたとは許しがたいことだ』と感想をもらした。またボウイズは，政府は子どもからより簡便に真の証拠を得ることと，虐待で訴えられた人の人権を守ることとのバランスをとろうとしてきたが，『子どもは常に真実を語るとは保証できないようだ』と述べた。調査の議長である王室顧問弁護士アラン・レヴィの考えでは，スタフォードシャー州の州議会が保護している子どもたちは違法な『虐待』システムの対象となっている。彼は現行のビデオ・システム（主たる証拠として用いられるが，子どもへの反対尋問はない）を『中途半端』だとし，被害を申し立てている子どもは公開法廷という試練に向き合うべきではない，と述べた。一方，警察官長官連合の子どものためのスポークスマンであり，グロスターシャー州の警察庁長官であるトニー・バトラーによれば，内務省と国立子どもの家が調査したところ，録画は子どもにほとんど有害な影響を与えなかったという」。

このような報道は，今なお子どもの面接法にはさまざまな問題があることを示しています。また実務家も，MOGPの特定の段階は（特に幼児に面接を行なう時に）難しいと考えています。MOGPのガイドラインは本来めざしていたほどには完璧でも実際的でもないといえるでしょう。

4-3. 実務家の意見

次の2つの質問に対する回答を見てみることにしましょう。

① MOGP面接を実施する際，難しいと感じる箇所はありますか。もしあるとすれば，それはどの段階ですか。また，それはなぜですか。

②面接を行なうのが難しいと感じる年齢がありますか。もしあるとすれば，それはどの年齢の子どもですか。また，なぜその年齢の子どもに面接を行なうのは難しいのでしょうか。

　最初の質問には，33％の面接官が難しい箇所があると答えました。特に以下の段階が困難だとしています。

❋ 回答者の29％が，真実と嘘の違いを知っているかどうか，子どもの証人に確認するのは困難だと答えました。
❋ 回答者の44％が，事実とファンタジーの違いを知っているかどうか，子どもの証人に確認するのは困難だと答えました。

　次のようなコメントは，その難しさをよく表わしているといえるでしょう。「真実と嘘の話題を出すことにより，子どもが『この人（面接官）は僕／私に真実を語ってほしくないのではないか』と思ってしまうのではないかと，心配になります」。このような難しさに加え，特に次のような領域が難しいとされました。

❋ 回答者の22％は，ラポール段階が難しいと答えました。緊張している子どもに話をさせるのは難しい，導入がうまくいかないことがある，子どもの能力を査定するのは難しい，といった理由があげられています。
❋ 回答者の15％が，クローズ質問はすべきではないが，誘導質問をせずにすべての情報を引き出すのは困難であり，そのバランスを取るのが難しい，と答えました。

　第2の質問については，回答者の63％が，面接をするのが困難な年齢があると答えました。彼らは以下のようなコメントを述べています。

❋ 回答者の5％は，3歳未満の子どもに面接を行なうのが難しい，と答えました。集中力が続かない，というのがその理由です。

- 回答者の54%は，3〜5歳の子どもに面接を行なうのが最も難しい，と答えました。注意が持続せず，語彙が乏しく，理解能力が限られているというのが理由です。
- 回答者の15%は，6歳未満の子どもに面接するのが難しいと回答し，この年代の子どもたちは自己表現がうまくできないのではないか，と述べました。また，恥ずかしがって話したがらない子どもに開示してもらうのには多大な努力が必要だ，というコメントもありました。
- 回答者の12%は，7歳未満の子どもに面接するのが一番難しいと答えました。集中させるのが難しく，注意力が持続せず，言語の問題もあり，真実についての理解を明確にするのが難しい，というのがその理由です。
- 回答者の8%は，8歳未満の子どもに面接を行なうのが難しいと答えました。その理由は，子どもの言語レベルに合わせるのが困難だから，というものでした。特に幼児は集中力が続かず，理解力が限られているので扱いにくい，という回答もありました。ある回答者は，8歳未満の子どもに面接を行なう時はラポールを築くのにより長い時間をかけなければならない，とコメントしています。
- 回答者の8%は，子どもに面接を行なうのは常に楽しいと述べています。

なお，2人の回答者は10代の子どもに面接を行なうのが最も難しいと答えました。その理由は，10代の子どもは，自分が話していることを面接官も知っていると期待しがちであり，また知っていることすべてを話さなければならないということをなかなか理解してくれないから，というものでした。彼らは性的な情報を開示する段になると恥ずかしがることが多い，というコメントもありました。

　以上のパーセンテージやコメントは，幼児とのコミュニケーションが現在まさに進行中の問題であることを示唆しています。
　統計，メディア報道，実務家の懸念からわかるように，ビデオ面接は当初期待されたほどには有効ではないといえるでしょう。上で述べたとおり，録画されたビデオの数と，法廷にまで行き着いた事例の数とには差が見られます。こ

の差は，ビデオにより犯人が有罪を認めたため，法廷でビデオ証拠を示す必要がなくなったからだと説明することもできるでしょう。しかし，これだけでは法廷にまで行かなかった事例すべてを説明することはできません。他の理由もあるはずです。多くの評価や調査によれば，その理由は概ね次の2つのカテゴリーに分けられます。第1は，ビデオ面接を行なう手続きに関するもの，第2は証拠収集のために行なう幼児とのコミュニケーションに関するものです。デイヴィスの報告や私たちの研究成果を参照しながら，これらについて順に見ていくことにしましょう（Davies et al., 1995；Aldridge & Wood, 1997a）。

5. MOGPにかかわる手続き上の問題

　ガイドラインにそった面接について議論されることの多い問題を，デイヴィスらの研究から拾い出してみましょう（Davies et al., 1995）。

- デイヴィスらは，面接の1/3は証拠としての価値がないとし，事前面接によるスクリーニングをより注意深く行なうよう勧めています。ティシアーも，どのような状況の時に面接を行なうべきかがあいまいだと指摘しています（Tissier, 1995）。
- 面接を行なうのに必要な手続き的枠組み（部局間での協力体制のあり方など）についての詳細な情報がなく，また，いつ面接を行なうべきかについての情報もほとんどない，と感じている実務家もいます。MOGPの適用が地域により一貫していないという報告は多く，多くの人々が一貫性をもたせるべきだと感じています。
- この他，MOGPに沿った面接を行なう際によく問題にされるのは，面接時間が1時間に制限されている，ということです。多くの実務家が，1時間という時間は開示を求めるのに十分でないと考えています。
- 最初の面接から裁判までの時間が長すぎると感じている実務家もいます（平均20週）。
- ビデオ面接は，弁護士に証拠収集の方法の信用性を否定する機会を与えると

感じている実務家もいます。また，証拠を提示する警察官やソーシャルワーカーは，（自分が行なった）面接について厳しい非難にさらされるかもしれないと感じています。

* MOGPのガイドラインでは，刑事捜査での証拠収集に関する要件が重視されすぎている，そのため子どもの福祉を最優先するという少年法の哲学が失われている，と考える人もいます。
* ソーシャルワーカーの中には，面接が警察官主導になりすぎていると感じている人もいます。
* 現在でもなお，子どもの証人は法廷に関して適切な準備を受けていないと感じている実務家もいます。

私たちの調査によれば，回答者の54％がビデオ面接には欠点があると考えています（Aldridge & Wood, 1997a）。その種のコメントを以下に示します。

* 回答者の37％は，誤りも何もかもすべてがビデオに録画されてしまうのを案じています。典型的なコメントは「面接官は録画を見る人すべての批判にさらされてしまいます。これはとてもストレスフルなことです」というものでした。
* 回答者の22％は，馴染みのないうわべだけ快適な状況で子どもに落ち着くよう求めるのは公正ではない，と感じています。彼らはまた，子どもを見慣れない場所に連れて行き，性的虐待のような出来事を制限時間内に開示するよう求めるのは現実的ではない，と感じていました。
* 回答者の17％は，子どもはカメラがあるだけで委縮してしまうのに，その前で性的な体験を語らねばならないというのでは（子どもへの）負担が大きすぎる，とコメントしました。
* 回答者の15％は，ビデオの保管場所に困っている警察がある，とコメントしました。
* 回答者の15％は，テープ編集は技術的に難しいのに，編集してほしいという要請は突然かつ緊急に来ることが多いのでたいへんだ，と感じていました。
* 回答者の15％は，法廷はビデオ証拠にあまり満足していないようだとコメ

ントしました。
* 回答者の15%は、子どもが面接室までの遠い道のりを来て、また帰ることを考えると気が滅入るとコメントしました。
* 回答者の5%は、時どき面接の構造が形式的すぎると感じることがある、とコメントしました。
* 回答者の5%は、装置がうまく作動しないことがある、とコメントしました。
* 回答者の5%は、子どもの中にはカメラに対して「パフォーマンス」をする者がいる、とコメントしました。
* 回答者の5%は、一度面接をした子どもには、別の犯罪についてでなければ再面接できない。これはストレスになる、とコメントしました。

同様の問題が2つの研究（Davies et al., 1995；Aldridge & Wood, 1997a）でも、また他の研究（たとえばDepartment of Health, 1994）でも指摘されています。面接の手続きを改善する必要があることは明らかでしょう。しかし多くの人にとっては、これらの問題よりも証拠収集のために子どもとコミュニケーションをとる際に直面する問題のほうがはるかに深刻です。

6. 子どもの面接にかかわる言語の問題

どの研究でも言及される大きな問題。それは、子どもは証人として信用するに足るだろうか、という問題です。面接にはコミュニケーションの成功を阻む壁が3つあります。第1は子どもが有効な証人たりえないケース、第2は大人が有効に質問できないケース、第3は子どもが有効な証人でなく、大人も有効に質問できないケースです。

実務家はこれまでも、子どもが証人として信用するに足る能力をもっているか、案じてきました。特に、子どもが（大人と同じように）証拠を提供する言語的スキルをもっているかどうかという問題は、重視されてきました。しかし一方で、実務家、研究者、子どもの証人は、大人の側に子どもに面接を行なう能力があるのかどうかも案じています。以下、これらの問題を順に見ていくこ

とにしましょう。

6-1. 子どもの証人に対する実務家の態度

　子どもに面接を行なう際，どのような問題が起こり得るかを，実務家はある程度認識しています。私たちの調査では，実務家を対象に，子どもにビデオ面接を行なう際，言語に直接かかわる困難に遭遇したことがありますかと尋ねました（Aldridge & Wood, 1997a）。その結果，回答者の93%が「はい」と答え，次のような意見を述べています。

✤ 幼児には話しかける暇がありません！　彼らは面接室をかけ回り，集中力が続かないんです。

　多くの実務家が，コミュニケーションが成り立たないと述べています。典型的なコメントを以下に紹介しましょう。

✤ 時どき私は自分にとっては明快でも，子どもにとってはあいまいに聞こえてしまう表現をしてしまいます。そのため彼らの答えはまったく見当はずれなものになってしまうのです。
✤ 時どき子どもに質問をするのですが，質問の意味は通じているだろうと思っていたら，実はわかっていないんですね。どうして通じないのかわかりません。
✤ 多くの人が，年齢の低い幼児の話を理解するのは難しいことがある，と端的に述べています。
✤ 多くの人が，子どもは（面接官にとって）馴染みのない言葉を使う。これが問題だとコメントしています。
✤ 多くの人が，子どもは語彙が限られているために開示が困難だ，とコメントしています（この問題は5章で取り上げます）。
✤ 多くの人が，言語に障害のある子どもへの面接は難しいと答えています。聴覚障害のある子どもが面接に来るケースは多いが，その扱いは困難である，と述べた人もたくさんいました（この問題は6章で取り上げます）。

まとめれば，次のコメントに見られるような不安があると言えるでしょう。「ビデオ録画における重大な問題の1つは，子どもがひどく混乱してしまうことがあるのを，ビデオがはっきりと記録してしまうということです」。実務家はほとんど例外なく，子どもが言語的に不十分であることにより生じる問題を経験しています。と同時に，彼らは言葉をくだいて話す責任を負っていることも理解しています。

6-2. 面接に対する実務家自身の考え

文献には，実務家自身が「自分の面接の仕方をモニターすべきだ」と述べている例がよく見られます。デネットとベケリアンは，警察は自分たちの面接技法が（子どもの虐待の捜査において）不十分であることを認めていると述べています（Dennet & Bekerian, 1991：356）。警察官であるクラークも，子どもの面接について議論する際いつも問題になることは，子どもの年齢に合った言葉を使う（つまり子どもの言語能力を考慮する）ことの必要性だ，と述べています（Clarke, 1994：1）。実務家は明らかに，子どもの面接における自分たちの問題に気づいているといえるでしょう。実際，この領域での訓練をありがたく思う人々も多いと思われます。しかし訓練の問題に入る前に，研究者が面接官のスキルをどう見ているか，見てみることにしましょう。

6-3. 面接官に関する研究者の考え

これまでにも多くの研究が，幼児の言語能力は大人とは本質的に異なるということの重要性を強調してきました。これらの研究は，大人の言葉や大人用の面接法が子どもにも有効だとする考えに，疑問を呈しています。実際，多くの研究が，面接官は子どもの言語能力や認知の発達的変化を考慮すべきである，そうしないと面接には問題が生じると指摘しています。いくつかの指摘を引用します。

> 「訓練を受けていない面接官は，子どもの言葉を誤解したり年齢に合わない言葉を用いたりして，子どもを混乱させてしまいます」（Yuille et al., in Goodman & Bottoms, 1993：98）。

「言語能力と質問スタイルの噛み合わせが悪いと，子どもの証人の信頼性は確実に破壊される」（Brennan, 1994：53）。

「コミュニケーションの失敗は，真実発見の手続きを覆い隠し，法廷を脱線に導く」（Saywitz, Geiselman & Bornstein, 1992：59）。

「証拠収集過程における子どもの言語能力の真の問題は，子どもの側にあるのではなく，大人の側にあるのです。……実務家には幼児の言語能力に関する知識がまだ不足しています。この重大な見過ごしによって，被害が言葉にならないままになってしまいます。……言語はすべての面接官，そして法廷におけるすべての活動の要なのです」（Walker, 1993：78-79）。

実務家や研究者は，不適切な面接スキルの危険性に気づいているといえるでしょう。子どもの証人でさえ，このことについてコメントを発しています。以下，ウエストコットらの研究から引用します（Westcott & Davies, 1996）。

6-4. 面接官に関する子どもの証人の考え

ウエストコットらは，性的虐待を受けた子どもや幼児が捜査面接について述べた意見を調べています（Westcott & Davies, 1996）。ある研究では，14人の子どもおよび幼児（6〜18歳）が，面接の場所や時間について回顧的な（訳注：体験したことの記憶に基づく）評価を行ないました。対象となった子どもたちは，その他の側面についても意見を述べていますが，指摘が最も多かったのは面接官の言葉の問題でした。14人中11人（79％）が，面接官が用いた言葉は問題が多いと述べています。特に多いのは「文や言葉が長くて複雑だ」という意見でした。6歳の女児が述べた次のコメントは，この点をよく表わしています。どうすれば面接はよりやさしくなり得たかと尋ねられ，彼女はこう答えています。「もっと質問を短くしてほしい。ずっと話し続けたかと思うと突然質問してくるのでついていけません。それに次々と質問をして，私が答える前に別の質問をするんだもの」（Westcott & Davies, 1996：18）。13歳の少女でさえ，言葉が難しかったと述べています。難しい問題について話さなければならない

というのに，面接官は長い質問をしていた，と彼女は語っています。子どもが捜査面接をどのように見ているかについての詳しい情報については，ウエイドらの研究（Wade & Wescott, 1997）をご覧ください。

7. 子どもの言語発達に関する情報の評価

　証拠を得るための子ども面接では言語が大きな問題である，ということについては意見の一致があるといってよいでしょう。では，子どもと適切にコミュニケーションを行なうのに役立つ，子どもの言語発達についてのアドバイスとしては，どのようなものがあるのでしょうか。以下，公刊されている子どもの言葉に関するガイドラインに目を向けたいと思います。

　子どもの言葉についてのガイドラインを見ますと，その数の少なさ，そして提供されている情報が漠然としており，不適切であることに驚かされます。子どもの言語的欠如にどう対処すればよいか，実務家が不安になるのも当然です。このことは，研究者も指摘しています。

　　「虐待の申し立てをしている子どもに面接をするソーシャルワーカーのためのガイドラインを見ると，その多くに，面接での言葉は年齢に適したものでなければならない，と書いてある。……しかしこれらのガイドラインには，簡潔で年齢に適した言葉がどのようなものか，具体的な例が示されていない」
　　（McGough & Warren, 1994：19）。

実務家も同様の指摘をしています。

　　「子どもに大人の話を理解してもらうために必要な，最も適切な言葉，あるいは言い換えるべき言葉に関する知見は見当たらない」（Clarke, 1994：1）。

　確かに，公刊されているガイドラインでは以下のようなアドバイスが典型的です。

「面接で効果的なコミュニケーションを促進する状況や要因は多々あります。と同時に，阻害する状況や要因も多いものです。面接でのコミュニケーションにおいて法律家に課された重要な課題は，コミュニケーションを妨げ，誤誘導し，阻害する状況を避け，あるいは最小限にし，コミュニケーションを促進し，支援し，動機づけるスキルを用い，強調することです」(Perry & Teply, 1984：1375)。

「最善のアプローチは，質問や説明を最も基本的かつ具体的な言葉にまで還元することである」(Perry & Teply, 1984：1383)。

「面接を開始したら，面接官は最初のうち日常的な事柄について話し合い，子どもが示す言語発達のレベルに焦点を当てるのがよい。そうすることにより，面接官は自分の言葉を子どもに適したものに調節することができるだろう」(Bull, 1992：7)。

「話しかける時には年齢に適した言葉，……子どもを混乱させない言葉を用いなさい」(Rappley & Speare, 1993：340)。

「子どもとの正確なコミュニケーションを築くために，面接官は子どもの発達レベルに見合った言葉を用いるべきである。具体的に言えば，面接官は最初に子どもの言語的・認知的スキルを推定し，複雑で専門用語の多い質問を避け，子どもが質問を理解していないかもしれないというサインに注意をはらうべきである」(McGough & Warren, 1994：23/24)。

「アドバイス：子どもの言葉に大人の言葉を合わせること。基本的な単語を用い，明確な文で話すよう心がけましょう」(Walker & Warren, 1995：161)。

MOGPも次のように述べています。

「連携捜査チームにとって，子どもとの最良のコミュニケーションをとるため

に最も重要なものは，子どもの言語発達に関する知識です。幼児の語彙や言語スタイルは限られています。そのため，一般には用いられない単語やフレーズを，特に性的活動や性器に関して用いることがあります。面接官は子どもの話をよく聴き，その言葉のレベルに自分の言葉を調節しなければなりません」(MOGP, 1992：9-10)。

「単純な構文を使い，二重否定や混乱が生じるような文は避けるべきです」(MOGP, 1992：18)。

「特に幼児は，はい／いいえ質問に対して『はい』と答える傾向があります」(MOGP, 1992：20)。

こういったアドバイスは的確ですが，そこで推奨されていることがガイドラインとして実際に役立つかといえば，それは疑問です。どのような状況がコミュニケーションを妨げ，誤誘導し，阻害するのか，どうすればわかるのでしょう。質問や説明を最も基本的かつ具体的な言葉に還元するには，どうすればよいのでしょう。そしてどうすれば，いくつかのアドバイスにあるように，自分の言葉を調節することができるのでしょうか。

それだけではありません。こういったアドバイスは著作や論文の各所に散らばっており，必ずしも実務家に見やすいように提供されているわけではありません。こう述べるのは，子どもの言語能力その他に関する訓練に参加した人々に，その訓練について簡単に述べてほしいと頼んだところ返ってきた回答が以下のようなものだったからです。

※ 回答者の80%は，子どもの言語に関する具体的な訓練を受けたことがない，と報告しました。そのうち60%は，訓練を受けたいと何度か依頼したことがあったにもかかわらず，です。
※ 回答者の20%は，初期の訓練に子どもの言葉に関する内容があったと思う，と答えています。

彼らは，以下のような要点を覚えていました。
- 年齢に合った言葉を用いなさい。
- 子どものレベルで話しなさい。
- 誘導質問を避けなさい。
- オープン質問を使いなさい。
- 一度に1つ以上の質問をしてはいけません。
- コミュニケーションのレベルに関する子どもの能力を査定しなさい。

興味深いことに，上にあげられている要点はほぼ例外なくMOGPに書かれています。MOGPは子どもの言語発達についての唯一の情報源なのかもしれません。

ビデオ面接が子どもの主たる証拠として認められる率を高めるには，子どもから非誘導的な手続きで十分な報告を得る方法を達成する必要があります。子どもの証人の言語的な欠如を改善することは難しいかもしれません。しかし実務家を訓練し，子どもの報告を促進する方法はあるはずです。

8. 訓 練

MOGPは，子どもの言語発達の複雑さや，時間や記憶に関する子どもの認知能力を実務家は理解すべきだと強調しています。このことは，MOGPが訓練を重視していることを示唆しており，実際，実務家のための研修が各地域で行なわれるようになりました。多くの回覧，ワークショップ，講演，ヘンドン警察大学での説明会，そしてオープン・ユニバーシティ（OU：英国の放送大学）によるソーシャルワーカーのための訓練パッケージなど，種々のワーク・パッケージが取り入れられています。あるものは成功していますが，あるものはそうでもなく，たとえばOUのパッケージは基礎的すぎると考えている警察官もいます（Hughes, Parker & Gallagher, 1996）。先に見たように，ほとんどの実務家は幼児とどのように接したらよいか，訓練やアドバイスを受けたことがあるにもかかわらず，（どの調査にも見られるように）もっと多くの訓練が

必要だという感想をもっています。たとえば私たちの調査では，回答者の 43 ％が，訓練は適切ではあったけれどもそれ以上ではなかった，と述べています（Aldridge & Wood, 1997a）。以下に引用するように，多くの文献にももっと訓練が必要だと書かれています。

　「子どもの年齢や発達に応じた面接計画が立てられるよう，より多くの訓練が必要である」（Brownlow & Waller, 1997）。

　「法律家，警察官，ソーシャルワーカー，心理学者など，子どもの面接に携わる実務家の集団は，『面接を成功させるには……訓練こそが必須事項である』ということで意見の一致をみています」（Westcott, 1992a：78）。

　「MOGP のガイドラインに沿った面接の率を高めるには，面接官の訓練を向上させる必要がある」（Davies et al., 1995）。

　「MOGP のガイドラインの導入により，性的・身体的虐待を受けた子どもは警察官やソーシャルワーカーからよりよいケアを受けられるようになりました。また，ケアを改善する機会もあります。こういった改善は，MOGP を改良することによってではなく，実務家が自分の知識や技能を磨くことによって達成されるでしょう」（Butler, 1997）。

　実際，多くの実務家が，もっと訓練をと求めています。私たちの調査では，最近の法，MOGP の変更，最近の研究成果について，知識をアップデートするための再研修を希望する人がたくさんいました。子どもの発達，特に言語発達に関する情報を求める人，形式化された査定方法が必要だという人も多数いました。また，彼らは自分たちの面接について建設的な批判を欲しています。不適切な面接を正すためにビデオの監査が必要だという意見もありました。訓練についてより詳細な情報を知りたい方は，ヘンドリーらの研究（Hendry & Jones, 1997）をご覧ください。

9. まとめ

　今や明らかに，面接をする人もされる人も，面接，特にビデオ面接においては言語使用が重要な役割を果たすこと，不適切な言語使用は問題を生じさせることを認識しています。ビデオ録画それ自体は，子どもの面接のために存在する他の手続きに比べ，特にストレスの多いものではありません。実際多くの人が，子どもにとっても司法制度にとっても，ビデオ面接が全般的に最もよい手段であると感じています（Butler, 1997）。したがって，ビデオ面接（およびMOGP，またはその修正版）は，証拠収集の目的で行なわれる子どもの面接法として，これからも存続し続けることでしょう。本章を通して見てきたように，ビデオ面接とMOGPに利点があることは明らかです。問題もたくさんありますが，適切な計画と訓練により，これらの問題の多くは乗り越えることができるでしょう。実務家がより多くの訓練，情報，そして査定を望んでいる（というよりも渇望している）ことにもたいへん勇気づけられます。

　しかし，すでに指摘した通り，子どもとのコミュニケーションにかかわる問題に対処するための，子どもの言語に関する情報が十分提供されていないという実情もあります。ただ1つの例外は，法廷での言語に焦点を当てたウォーカーのガイドラインだけでしょう（Walker, 1994）。

　本書の目的は，実務家が子どもに面接を行なう時の，子どもの言語に関するガイドラインを提供することです。子どもの主たる証拠となるビデオ面接に関しては，言語使用の問題がたくさん指摘されています。本書は，こういった言語使用の個々の側面に鋭く焦点を当てた，私たちが知る限り最初のガイドラインです。以下の各章では，MOGPにおける段階面接法の最初の3つの段階について順に見ていきます。第4の段階である「終結（クロージング）」については，質問段階を扱う4章の最後で述べたいと思います。また，どの段階においても言語関連の問題に焦点を当て，実務家が子どもの言語発達に関する知識を充実させることができるように図りたいと思います。私たちは，本書が実際に役立つマニュアルとして使われるようにと願っています。そのため章ごとにアドバイスを提供し，また，自己査定セクションを設けました。自己査定セクション

では，面接者は自分の面接を「すべきこと・すべきでないことのリスト」に照らしてチェックし，査定的なコメントを書くことができるようになっています。これらは読者が次の面接を準備する助けとなるでしょう。

　それでは，ラムらの言葉を心にとめて，先に進むことにしましょう。

　　「悪い面接によって幼児への捜査面接が無駄になってしまうというのは，明らかな事実です。しかしこのことにより，効果的な面接を行なえば幼児でも信頼できる情報を提供できる，ということを示す多くの研究が覆い隠されてはなりません」(Lamb, Sternberg & Esplin, 1995：446)。

　以下の章では，幼児に効果的な面接を行なう方法が展開されます。

2章

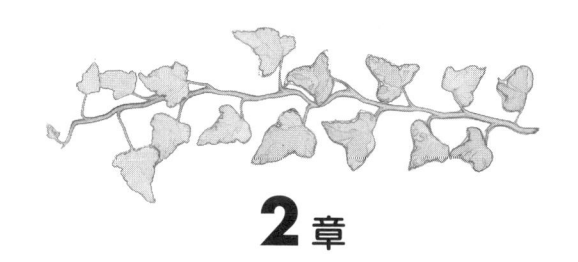

ラポールを築く

　本章では，MOGP（1992）が推奨する第1の段階，「ラポール」に焦点を当てます（訳注：「ラポール」とは信頼できる関係性のこと）。まず，面接のセッティングに関する以下の問題について考えます。

❋ 面接を録画するのに最も適した時間，場所。
❋ 面接に同席すべき人。

　次に，面接を開始する方法について検討します。たとえば，

❋ 面接を開始するにあたり，面接官はどうすれば面接の時間と場所を最も効果的に記録することができるか。

　さらに，MOGPが推奨する第1の段階，ラポール段階に焦点を当てます。

❋ どうすればよいラポールが築けるか。
❋ 面接で用いるのに最も適したおもちゃは何か。
❋ 子どもの社会的，情緒的，認知的，言語的発達を表わす最もよい指標は何か。
❋ 面接官は，面接の理由をどのように説明すればよいか。
❋ ビデオ機材，マイク，面接官のイヤホンに関する子どもの理解を保証する最良の方法は何か。

❋ 子どもが嘘と真実の違いを知っているかどうかを確かめるための，最良の方法は何か。
❋ 子どもが事実とファンタジーを区別できるかどうかを調べる，最良の方法は何か。
❋ 子どもに「質問の意味がわからない」，「質問の答えがわからない」と言ってもよいことを伝える最良の方法は何か。

では，面接のセッティングから始めましょう。

1. 面接のタイミング

MOGP（1992：6）は，ビデオ面接は「適切に準備がなされ，子どもの利益が守られるならば，できるだけ早いうちに」行なうのがよいとしています。子どもを尊重し，法システムも尊重したこのアドバイスは，まさに適切な忠告だと言えるでしょう。しかし，考えねばならないもっと身近で現実的な事柄も存在します。たとえば，面接が子どもにとって不快なものとならないよう，子どもの生活リズムを考慮することが大切です。午前中の遅い時間に面接を始めれば，面接は昼食にまでかかってしまうかもしれません。次のような例があります。

> 事例1　9歳の男児への面接から
> 子ども　　お腹がグーグーなってるよ。
> ソ・ワ　　誰でもお腹はなっちゃうわよ。

このやりとりは，正午前に開始された面接から抜き出したものです。面接の最中に空腹になった子どもは集中力を失ってしまうかもしれません。こういった可能性（や疑い），また，子どもが急いで面接を終えようとする可能性（や疑い）は極力除かねばなりません。休憩をとることもできますが，これでは昼食のリズムが狂ってしまい，子どもは満足しないかもしれません。子どもの生活リズムが大切であるのと同様，学校での行事も重要です。たとえば，ある子どもが面接を受けた日には，午後，学校でクリスマスパーティーが控えていました。

このような場合，集中力が欠けたり，面接を早く終えようとする欲求が生じることがあります。このようなタイミングはできるだけ避けねばなりません。

2. 面接の場所

　私たちが分析した資料は，面接を目的とした特別の面接室で収録されました。場所についてはほとんど問題がなかったので，特にコメントはしません。ただし，以下の２点は注意しておきたいと思います。まず，自宅／学校から面接施設までの距離が，ふだん移動している距離よりもかなり大きい場合がある，ということです。私たちの面接調査でも，何人かの面接官がこの問題を指摘しました（Aldridge & Wood, 1997a, 1 章）。次の例が示すように，ある子どもは長距離の移動のために混乱していました。

> 事例2　６歳の女児への面接から
> **子ども**　［面接の場所］に行くってママが言ってたわ。
> **面接官**　ここがその［面接の場所］よ。
> （訳注：[　] 内は匿名性を守るために削除された情報や，非言語的な情報を示す）。

　MOGP（1992：7）には「長距離の移動は子どもにとって負担であり，悪影響を与える」可能性がある，と書かれています。しかし問題は，実際の移動距離よりも，子どもがその移動をどう見るかということでしょう。大人である私たちは家から職場へ，時には遠い場所へというように，移動することに慣れています。これに比べ，子どもは学校と家を行き来する短い移動しか経験していないかもしれません。そのため，面接室までの道のりを遠いと感じているかもしれません。このような場合は子どもの様子を確認したり，子どもを元気づけることが必要です。面接を開始してもよいかどうかチェックする目的も兼ねて，次のように尋ねてもよいでしょう。

> **面接官**　さてさて，ここに来るのにずいぶんと長く車に乗らなければならなかったわね。用意ができたら始めますけど，いいかしら。

時として子どもに確認すべきことの1つに，特別の目的のために作られた面接室の所有権に関するものがあります。面接官がこの家に住んでいると考えた子どもはたくさんいました。たとえば，

> 事例3 6歳の女児への面接から

子ども　ここはあなたのお家？
ソ・ワ　いいえ，私のお家じゃありません。ここには時どき来るだけよ。
子ども　じゃ，誰のお家？
面接官　警察のお家よ。
子ども　このおもちゃは誰の？
面接官　これも警察の。ここに話しに来てくれる子どもは誰でもこれで遊んでいいのよ。

この家が自分の家でないことを確認しようとする子どももいます。たとえば，

> 事例4 6歳の男児への面接から

面接官　ママとパパがいるお家。あなたはそこに住んでいるんでしょ？
子ども　うん，ここには住んでいない。
面接官　そうね，ここはあなたのお家じゃないわね。ここには誰も住んでいないの。ここに住んでいるのはおもちゃだけね。

これらの事例は，こういった事柄についての説明が必要になるケースがある，ということを示しています。説明を聞いて十分リラックスできれば，子どもは自信をもって，出来事についてより多く，より正確に話してくれるでしょう。

3. 面接室に同室すべき人とは？

最初に決定しなければならないのは，面接の際，面接室に誰が入るかということです。子どもと面接官の他に付添人が入るかどうかについては，少し考える必要があります。面接において付添人の役割を最もよく果たせるのは誰か，検討してみましょう。

MOGPは，面接の際「犯罪の疑いのある者はけっして同室してはいけない」

と明確に述べています（MOGP, 1992：13）。また，「通常は誰も同室してはいけない」と述べています（MOGP, 1992：13）。

「愛着のある」大人（つまり，子どもに個人的な愛着をもち，しかも被疑者ではない大人）については，私たちはこのアドバイスを守りたいと思います。これとは逆に，ソーシャルワーカー（つまり，「愛着のない」大人）の付添いは助けになる可能性があります。これらの状況について，順に見ていくことにしましょう。

3-1. 愛着のある大人の付添い

大人にとっても子どもにとっても，また，ビデオの証拠的価値という点からも，愛着のある大人が付添うことには問題があります。その理由はたくさんあります。

まず大人は，面接官の質問に対して情報を提供したい，子どもの応答における誤りを訂正したいという欲求がたいへん強いものです。このような欲求は，「付添人は面接に口を出してはいけないということを明確に理解する必要がある」というMOGPの推奨事項を無効にしてしまいます。

> 事例5　6歳の女児への面接から
> 面接官　ではね，学校でのあなたの一番のお友だちは誰？
> 子ども　［名前］
> 面接官　［名前］，で，その子は近くに住んでいるの？
> 子ども　すぐ近く。
> 母　親　道を行ったところでしょ。

> 事例6　5歳の女児への面接から
> 面接官　あなたのお名前を教えて。
> 子ども　［名前］
> 面接官　そう，他にも呼び方はある？
> 子ども　［首を横に振る］
> 母　親　あるでしょう！　あら，失礼。
> 面接官　いいんですよ，お母さんは助け舟を出してくれているのね。
>
> 　同じ面接の後のほうで

面接官	で，お姉さんの年は？
子ども	5歳。
面接官	そしてあなたも5歳？！
母 親	双子なんですよ。
面接官	なるほど。
母 親	混乱させちゃいけないと思って。
面接官	それから［弟の名前］は？　何歳？
子ども	4歳。
母 親	もうすぐね。
子ども	もうすぐね。

　これらの例では，母親の介入は特に害とはなっていません。けれども愛着のある大人には，情報を提供したい，あるいは明確にしたいという（しばしば）抗いがたい欲求があることを，これらの事例はよく示しています。また，似たような問題が子どもの側に生じることもあります。情報を提供するうえで，子どもは愛着のある大人に依存してしまうことがあります。通常は子どもが母親，父親，あるいは教師に情報の確認を求めるのはまったく自然なことです。そのため，面接の状況に限ってはそれが不適切だということを理解するのは，子どもにとってたいへん難しいことです。たとえば以下のような例がありました。

> 事例7　7歳の女児への面接から

面接官	で，お誕生日はいつかわかるかな？
子ども	ママが知ってる。
面接官	ママがね。そうね。でも，お誕生日がいつか，思い出すことはできる？
子ども	［首を横に振る］

> 事例8　別の7歳の女児への面接では

面接官	それが最後にあったのはいつですか？
子ども	私たちが最後にそこに行った時。
面接官	それはいつ？
子ども	わかんない。パパはどう思う？
父 親	最後に行ったのは8月だね。

　　　同じ面接の後のほうで

面接官	そう，で，そこには他に誰がいましたか？

子ども	［いとこの名前］だけだったよね。だって,私その子と一緒に寝たんだもの。
父親	うーん,わからないな。思った通りのことを言っていいんだよ。
子ども	うーん,その子と同じ部屋で寝るの。
面接官	そう。じゃ,してほしいことがあるんだけど。あなたはお父さんのほうを見ているのね,お父さんにそのことをお話したことはあるの？
子ども	［うなずく］
面接官	そう,では,私がしてほしいことが何かわかる？
子ども	ううん。
面接官	お父さんに話したことは忘れてもらいたいの。
子ども	うん。
面接官	そして,もう1回私にお話して。他の人にお話したことは忘れて。それに,あなたが話し忘れていることだってあるかもしれないでしょ。

　事例7や事例8が示すように,会話における通常のルール（確信がもてない時は大人に聞く）が適用できないということを,子どもに理解してもらうのはたいへん難しいことです。大人は必要な情報の一部を知っているかもしれない,と子どもが考えている時にはなおさらです（たとえば,子どもの誕生日や親戚の家に行ったのがいつかといったことなど）。

　愛着のある大人が付添うことにより生じる別の問題は,大人も子どもも情動的な負荷を負ってしまうことがある,ということです。たとえばある5歳の女児の面接では,子どもが落ち着かず,開示したがらず,しかも飲み物をひっくり返してしまいました。そのため母親は子どもを怒鳴りつけ,子どもは泣き出して,面接は途中で終わってしまいました。次のやりとりを見てみましょう。

> 事例9　**7歳の女児への面接から**

面接官	で,あなたが嫌いなものは何ですか？
子ども	あの人がやること,あの人の格好。泣かないでね［と父親に］。
父親	泣かないよ,だいじょうぶだよ,泣かないよ,ね,約束するよ。
子ども	お父さん前泣いたじゃない。
父親	誰が？
子ども	お父さん。
父親	お父さんが？
子ども	うん,忘れたの？
父親	なんで,お父さんが？

子ども	そのことで。
面接官	で，お父さんはなぜ泣いたの？
子ども	だってお父さんは私のこと大好きなんだもん。

事例10　5歳の女児への面接から

子ども	なんで泣いてるの？
母　親	ママは平気よ，だいじょうぶ。
面接官	だいじょうぶですか，お母さん。
母　親	［うなずく］

　子どもの面接場面に同室することが，愛着のある大人にとってたいへんつらいものとなり得ることが，これらの事例からわかります。それはまた子どもに負担を与えることにもなります。子どもは大人が悲しむのは自分の開示のせいだと考え，大人が悲しむことのないよう，それ以上話さないのが一番だと考えるかもしれません。

　最後に，愛着のある大人の付添いは証拠の質という点から見ても望ましくないことがある，という例を示しましょう。たとえば，以下のようなやりとりがありました。

事例11　5歳の男児への面接から

面接官	そう。で，あなたはどのお部屋にいたの？
子ども	ママの部屋。僕は別の部屋にいたけど，今は取り替えたんだ。僕が学校に行ってる時にママと［名前］が取り替えた。
面接官	ああ，寝室を取り替えたのね。
母　親	私は下で寝ていました。だって寝室を共にするのは耐えられなかったんですもの。

事例12　10歳の男児への面接から

面接官	いいわ。これで全部聞くことができたと思います。でも，［モニター室にいる警察官］に，何か忘れていないか確かめてみますね。お母さん，何かお聞きになりたいことはありますか。
母　親	ちょっと話してもいいかしら。それとも話したら［子どもの名前］が言ったことが無効になってしまいますか？
面接官	ええっと，今日ここでの面接の最中に話していないことがあったとして

　　　　　　も，それは後日に残しておいていいですか。
　　母　親　　いいですよ。

　事例 11 では，母親の発話から，彼女と夫（被疑者）の間に問題があったことがわかります（訳注：寝室を共にするのは耐えられなかった，ということから）。彼女は自分のバイアスを暴露し，彼女（や子ども）が述べたことの動機に疑問の余地を生じさせてしまいました。事例 12 は，母親の話そうとしたことが子どもの話を無効にする（おそらく矛盾する）ようなものであったことを示唆しています。それは，子どもがこれまでに話したこと全体に疑問を投げかけるかもしれません。

3-2. 愛着のない大人による付添い

　愛着のある大人が付添うことには問題がありますが，愛着のない大人（ソーシャルワーカーなど）の付添いは，助けとなる場合があります。たとえば，無口な子どもがソーシャルワーカーと粘土や色塗りで遊びながら面接を受けている例がありました。こういったケースでは，遊びは子どもを落ち着かせる役割を果たし，面接官はソーシャルワーカーがいるおかげで質問に専念することができました。

4. 面接の開始

　MOGP は，面接の開始時にその場にいる人の紹介や面接の日時をカメラに向かって述べるように推奨しています（MOGP, 1992：15）。私たちの資料によれば，それは時に問題を生じさせることがあります。以下の例を見てください。

　事例13　3歳の女児への面接から
　　面接官　　これは［地名］で行なわれたビデオ面接です。私は婦人警官の［名前］です。部屋には［子どもの名前］，［生年月日］がいます。今日は［日付け］で，時間は［時刻］です。

子ども	［おもちゃを指して］これ，入らない。
面接官	モニター室には［名前］と［名前］，そしてソーシャルワーカーもモニター室にいます。［子どもの名前］の母親も，ソーシャルワーカーの［名前］とともに，この建物内にいます。
子ども	ああん，入らない。
面接官	はい，［子どもの名前］，どうなってるのか見てみようね。何が入らないの？

同様のことが，以下のやりとりにも見られます。

> 事例14　6歳の男児への面接から

子ども	［カメラに手を振り］ハロー，カメラさん。
面接官	私は［場所名］警察の婦人警官［名前］です。［場所］の［ユニットの名前］に勤務しています。
子ども	あれ，しゃべるの？
面接官	時刻は今，火曜日，いえ，時刻は今，火曜日の午前11時20分です。
子ども	誰にしゃべってるの？
面接官	今日は［日付け］，火曜日。ここは［場所］です。

　どちらのケースも子どもは面接官の注意を引こうとしています。しかし，やむを得ないことではあるのですが，面接官は面接開始前に基本的な情報をカメラに向かって提供する必要があるため，子どもに注意を向けることができません。子どもと面接官が部屋に入ってからの最初の数分間は，子どもを落ち着かせるためにも，ラポールを築くためにもたいへん重要な時間です。一度無視されてしまうと，子どもは集中力を失い，その結果として非協力的になってしまいます。

　私たちが観察したいくつかの事例では，この問題を解決するために，面接官またはモニター室の警察官が1人で面接室に入り，子どもが入る前に，カメラの前で基本的な情報を提供していました。日時はビデオ画像にはっきりと写っていますから，その情報が提示されてから子どもが面接を受けるまでに，説明のつかない間が生じるということはありません。子どもの名前のような詳細情報は面接中に確認できますし，何よりも最初の負荷はずっと軽くなります。このような実践が行なわれた例を見てみましょう。

事例15　4歳の女児への面接から

面接官　［面接を行なう婦人警官が1人で部屋に入る］こんにちわ，私は［名前］警察の［ユニットの名前］の婦人警官［名前］です。今，［名前］面接室にいます。今日は［日付け］，時間は［時刻］です。これから4歳の女児，［名前］，［ニックネーム］の面接を行ないます。モニター室にはソーシャルワーカー［名前］と機材の操作をする［名前］がいます。それではこれから［子どもの名前］を連れてきます。次に入ってくるのはその子です。
　　　　［面接官は部屋を出ていき，子どもと共に入室する］
面接官　ここに，そうです，おわかりですね。私たちです。
子ども　粘土がある。
面接官　そうね。じゃ，これで何して遊ぼうか。
子ども　これ［粘土の容れ物を指して］
面接官　いいわよ。

以下の事例も同様です。

事例16　8歳の女児への面接から

［面接官が部屋に入ってくる］
面接官　私は［場所］にいる婦人警官［名前］です。今日は［日付け］で，時間は［時刻］です。これから婦人刑事［名前］と［子どもの名前］のビデオ面接をモニターします。モニター室には私の他にソーシャルワーカーの［名前］，［子どもの名前］の母親［名前］と父親［名前］がいます。この部屋に次に入ってくるのは［子どもの名前］と婦人刑事［名前］です。
面接官　じゃ，そうね。いいかしら？
子ども　［うなずく］
面接官　何が好きかな？
子ども　［沈黙］
面接官　紙を出しましょうか。
子ども　［うなずく］
面接官　見てみましょう。
子ども　色塗り。
面接官　そうね。どっちが好き？
子ども　ペンちょうだい。
面接官　フェルトペンがいい？　それともふつうの鉛筆？
子ども　ペン。
面接官　いいわ。そこにもあると思うわ。どう？　そう，じゃ，始めましょう。これも好きかな？

子ども	［うなずく］
面接官	そこに座ろうかな。あなたも座ったら？
子ども	［座る］

　事例13・事例14と事例15・事例16を比較してみれば，子どもの入室前に最初の情報を提供することが，状況をいかに容易にするかがわかるでしょう。事例15・事例16のようにすれば，面接官はカメラに情報を提供する負担を負うことなく，最初から子どもに注意をはらい，適切な活動をさせ，落ち着かせることができます。これらの事例では，子どもたちは適切なおもちゃ（粘土と色塗り）へと導かれています。自由にさせておくと，子どもはしばしば不適切なおもちゃを選んでしまいます（どのようなおもちゃが適切なのかについては，この章の後半で述べます）。では，MOGPが推奨している最初の段階であるラポール段階に目を向けることにしましょう。

5. ラポール段階

　MOGPは次のように述べています。「面接の最初の段階のおもな目的は，面接官と子どもの間にラポールを築き，子どもが面接室でできるだけリラックスし，快適に感じられるようにすることです」（MOGP：15）。また，このことを促進するために次のように述べています。「特に年齢の低い子どもの場合は，子どもをリラックスさせ，面接官とのインタラクションを容易にするために，おもちゃ，お絵描き，色塗りなどの遊びを取り入れるのもよいでしょう」（MOGP：16）。それだけではありません。MOGPはラポール段階が果たしうる多くの機能を示唆しています。その機能とは以下のようなものです（MOGP：15, 16）。

※（被面接者となる）「子どもの社会的，情動的，認知的発達や，特にコミュニケーション・スキルの度合いや理解度に関する情報」を補足する。
※面接の理由を説明する。
※子どもには何も落ち度はないのだと，安心させる。

❋ カメラ機材について説明する。
❋ 真実を話すことの必要性を強調する。
❋「『知らない』,『わからない』と言ってもよい」と伝える。

　以下，ラポールが果たすこれらの機能について，順に見ていくことにしましょう。

6. 効果的なラポールを築く ❋

　面接は子どもに多大な負担を与えます。効果的なラポールを築き，その負担を少しでも軽くすることが必要なのは明らかです。ほとんどの子どもは，長時間にわたって話をするのに慣れていません。相手が見知らぬ人であればなおさらです。しかも馴染みのない部屋（快適であったとしても）で，悲しく，困惑するような出来事を話さなければなりません。となれば，面接官が子どもと効果的なラポールを築くことはたいへん重要なことだといえるでしょう。効果的なラポールを築く1つの方法は，先にも述べたように，面接の開始時から面接官が子どもに最大限の注意をはらい，何で遊ぶかを一緒に決めることです。では，この他には，効果的なラポールを築く要因としてどのようなものがあるでしょうか。

6-1. 会話のトピック

　重要な要因の1つは，ラポール段階で話題にするトピックです。私たちの面接データによれば，子どもがよく反応するトピックはたくさんあります。そういったトピックをラポール段階で利用することができるでしょう。大人でも，会話をはずませるトピックは個人ごとに異なります。サッカーが好きな人は，お気に入りのチームが勝った最近の試合について喜んで話してくれるでしょう。ラインダンスが好きな人もいるでしょうし，特に趣味がない人もいるかもしれません。したがって，もし可能なら，子どもが好きなことは何か，ペットを飼っているか，学校が好きかなどの情報を，面接の計画を立てる段階で（おそら

く養育者から）聞き出しておくことが望ましいのです。このような情報があれば，面接官は生産的なトピックを準備し，子どもとの会話で使うことができます。以下の例は，有効なトピックが子どもにより異なることを示しています。

6-1-1. 学　校

次の面接では，学校関連のトピックが有効でした。

事例17　8歳の女児への面接から

面接官	学校では何が好き？
子ども	色塗り。
面接官	色塗り？
子ども	お絵描き。
面接官	それと，お絵描きね。ということは，あなたは絵を描くのが上手なの？　後で私の絵も描いてちょうだい。お願いしてもいいかしら？
子ども	うん。
面接官	そう，学校では他にどんなことが好き？
子ども	お話をすること。
面接官	お話を読むこと？
子ども	お話をするの。書くの。
面接官	お話を書くのね，すごいわ。どんなことについて書くの？
子ども	冒険の話。
面接官	冒険の話。1人で書くの？
子ども	［うなずく］
面接官	私にも書ければいいなあ。
子ども	学校の先生にも読ませてあげるんだ。
面接官	ええ，そうなの？　先生はみんなの前で読んでくれることもある？
子ども	時どき。
面接官	そうすると，あなたは読むのと書くのと，絵を描くのが好きなのね。
子ども	そう。
面接官	じゃあ，算数は得意？
子ども	［うなずく］
面接官	そうなの？　あなたの通知表を見たのよ。
子ども	もう教科書の4冊目をやってる。
面接官	そうなの？　すごいわね。で，通知表にはいくつAがあるの？
子ども	16個。

上のやりとりでは，面接官が子どもの通知表に目を通していたことがわかります。この子どもは学校の成績がよく，明らかに学業に自信をもっていました。しかし以下の例が示すように，すべての子どもが学校大好きというわけではありません。子どもが学校をどう思っているかを事前に知ることは，面接を行なううえで有益です。

|事例18| **9歳の男児への面接から**
面接官　はい。ええと，午後は学校に行けないけれど，どう思う？
子ども　嬉しい。
面接官　そう，学校，好きじゃないの？
子ども　嫌い。
面接官　嫌いなの？
子ども　学校つまらないもん。

　子どもが学校についてのトピックを好まなかったり，話に乗ってこない場合は，他のトピックを探さなければなりません。

6-1-2. 友だち

　このトピックの有効性も，子どもによって大きく異なります。以下の例が示すように，友だちがいないという子どももいます。

|事例19| **3歳の女児への面接から**
面接官　お友だちはいる？
子ども　ううん。
面接官　いないの？
子ども　いない。

　一方，友だちがたくさんいる子どももいます。以下の例の男児は，2人の親友について話してくれました。

|事例20| **7歳の男児への面接から**
面接官　それではね，学校のお友だちの名前は何ていうの？

子ども	友だちたくさんいるよ。
面接官	そうなの？　親友はいるのかな？
子ども	うん。［名前］。隣りに住んでいるんだ。
面接官	そう。
子ども	その子も7歳で，クラスも一緒だよ。
面接官	そう，それはいいわね。［名前］と学校に通ってるの？
子ども	僕の自転車に乗せて行くんだ。
面接官	そう。
子ども	それからその子が自転車で来て，僕がその子の家に行って，それから別の子も来て，そっちの子が僕の自転車に乗っかって，後ろに乗せて行くこともある。

6-1-3. おもちゃや趣味

多くの子どもがお気に入りのおもちゃを持っており，そのことについてよく話をしてくれます。以下の例に示されるように，ここでも事前の「内部」情報が有効です（この例では，面接官が子どもの家に事前に訪れ，おもちゃを見ていました）。

事例21　9歳の男児への面接から

面接官	ええと，今朝，私があなたのお家に行ってお母さんとお話した時，あなたは学校に行っていたのよね。私があなたのお家でどこを見たかわかる？
子ども	ううん。
面接官	あなたの寝室，それとそこにあったもの。アクションマンで遊ぶのが好きなのね。
子ども	［うなずく］
面接官	他には何で遊ぶのが好き？
子ども	パワーレンジャー。
面接官	へえ，パワーレンジャーは見なかったわ。ジープに乗ってるアクションマンはあったけど。それからギターもあったわね。それについて，何かお話してくれる？
子ども	夏休みにね，時どきギターで歌を弾くんだ。
面接官	いいわね。じゃ，他にはどんなことをするのが好きなの？
子ども	外で友だちとサッカーをするのが好き。
面接官	そう。
子ども	セガで遊ぶのも。

特定の趣味をもっている子どももいます。趣味も実りの多い話題になります。

> 事例22 9歳の男児への面接から
> **面接官** 学校に行かない時は、何をするの？
> **子ども** 木曜日にはサッカーをする。日曜日に試合があるけど、毎週じゃないよ。先週は練習だけだった。
> **面接官** そう、どのサッカーチームが好きなの？
> **子ども** マンチェスターユナイテッド。
> **面接官** そうなの？
> **子ども** 部屋にいっぱいポスターがあるよ。タンスはポスターでいっぱい。ドアにも貼り始めたよ。
> **面接官** すごいわね！
> **子ども** それに、まだあと3冊本があるんだけど、それにもポスターがいっぱい入ってるんだ。
> **面接官** ほんとうに大好きなのね。どの選手が好きなの？
> **子ども** ギッグズ。大好きなゴールキーパーは、ピーター・シュマイケル。

もちろん、すべての子どもが趣味をもっているわけではありません。そのような場合は、テレビやビデオが生産的な話題として役立ちます。

6-1-4. テレビ，ビデオ，映画

多くの子どもは、特定のテレビ番組またはビデオが大好きです。子どもについての情報が少ない時は、こういったトピックが役に立ちます。

> 事例23 5歳の女児への面接から
> **面接官** じゃ、どんなビデオを観るのが好き？
> **子ども** ダンボとミッキーマウスとゴースト。
> **面接官** ダンボの中では、どんなところが好きなの？
> **子ども** ええと、う〜ん、飛ぶところ。
> **面接官** そうなの？
> **子ども** 鳥が飛ばせてくれるの。
> **面接官** ダンボはどんな動物？
> **子ども** 象。

6-1-5. ペット

ペットを飼っている子どもも多いものです。彼らはペットについてたくさん話してくれるでしょう。

|事例24| **9歳の男児への面接から**

面接官 お家には誰が住んでるの？
子ども お母さんと［兄弟の名前］だよ。
面接官 3人だけ？
子ども それと鳥。
面接官 それと鳥？ どんな鳥を飼っているの？
子ども 5羽だよ。
面接官 どんな鳥なの？
子ども 鳥の赤ちゃん。その赤ちゃんを生んだボタンインコが2羽，卵，それとセキセイインコ。
面接官 そうなの？ どこで飼ってるの？
子ども 鳥かごだよ，家の中で。
面接官 そう。
子ども それで，鳥にはどんな餌をやるの？
面接官 粒餌だよ。

6-1-6. 旅行とクリスマス

時期によっては旅行やクリスマスも生産的なトピックになります。

|事例25| **7歳の男児への面接から**

面接官 今年はどこか旅行に行った？
子ども うん。
面接官 どこに行ったの？
子ども ［場所］だよ。
面接官 それはどこ？
子ども ［場所］にあるの。
面接官 ああ，どうやってそこに行ったの？
子ども 車で。後ろにトレーラーをつけて。
面接官 へえ，そうなの。それはあなたのお家のトレーラー？
子ども うん。
面接官 楽しかったでしょうね。トレーラーの中で寝るのは楽しい？

子ども	うん。
面接官	私はトレーラーの中で寝たことないわ。
子ども	今年は僕，二段ベッドで寝たよ。
面接官	どっちのベッドで寝たの？
子ども	上の段のベッドだよ。
面接官	そのベッド，高いの？
子ども	［うなずく］
面接官	そうなの？　落ちないかって恐くなかった？

事例26　5歳の女児への面接から

面接官	お家にクリスマス・ツリーある？
子ども	うん。
面接官	もう何か木につけた？
子ども	飾りとクリスマス・ライト。
面接官	誰がつけたの？
子ども	ママと私。
面接官	あなたも？
子ども	うん。
面接官	あなたがつけたのは何？　どんな飾りをつけたの？
子ども	飾りのね，その，サンタがついている飾り。

　こういったやりとりには注目すべき点が3つあります。第1は，面接官による個人的なコメントはラポールを築くのに有効だ，ということです。たとえば事例17では，面接官は子ども（被面接者）のように冒険物語が書ければいいなあと述べています。同様に事例25では，面接官は，私はトレーラーの中で寝たことないわと述べています。適切に行なわれれば，こういったコメントは会話を促し，子どもは詳細を打ち明けるのは自分だけではないのだと感じることができるでしょう。

　第2に，ラポール段階を時間の無駄だと考える子ども（たとえば10歳以上の子どもなど）もいる，ということにも注意すべきです。次のやりとりでは，子どもは早く話をすませて家に帰りたいと焦っています。

事例27　10歳の男児への面接から

面接官	この面接は，［場所］で記録されています。私は婦人警官［名前］です。

	お名前を言っていただけますか？
ソ・ワ	私は［名前］です。［場所］ソーシャル・サービスのソーシャルワーカーです。
子ども	僕は［名前］。
面接官	これから日時を言いますからね。今日は［日付け］、時間は［時刻］です。いいわ、では、この子は［名前］、ミドルネームは［名前］ですか？
子ども	［名前］
面接官	［子どものフル・ネーム］。はい、OK です。
子ども	父のところに引っ越して来たかったんだ。
面接官	ああ、それはちょっと急ぎすぎ。最初に少し一般的なことについて聞きたいの。
子ども	いいよ、じゃ、始めて。

その後、同じ面接で

面接官	私たちが動くとカメラも少し動くかもしれません。でも面接の間、気にしないでね。
子ども	そんなに長くはかからないんでしょ？
面接官	そうね、ええ、でも何か飲みたければ。
子ども	ううん、だいじょうぶ。そんなに長くかからないんだから。

　このような事例では、子どもが話す気をなくさないようにラポール段階を最小限にする必要があります。

　第3のポイントは、学校、友だち、旅行などのトピックは年齢の高い子どもでしか役立たないことが多い、ということです。理由はおもに2つあります。まず、ある種のトピック（たとえば学校や旅行）は幼児（6歳未満の子ども）にとっては経験外のことで、馴染みがありません。次に幼児にとっては、そもそもこういったやりとり自体が一般的でないのです。たとえば以下のような例がありました。

事例28　3歳の女児への面接から

面接官	あなたのことについて、少しお話してくれますか？
子ども	ううん。

　こういったオープンな（訳注：答えの範囲が定まっていない）トピックによるやりとり（事実上「あなたについて、何でもよいのでお話してください」と聞くのと同等です）を、幼児に期待するのは適切ではありません。幼児はそういった

やりとりに慣れていないのです。幼児（6歳未満）には，彼らにとってより馴染みのある「今，ここ」の会話のほうが，より生産的だといえるでしょう。「今，ここ」のやりとりというのは，抽象的なオープンなトピックではなく，会話が行なわれている今現在，子どもがやっていることについての会話を指します。この種のやりとりを促す方法の1つは，おもちゃを用いることです。次の例では粘土についてのやりとりが，ラポールの構築を促しています。

|事例29〉　4歳の女児への面接から
子ども　　粘土がある。
面接官　　そうね。じゃ，これで何して遊ぼうか。
子ども　　これ。
面接官　　いいわよ。
子ども　　これみんな。
面接官　　固くなっちゃったかな？
子ども　　みんな混ざってる。
面接官　　ああ，だいじょうぶ。これも少し混ざっちゃってるけど，これで遊ぶことができるわよ，でしょ？
子ども　　うん。
面接官　　それにペンもある。後でペンでも遊びましょうね。
子ども　　これでケーキが作れるね。
面接官　　そうね。
子ども　　作れるでしょ？
面接官　　いいわよ。
子ども　　延ばして。
面接官　　忙しそうね。どんなケーキを作ってるの？
子ども　　小さいケーキ。ああ，あれ見て。
面接官　　そう，このお家好き？
子ども　　うん。

　この面接では粘土を使った遊びが「氷」を溶かし，子どもと面接官のラポールが築けました。

6-2. おもちゃを使ってラポールを築く

　しかし，何がなんでもおもちゃは助けになる，というわけではありません。

おもちゃの使用が助けにならないこともあります。たとえば子どもがおもちゃ（パズルなど）に夢中になってしまい，その結果，注意がお留守になってしまうこともあります。同様に，おもちゃがいっぱい入った戸棚は子どもの注意を拡散させ，おもちゃを取っ替え引っ替えさせる原因となります。1回の面接の最中に，子どもがジグゾーパズルから積み木まで，11種類ものおもちゃで遊んだ例もありました。

　もう1つ考えなければならないことは，おもちゃが子どもの年齢に合っているか，ということです。ある面接では3歳の女児がジグゾーパズルや他のパズルをやっていましたが，だんだんとストレスがたまってきました。そのおもちゃは年齢の高い子どものためのもので，明らかに3歳児の能力を越えていたからです。分不相応なおもちゃやパズルをうまく扱うことができず，彼女はいらついてきました。

|事例30| 3歳の女児への面接から

子ども　　ジグゾー。
面接官　　これ，ジグゾー？　それは難しいと思うわ。ちょっと見てみましょう。この人たちが誰か知ってる？
子ども　　うん。
面接官　　誰？
子ども　　ううん。
面接官　　ここに，ミスター・ティックルって書いてあるわ。
子ども　　これ，どうやるの？
面接官　　これ，難しそうよ，ね。この小さなおはじきを取り出すんだと思うわ。
子ども　　うん。
面接官　　そしてそれから，こんなふうにするんだと思う，見て。
子ども　　うん。
面接官　　こんなふうにね。
子ども　　うん。
面接官　　おはじき飛ばし（訳注：チップを飛ばしてカップに入れる遊び）って言うのよ。でも，ちょっと難しいでしょう？
子ども　　ううん。これ，入れないといけないの？
面接官　　他のをやりましょうか？
子ども　　これ。
面接官　　じゃ，こっちにいらっしゃい。これを見てみましょう。

子ども	これ，どうするの？
面接官	これはね，クリップだと思うわ。ものをくっつけておくの，こんなふうに。
子ども	やらせて，こんなふうに？　こんなふうに？
面接官	やるの難しいでしょ？
子ども	返して。

　この面接の後のほうで，彼女は難しいおもちゃと格闘するあまり，面接者の質問に対する注意が散漫になってしまいました。そしてその結果，面接官も質問に専念できなくなってしまいました。

面接官	誰と住んでいるの？
子ども	これ，できない［ジグゾーパズル］。
面接官	やってあげましょうか。
子ども	だってできるもん。これ，どこにやるの？
面接官	これ，あなたにはまだ入れられないと思うわ。
	数秒後……
面接官	それじゃあ，今日は誰と来たの？
子ども	ナニー（乳母）。ああ，これ，入んない［ジグゾーパズル］。
面接官	あなたのナニー？
子ども	できない。
面接官	じゃ，やってあげましょうか？　ああ，入らないわね。ここには他のピースがいるのよ。ここ，どうすればいいか見てみましょう。わかったわ。こんなピースがまだあるか探してみましょう。赤いのがついたピース，こんなの他にもあるかな。
子ども	私がやる［いらついてきている］。
面接官	いいわ，あなたがやってね［子どもはおもちゃの棚のあたりをうろうろする］。まずこれをやっちゃいましょうか？
子ども	そして，これやってもいい？
面接官	これやりたいの？
子ども	うん。
面接官	これで遊ぶにはね，特別のボードがいると思うんだけど，それがないのよ。でも文字を探してみることはできるわ。
子ども	いや。これやりたくない。
面接官	これはやりたくないの？
子ども	やりたい。
面接官	そうだわ，紙と鉛筆をあげましょうか？

子ども	やりたい。
面接官	じゃ，こっちにいらっしゃい。
子ども	いや。やりたくない。何か描きたい。
面接官	できる？ お馬さん，描いてあげましょうか？
子ども	描かないといけないんでしょ。
面接官	そう。何を描いてほしいか言ってね。
子ども	いや。私が先にやる。

　この事例では，年齢に合わないおもちゃが彼女をいら立たせ，たいへんなストレスを与えてしまいました。これでは明らかに非生産的です。私たちが推奨したいのは色塗り（適切な材料，たとえば幼児には単純な絵とクレヨンを，年齢の高い子どもには精緻な絵とフェルトペンまたは色鉛筆を使えば，どの年齢の子どもにも適しています），ジグゾーパズル（年齢に応じてさまざまな種類があります），柔らかいおもちゃなどです。これらのおもちゃは最適だといえるでしょう。また，面接官は子どもにたくさんのおもちゃを見せて自由に選ばせるよりも（その中には高度すぎるものも含まれているでしょう），子どもを年齢にあったおもちゃへと導くほうがよいようです。子どもが過度に注意を集中させなければならないおもちゃ（事例のやりとりにもありましたが）や，木製のテーブルの上で木の積み木で遊ぶなど，音がうるさいおもちゃは不適切です。以下の例は，おもちゃによるこのような問題をよく示しています。

> 事例31　4歳の女児への面接から

面接官	じゃあ，［子どもの姉の名前］はいくつ？
子ども	6歳［木製のテーブルの上に，積み木を落としながら］。
面接官	それはやめたほうがいいわ！［名前］がお隣のモニター室にいるのを知っているでしょう？
子ども	うん。
面接官	ね，お隣の部屋，テレビがある部屋に皆いるんだけれど，積み木を机の上に落としたら，うるさくて耳が聞こえなくなっちゃうでしょう？そこにいる人たちのお耳，聞こえなくなっちゃうわ。

　音の出るおもちゃには，面接官が上の例で指摘した問題だけでなく，録音が妨げられるという問題もあります。したがってこのようなおもちゃは避けなけ

ればなりません。以下，ラポール段階の他の機能について，順に見ていくことにしましょう。

6-3. 発達に関する情報を補足する

　MOGPは，面接者はラポール段階において子どもの社会的，情動的，認知的，およびコミュニケーションの発達に関する情報を補足することができると述べています。適切な質問を行なうためだけでなく，得られた子どもの反応を適切に解釈するためにも，面接官は子どもの能力を正しく査定できなければなりません。

　面接データの中で，子どもの認知発達を査定するのに最もよく用いられた方法は，色名を言う能力と算数の能力を調べることでした。確かに色名を言う能力や算数の能力は，認知発達の指標となるかもしれません。しかしこれらの能力は，面接における重要な発達的側面（たとえば面接官が自分のレベルを相手のレベルに合うよう調整する必要がある発達的側面）の，最良の指標といえるでしょうか。面接データが示すところによれば，被面接者となる子どもの能力を査定するうえで，これらの指標はたいして重要ではありません。発達的側面を査定するには，実は，面接官が注意すべきより適切な手がかりがあるのです。まず，算数の能力と色名のテストが行なわれている例を見てみましょう。

|事例32〉　6歳の男児への面接から

面接官　　私がペンを1本もって，ここに置いたとして。
子ども　　うん。
面接官　　そして，もしも私が，これを加えたら，ちょっと難しいわよ，これができるか見てみましょう。もしも私がこうやって加えたら，
子ども　　1, 2, 3［面接官が鉛筆を足していくのを数えながら］，4［和を出して］。
面接官　　もしも，私がペンを3本加えら，全部で何本になるかしら？
子ども　　4本［正解］。
面接官　　もし，私がこの4本にあと2本加えたら，全部で何本になりますか？
子ども　　簡単，1, 2, 3, 4, 5, 6。
面接官　　そうね。
子ども　　6本。
面接官　　もしも私がペンを3本取っちゃったら，何本残りますか？

子ども	3本。
面接官	よくできました。
ソ・ワ	数えなくても言えるのね。

同じ面接の,後のほうで

面接官	あなたが好きな色は何？　自分の色がわかるかな？
子ども	簡単。
面接官	そう，ここにいくつかあるから，あなたが色を言えるかどうか聞いてみましょう。
子ども	オレンジ［そして,面接官がさらに色鉛筆を見せるのに応じて］,黄色,青,緑。
面接官	これは何色？
子ども	赤，黄色，ピンク。
面接官	とってもよくできるわ。よくできました。

　こういった算数や色名を言うテストで誤りなく答えが言えたら，それは能力がある積極的な証拠だと見なせるかもしれません。しかしこういった能力は，申し立てられた出来事について十分に報告する能力と，必ずしも一致するとは限りません。たとえば上の事例の子どもは集中力がなく，個人的な話をしたがらず，（独立した他の証拠から，明らかに話すべき重要なことがあったにもかかわらず）開示をしない，いわば「成績の悪い」被面接者でした。これに対し，算数のテストはできなくても，被面接者としての成績は悪くなかった子どももいます。

> 事例33　9歳の女児への面接から

面接官	九九の表言える？
子ども	2の段，5の段，10の段，そして3の段も。
面接官	じゃ，どの段をやってくれるかな？
子ども	2の段。
面接官	では始めて。できるところを見せてちょうだい。
子ども	イチニが2，ニニが4，サンニが6，シニが10，ゴニ12，ロクニ。
面接官	ちょっとこんがらがっちゃったみたいね。1つ数を言うのを忘れちゃって，それで別の数を2回言ってるわ。サンニからやる？
子ども	6，シニが8……ハチニが16，クニ20。
面接官	そうかな，クニは？
子ども	16。

面接官	16の後に来るのは？
子ども	18。
面接官	そして最後は？
子ども	20。

　これだけを見ると，この子どもは出来事について一貫した報告をするのが困難であるように思われるかもしれません。しかし実際はそうではありませんでした。

事例34

面接官	覚えていること全部，話したいこと全部，話してください。私は少しメモをとって，質問もするかもしれません。いいですか？
子ども	［うなずく］ 時どきおじいちゃんは［子どもはすでに，祖父について話したいと述べていた］私たちにブラジャーとパンティと長い靴下を着させて，それから，おじいちゃんは，えーと，それから，えーと，「そのままの格好でいな」って言って，「大きく見えるようにリンゴを入れて」って言って，そして，で，私が「いやだ」って言ったら，私をベッドの中に引きずり込んで，唇にキスして，ショートパンツとTシャツのままでいさせるの。

　この子どもは，特定質問の段階でもよく答え，出来事がどこでどのように起きたのか，明確に話すことができました。
　もしも算数や色名を言う能力が被面接者としての能力を示す信頼のおける指標でないとしたら，面接官はどのようにして子どもの能力を測ればよいでしょうか。私たちは，わざわざ特別の「テスト」をしなくてもよいと考えます。というのは，ラポール段階には被面接者としての子どもの能力を示す，明確な指標がたくさん含まれているからです。このことを示すために，2つの面接からいくつかの場面を抜き出し，比較してみましょう。1つは5歳の女児，もう1つは6歳の女児の面接です。2人とも同じ虐待の出来事について述べています。2人とも同じ場に居合わせ，被害を受けました。そして2人とも，同じ面接官によって面接を受けています。算数の質問には2人とも同じようによく答えることができました。

|事例 35| 5歳の女児への面接から

面接官　では，1足す1は何？
子ども　2。
面接官　2足す2は何？
子ども　4。
面接官　4足す2は何？
子ども　6。
面接官　よくできました。引き算も上手にできるかな？
子ども　うん。
面接官　3から1引いたら何？
子ども　2。
面接官　5から2引いたら何？
子ども　3。

|事例 36| 6歳の女児への面接から

面接官　いいわね，では，2足す2は何？　って言ったら。
子ども　4。
面接官　じゃ，2足す5は何？
子ども　7。
面接官　じゃ，5から3引いたら何？
子ども　2。

「テスト」の成績を見ると，2人の女児は等しくよい証人であり，面接でもよくふるまえるように思われます。しかし実際はそうではありませんでした。最初に自由語りによる報告を見てみましょう。

|事例 37| 5歳の女児への面接から

子ども　えっと，あの，その人のところには絵を見せに行ったの。そしたら「僕のおちんちん見たい？」って言ったんで，私は「うん」と言ったの。そしたらその人は，もしも見たいならって，それを開けさせたがったの。そんな感じ。そして指を出して，そこに手を入れたの。

|事例 38| 6歳の女児への面接から

子ども　ええと，［申し立てられている虐待者の名前］のところに絵をもって行ったの。そして座ってテレビを見ていて，で，［もう1人の子ども］が「お

ちんちん見せて」って言って,その人は「きみのを,えっと,先に見せてくれる」って言って,で,その人はにおいをかぎ始めて,それをずっとやってて,で,それをやって[子どもはすでに,彼が指を彼女の中に入れたことを述べていた],そしてその人は上のトイレに行って,それをやって,で,それから下に降りてきて,もう1回やって,それから止めた。

報告の長さに関して言えば,6歳児のほうが多少長い報告をしています。しかし,もっと重要なことは,6歳児のほうがより具体的な情報(申し立てられている虐待者の名前や出来事が起きた明確な場所など)を述べています。6歳児はまた,特定質問の段階でもよりよく答えることができました。たとえば,以下の例を見てください。

事例39 5歳児
面接官 それが起きたのは何時頃? わかる?
子ども ううん。

事例40 6歳児
面接官 それが起きたのは何時頃?
子ども 3時頃。

事例41 5歳児
面接官 そのおちんちんはどんなだったかお話して。
子ども 大きかった。
面接官 そうなの?
子ども [うなずく]
面接官 他に覚えていることはない?
子ども ない。

事例42 6歳児
面接官 じゃ,そのおちんちんについて説明して。どんなだった?
子ども 毛がいっぱい。
面接官 どのくらいの大きさ?
子ども これくらい。

6歳児は5歳児よりもよい証人だといえるでしょう。しかし，先に示した算数の能力はよい証人となり得るかどうかとは何の関係もありませんでした。一方，ラポール段階に含まれる他の側面を見てみると，2人の違いをきわだたせる興味深い能力の指標が見られました。まず最初に，面接開始時の一般的な質問に対して答える能力について，2人を比較してみましょう。

事例43 5歳の女児への面接から
面接官　時間の読み方はわかるかな？
子ども　ううん。
面接官　そう，じゃ，私の時計は4時40分。今日は何曜日かわかりますか？
子ども　［首を横に振る］

事例44 6歳の女児への面接から
面接官　時間はわかる？
子ども　ちょっと。今習ってるところ。
面接官　私の時計の時間はわかるかな？
子ども　3時半。
面接官　そうね。じゃ，今日は何曜日ですか？
子ども　金曜日。
面接官　じゃあ，日付けはわかりますか？
子ども　4日の金曜日。

明らかに，6歳児は5歳児よりも時間の概念について理解しています。ラポール段階で見られた時間の質問に対する2人の答え（事例43・事例44を参照）は，特定質問の段階での時間の質問に答える2人の能力（事例39・事例40を参照）を予測しているといえるでしょう。

自由語りの能力についても，ラポール段階の中にその指標を見出すことができます。次のやりとりを比べてみてください。

事例45 5歳児
面接官　そのことについて話す前に，ほんとうはあなた自身のことについて少し聞きたいんです。あなたのことを何か話してくれますか？
子ども　わかんない。

> 事例46　6歳児
> 面接官　そう、あなたのことを少し話してください。
> 子ども　ええと、私は［名前］とよく遊びます。だってその子は私の家から3軒目のところに住んでいるんだもの。

　事例45を見れば、5歳児は個人的な情報を明かしたがらないのか、話をするのが下手なのだろうとわかります。これに対し事例46では、子どもは積極的に短い自由語りによる報告をしています。このような違いは、自由語りによって出来事を報告する能力の違い（事例37・事例38を参照）を表わしていると言えるでしょう。算数や色名を言う能力を用いて被面接者の能力を測らなくても、ラポール段階には非面接者の行動を示唆するより適切な指標があります。そういった指標のいくつかを表2-1に示します。
　それではラポール段階のさらなる機能について見ていくことにしましょう。

6-4. 面接の理由を説明する

　ラポール段階のこの機能について考える際、重要なことがあります。それは、面接の理由についての理解は子どもにより異なる、ということです。このことを示すために、以下のやりとりを見てみましょう。

> 事例47　6歳の女児への面接から
> 面接官　そう、私たちは今日、特別の理由でここに来ましたね。
> 子ども　［うなずく］
> 面接官　なぜここに来たのかな？
> 子ども　男の子たちが悪いことしたから。

> 事例48　9歳の男児への面接から
> 面接官　私たちが今日なぜここに来たのかわかりますか？
> 子ども　うん。
> 面接官　では、それはなぜ？
> 子ども　路地で男の人から、ティーンエイジャーかもしれないけど、暴力を受けたから。パパよりも少し背が高いように見えた。それで警察の人は、6フィート1インチって書いたんだ。パパは6フィートだから。
> 面接官　そうね。

表 2-1 ラポール段階の特徴と指標としての役割

ラポール段階の特徴	何の指標になるか
日時についての質問（面接の日時や，誕生日などの重要な日を尋ねる質問）	虐待があった日付や時間について報告する能力。面接の日時を言うことができなければ，虐待があった日時についても報告することはできないでしょう。誕生日を言うことができれば，虐待があった日時を相対的に特定することができるかもしれません（誕生日前，クリスマスの後，等）。
その場にいる人物についての質問（例：今，この建物には他に誰がいるかわかりますか？）	周辺的な詳細情報を思い出す能力。子どもは面接をモニターしたり親に付添っている警察官やソーシャルワーカーの存在に気づいていないかもしれません。この種の情報は，子どもが虐待に関して想起できる情報の指標として使えるかもしれません（たとえば出来事があった時，母親が別の部屋で何をしていたか尋ねられても，それが子どもにとって重要でなければ，子どもは覚えていないかもしれません）。
場所についての質問（例：あなたが通ってる学校はどこにありますか？）	虐待が起きた場所について話す能力。学校がある場所について報告することが難しければ，出来事が起きた場所についても話すことはできないでしょう。
その他の WH 質問	4 章で論じるように，WH 質問の習得には明確な順序があります（たとえば，「何」の理解は「いつ」の理解に先行します）。面接官は WH 質問に対する子どもの応答に注意しなければなりません。子どもがラポール段階で「なぜ」という質問に答えられなければ，子どもは虐待的な出来事がなぜ起きたのか話すことはできないでしょう。
個人的情報	子どもが個人的情報の詳細（誰と住んでいるか等）を明かしたがらないとすれば，それは開示に対するリラクタンス（不本意）の徴候かもしれません。
非虐待的な出来事について，気持ちを尋ねる質問に答える能力（例：誕生日のことだけど／学校に行けなかった日のことだけど，どんな気持ちでしたか？）	虐待や虐待者についての気持ちを尋ねる質問に答える能力。中立的な出来事について気持ちを言うことができなかったり，「まあまあ」「ふつう」といった一般的な答えをする子どもは，虐待や虐待者についてどんな気持ちか尋ねられても，答えられない可能性があります。このことについては 5 章で再び論じます。
自由語りの能力	（余暇に行なう趣味や学校での活動等について）明快で「中立的な」自由語りを行なう子どもは，虐待的な出来事についても明快な自由語りを行なう能力があるといえるでしょう。もちろん，話題がプライベートな出来事である場合，自由語りは（中立的な内容の自由語りに比べ）より困難で，そのため産出量も少ないかもしれません。3 章では，自由語りによる説明についてより詳しく論じます。

上のような事例では、子どもは明らかに、面接で問題にしようとしている事柄が何であるかを知っています（面接が証拠としての機能をもっていることまでは十分理解していないにしても）。しかし、次のやりとりにおける6歳の男児は、ほとんど何もわかっていないと思われます。

> **事例49** 6歳の男児への面接から
> 面接官　じゃあ［名前］、今日はなぜここに来たかわかりますか？
> 子ども　え。
> 面接官　なぜ？
> 子ども　おもちゃで遊ぶの。

このように、面接に対する理解は子どもにより異なります。そのため面接の機能を説明する時には、場合に応じた異なるアプローチが必要です。事例47と事例48では子どもはすでに開示をしていました。このような場合、面接官は、面接の理由についての子どもの理解は正しいこと、面接の役割はその出来事（および他にも嫌なこと、面接官が助けになれそうなことがあれば、そういったこと）について話し合うことなのだ、と説明することができます。

これに対し事例49の子どもは、話すべき事柄についてわかっていない様子です（この事例では先に兄弟からの開示がありました）。このような場合、面接官は面接の概要や理由を明確に述べるべきではありません（訳注：MOGPは面接官が子どもに問題となっていることを直接尋ねることを禁じている）。この事例では、面接官は子どもに（兄弟の開示に基づき）何か嫌なことがあるんじゃないか、もしもそれがほんとうなら話してほしい、そうすれば助けてあげられるかもしれない、と告げました。

6-5. 子どもに落ち度はないと安心させる

面接の役割についての説明を終えたら、次は、あなたには何も落ち度はないのだと安心させることが大切です。後でも述べるように（5章）、このように安心させることはたいへん重要です。5章で紹介しますが、子どもはしばしば「警察官と話すのは、自分が何か悪いことをして厄介なことになってしまったからだ」と考えがちだからです。このような誤解があり得るので、面接の開始

時に，あなたは何も悪くない，あなた自身には何も落ち度はないのだと告げ，安心させることが重要です。この問題はもう一度5章で扱いますが，どのようにして安心させればよいのか，次の例を見てみましょう。

事例50 **4歳の女児への面接から**
面接官 たくさんの子どもが私にお話してくれます。みんな，話したら叱られるかななんて，心配したりしませんよ。みんな自分に起きたことを話してくれるんですが，私は怒ったり叱ったりしないし，腹をたてることもありません。その子たちは全然悪くないんですから。あなただってそうですよ。

事例51
面接官 さて，今日はお話するためにここに来てもらいましたが，でもそれはあなたが何か悪いことをしたからではありません。あなたは何も悪いことなどしていないのですから。わかりますか？ いたずらをしたからとか，そんなことでここに来たのではありません。あなたはそんなことしてないのですから。いい？
子ども うん。

6-6. カメラについて説明する

　MOGP（1992：16）は，ラポール段階において面接室のカメラについて説明することを薦めています（訳注：面接室では，子どもが座る場所の前方の壁上方にビデオカメラが設置されていることが多い）。私たちの調査（Aldridge & Wood, 1997a）では，カメラがあると子どもは開示するのをためらうのではないかと心配する面接官がいました。そのことからも，カメラ機材についての説明は重要だといえるでしょう。直観的に考えれば，子どもは日常生活でビデオその他のハイテク機器に馴染んでいると思われます。そのため彼らが面接室にある機器についてことさらに不安になることはないでしょう。ただし虐待経験の中で写真を取られたことのある子どもには，カメラはネガティブな効果を及ぼす可能性があります。私たちの資料でも，カメラの性質や機能についての混乱が見られました。このこともカメラについての説明が必要であることを示唆しています。

|事例52| 6歳の男児への面接から

子ども　誰にしゃべってるの？
ソ・ワ　まだカメラに話しているのよ。
子ども　どうやったらカメラに話せるの？
面接官　ええてね，ただカメラに向かって話してただけ。見たでしょ？
子ども　ううん。
面接官　私がカメラを見ながら，カメラに向かって話しているのを見たでしょ？
子ども　うん。
面接官　それじゃあ，次は何をしましょうか。
子ども　もう1回カメラに話して。
面接官　えっと，うん，私が……カメラは私たちがこの部屋ですることを見ているのよ。少し説明するわね。
ソ・ワ　この子はカメラがどうして音を拾うかがわからないんだと思うわ。
面接官　そうね，ここにこんなの［マイク］があるでしょう？
子ども　うん。
面接官　これはマイクって言うのよ。これは話したことを隣の部屋の［名前］に届けてくれるのよ。
子ども　ふーん。
面接官　そして，私たちが話すことをみんな録音するの。
子ども　［壁まで行きマイクに向かって叫ぶ］ハロー！
ソ・ワ　そんな大声出さないで。
子ども　［マイクに向かってもう一度叫ぶ］ハロー。
　　　　面接開始後25分たって
子ども　ビデオカメラで僕のこと撮るの？
面接官　ええっとね，ビデオカメラはもう撮っているのよ。もうスイッチが入ってるの。
子ども　もう入ってるの？
ソ・ワ　そうよ。
面接官　話を始めた時から動いてるのよ，わかる？

　ビデオカメラに関する混乱には2つの原因があります。1つは，子どもによっても異なりますが，ビデオの性質（ビデオがどのように作動するのか）がわかりにくいということがあります。もう1つはビデオの機能（ビデオはなぜ作動しているのか）に関する問題です。以下の例は，ビデオカメラの性質をどう説明すればよいかを示しています。

> **事例53** 5歳の男児への面接から
>
> 面接官　さて，この面接がどのように進むか少し説明しましょうね。あそこに小さなカメラがあるの見える？
> 子ども　［うなずく］
> 面接官　あのカメラは私たちのことを写しています。隣の部屋の人たちは，小さなテレビで私たちのことを見られるのよ，いい？
> 子ども　［うなずく］
> 面接官　カメラはテレビとつながっているの。だからみんな，私たちのことを隣の部屋のテレビで見ることができるのよ，いいかな？
> 子ども　［うなずく］
> 面接官　そして，小さなマイクが2つ，1つはここ，もう1つはあっちの壁にあって，私たちが話すことを全部録音します。私たちが話していることをみんな録音するのよ。
> 子ども　［笑う］
> 面接官　よくできているでしょ？　すごいでしょう？
> 子ども　うん。

面接前に子どもをモニター室に連れて行き，話をしておけば，説明はさらに効果的なものとなるでしょう。ビデオカメラの機能（そして面接そのもの）については，以下のような説明が適切だと思われます。

> **事例54** 7歳の女児への面接から
>
> 面接官　あそこにあるものが何か教えたのを覚えてる？
> 子ども　［うなずく］
> 面接官　私，何て言ったっけ？
> 子ども　カメラ。
> 面接官　そう，カメラね。あのね，あのカメラは私たちがお話をする最中，私たちのことを撮っています。
> 子ども　なんで？
> 面接官　なんで，そうね，あなたがここにいる間に私はあなたに質問をします。そうね，そしてそのことを書かなくてもいいように，そしてあなたも同じことを繰り返さなくてもいいようにするためよ。カメラで写しておけば，それをビデオにしてずっと残しておけるでしょう。そうすれば同じことを繰り返す必要がないでしょう。どう，いいかしら？
> 子ども　［うなずく］

面接官がイヤホンをつけている場合は，イヤホンに関する説明も必要かもしれません。適切な説明は，以下のようなものになるでしょう。

> 事例55 10歳の男児への面接から
> 面接官　さて，ここに小さなものがあるでしょう。これはイヤホンっていうんだけど，前は見せなかったかしら，どう？
> 子ども　うん。
> 面接官　ええとね，もしも［モニター室の警察官の名前］が話すと，私はその声をこの小さなイヤホンを通して聞くことができるの。だから，もしもこれをあなたのお耳に入れて，［モニター室の警察官の名前］にあなたに話しかけてもらえば，あなたにもその声が聞こえるわよ。
> 子ども　［笑う］
> 面接官　［モニター室の警察官の名前］は何て言った？
> 子ども　僕に何かいいもの作ってねって言ったよ。
> 面接官　レゴで？
> 子ども　うん。

6-7. 真実を話すことの必要性を強調する

　先にも述べたように，MOGPはラポール段階において，真実を話すことの必要性を子どもに強調するように勧めています（訳注：ここでは「真実：truth」「事実：fact」「現実：reality」と訳したが，子どもに説明する時には「ほんとうのこと」などの表現を用いるとよいだろう）。この要請を満たすため，面接データでは，面接官はしばしば子どもに真実を言うことと嘘を言うことの違いを尋ねていました。実務家を対象とした私たちの調査はこの方法を用いる時に生じがちな問題に焦点を当てましたが，そこで明らかになったのは，面接の中でこの箇所が最も難しいと考えている面接官がいる，ということでした（Aldridge & Wood, 1997a, 1章で報告）。実際，ビデオ面接の資料も上の方法が最良ではないことを示唆しています。以下の例を見てください。

> 事例56 4歳の女児への面接から
> 面接官　さて，私はたくさんの子どもたちとお話をするんですが，私がどんなことを話してもらいたいか，わかりますか？

子ども	うん。
面接官	真実だけ。その意味，わかるかな？
子ども	うん。
面接官	じゃあ，真実ってどういう意味？
子ども	悪い子かどうか。

事例57 5歳の女児への面接から

面接官	真実を話すっていう意味がわかりますか？
子ども	え。
面接官	どういう意味でしょうか。
子ども	えーっと，わかることを話す。
面接官	わかることを話す，そうね。真実を話さないっていうのは，どういうこと？それはどうすること？
子ども	叱られる。
面接官	叱られる。嘘をつくって何でしょう。ごまかすって？
子ども	［沈黙］

事例58 5歳の女児への面接から

面接官	嘘をつくってどういうことかわかる？
子ども	それは，それは，言っちゃいけないこと。
面接官	そうね。
子ども	で，言う，悪い言葉を言うの。
面接官	嘘になりそうなこと，何か思いつくかな？
子ども	えっと……悪口。
面接官	え。
子ども	それと，何も言わないこと。そうだ，そう，そう思う。

事例59 6歳の男児への面接から

面接官	真実について話すってどういうことかわかる？
子ども	ううん。
面接官	嘘（ライ）って何かわかる？
子ども	虎（タイガー）。
面接官	タイヤ？
子ども	虎（タイガー）。

事例60　9歳の女児への面接から

面接官　それじゃあ，私が「[子どもの名前]，ここに来たら真実を話さなければならないんですよ」と言ったとしましょう。それ，真実を話すってどういうことかわかる？

子ども　それはね，嘘をついたら，こんなふうに……ああ，忘れちゃった。

面接官　じゃあ，嘘とは何か，からやってみましょうか。

子ども　うん。

面接官　嘘って何か説明してくれる？

子ども　あなたの後ろに何かいるよ，おばけがあなたの後ろにいるよって誰かが言うと，そんなこと言って怖がらせる人がいると，「嘘つき」って言うの。そういうの。

これらの事例では，多くの問題が指摘できます。事例57と事例58（訳注：事例56も）では不品行の概念が過般化されており，悪い子，悪口を言う，嘘をつくなどが広く同じこととして理解されやすいことがわかります。事例59では注意散漫（面接官の言うことをよく聞いていないこと）が問題となり得る場合があることがわかります。事例60からは，年齢の高い子どもであっても，真実を言うことと嘘を言うことの定義は困難であることがわかります。こういった観察は，私たちの実験データによっても支持されています。この実験では4～8歳児を対象に，真実を言うことと，嘘を言うことを説明する能力を調べました。この言葉遊びを用いた実験の結果，4～8歳児にとっては，真実についても嘘についても，効果的な説明をするのはなかなか難しいということがわかりました。たとえば4歳児では，どちらの概念についても正しく説明できた子どもはいませんでした。しかし8歳児では，87.5%の子どもが両方の概念について説明しています。興味深いことに，6歳児と7歳児では，嘘をつくことの意味のほうが，真実を言うことの意味よりも説明が容易でした。このことは他の研究者による結果とも一致しています。たとえばバッシーは，幼児にとっては「嘘は悪い」という認識のほうが「真実は価値がある」という認識よりも勝っている，と述べています（Bussey, 1992）。

ところで，私たちが真実を言うことと嘘を言うことの概念を区別して用いているのに注意してください。私たちの実験では，真実を言うことと嘘を言うことの相違を説明してもらったのではありません。そうではなく，まず嘘を言う

ことの意味を説明してもらい，それから真実を言うことの意味を説明してもらいました。先行研究との比較によれば（パイプらの先行研究（Pipe & Wilson, 1994）では，2つの概念は一緒に取り扱われています），これらの概念は別々に説明するほうが容易です。

しかし，もっと重要な結果があります。それは，真実を言うことと嘘を言うことの説明を求めるよりも，「例」を示して判断させるほうが，2つの概念の理解度がより明確に示される，ということです。たとえば4歳児では，真実についても嘘についても正しく説明できた子どもはいませんでした。しかし，嘘の例は37.5％の4歳児が正しく言い当てることができ，真実の例も18.75％の子どもが正しく言い当てることができました。同様に，8歳児では真実を言うこと，嘘を言うことについて正しく説明できたのは87.5％でした。しかし100％の8歳児が真実を言うこと，嘘を言うことの例を正しく判断することができました。

例を与えて真実，嘘の判断をさせる場合，「例」の性質は重要です。このことはパイプらの実験結果（Pipe & Wilson, 1994）との比較からもわかります。パイプらの研究と私たちの研究で，真実を言うことと，嘘を言うことの成績を比較すると，同じ年齢の子どもでも，私たちの研究のほうが子どもたちの成績が高いのです。これは例の性質によるものだと考えられます。パイプらの研究は，抽象的な例を用いています（6歳児に対し，「もしも私があなたのことを12歳だと言ったら，それは真実，それとも嘘？」など）。これに対し私たちの研究では，子どもが遊んでいるおもちゃを使って，より具体的な例を提示しました（実験者と子どもは，先生の人形や生徒の人形のいるおもちゃの教室で遊ぶのですが，その教室を指して「もしも私が先生（の人形）は立っているといったら，これは真実，それとも嘘？」と尋ねます）。面接データも，子どもに判断を求める時は真実を言うこと，嘘を言うことの例を示すのが重要だ，ということを示唆しています。以下の例を見てください。

事例61 **5歳の男児への面接から**
面接官 もしも私がこの紙を取って破いて，［モニター室の警官の名前］に「［子どもの名前］がこの紙を破った」と言ったら，これは何でしょう？

子ども	わかんない。
面接官	そう，いいわ。それはいいこと，それとも悪いこと？
子ども	悪いこと。
面接官	そうね。では，もしも私が紙を破って［子どもの名前］がその紙を破ったって言ったら，これは何でしょうか？
子ども	悪いこと。
面接官	そうね，だって私がその紙を破ったんだから？
子ども	［うなずく］
面接官	そうね，もしも私が紙を破って，で，その紙を破ってもだいじょうぶで，もしも私が「あらら私はおばかさん。紙を破っちゃった」って言ったら，真実を言ったとしたら。これはいいこと，それとも悪いこと？
子ども	いいこと。

事例62 5歳の女児への面接から

面接官	じゃあね，今，もしもこのカップを取って，いい？
子ども	［うなずく］
面接官	そして，私が中の飲みものをママの頭にかけちゃったら。
子ども	［うなずく］
面接官	そしてそれから私が向こうに行って，［モニター室の警察官の名前］に「［子どもの名前］がやった」って言ったら，わかる？
子ども	［首を横に振る］
面接官	それって何だと思う？
子ども	あなたがやったんでしょ。
面接官	私がやったの。あなたのことを悪いって言うのは，それは正しいことだと思う？
子ども	［うなずく］
面接官	え？
子ども	［首を横に振る］

事例63 6歳の男児への面接から

面接官	ではね，お話したいことがあります。もしも私がこのペンを真ん中で折って，それで2つに折れちゃったとして，で，私があなたのママのところに行って，あなたがやったって言ったら。これは何でしょう？
子ども	悪いこと。
面接官	そうね，そうだわ。なんでそれは悪いことなの？
子ども	だって，あなたがペンを折ったんだもの。
面接官	でも私がやったのに，あなたがやったって言ったら，それはいいことか

	しら？
子ども	ううん。
面接官	そう，それは何て言うの？
子ども	［沈黙］
面接官	私は嘘を言ったことになると思う？
子ども	［うなずく］

事例64 別の6歳の男児への面接から

面接官	ではね，もしも私があなたに，後でママにお話する時にね，「［子どもの名前］がこのペンを半分に折りました」って言ったら，でもほんとうはあなたじゃなくて私が折ったんだとしたら。
子ども	だめ。
面接官	だめ，そのことについて，どう思う？　ママにそんなことを言ったら，それは真実？
子ども	悪い。
面接官	悪いことね。私が言っていることは何だと思う？
子ども	ママに言ってること。

　これらの事例では2つのこと，つまり事例61では紙を破る，事例62では飲み物をかける，事例63と事例64ではペンを折るという不品行と，その不品行について嘘をつくということの2つに焦点が当てられています。このような事例の問題点は2つあります。第1にこのような事例では，子どもは2つの異なる事柄に注意をはらわなければなりません。それは明らかに，一度に1つのことに注意をはらうよりも難しいことです。第2に「それは何だと思う？」という質問はあいまいです（「それ」は不品行を指しているのでしょうか，嘘を指しているのでしょうか）。このような事例には，子どもが嘘よりも不品行に焦点を当ててしまいがちだという問題があります。そうだとすれば，嘘を言うことの意味や，嘘は悪いことだと知っていても，その知識を披露する機会が失われてしまうでしょう。悪くすれば，子どもは「嘘の説明を求められていたのに気がつかず，嘘が悪いことだという指摘もできなかった」と思いこみ，自分はこれらのことがよくわかっていないのだ，という暗示にかかってしまう可能性もあります。

　面接官は判断させる例を与える際，それがシンプルで，かつあいまいさがな

いように気をつけなければなりません。たとえば以下のように進めることができるかもしれません。

 面接官 私のジャンパーは何色かわかりますか？
 子ども 赤。
 面接官 そうね。もし私が「このジャンパーは青」って言ったら，私は真実を言っていますか？　それとも嘘を言っていますか？
 子ども 嘘。

　この例ではまず色名を言う能力について調べ，そのうえで真実／嘘の例として色名を用いています。この他，部屋にあるおもちゃに焦点を当てて真実／嘘の例を示す方法もあるでしょう。たとえば次のような例は使えるかもしれません。

 面接官 ではね，今あなたは何をしているの？
 子ども 海賊の塗り絵。
 面接官 そうね，じゃ，私が今あなたはサッカーをやっているって言ったら，私は何をしていることになりますか？
 子ども 間違ってる。
 面接官 それは真実を言ってることになりますか，それとも嘘を言ってることになりますか？
 子ども 嘘を言ってる。

　2番めのやりとりでは，最初，面接官は「真実を言う」，「嘘を言う」の選択肢を与えていないことに注意してください。彼女は回答をオープンにしています。そして，子どもが「嘘を言う」という言葉を用いることができなかった時に，選択肢を導入しています。年齢の高い子ども（7歳以上）では，オープン質問のほうが生産的であることが多いのですが，7歳よりも下の子どもでは，選択肢型の質問（私は真実を言っていますか，それとも嘘を言っていますか）のほうが生産的である場合があります。
　真実と嘘についての理解を引き出す別の例を見てみましょう。この例にはラポール段階で得られた情報が含まれています。たとえば以下のようなやりとりを見てください。

面接官	さて，お姉さんがいるって話してくれましたね。名前はジェインね？
子ども	うん。
面接官	お姉さんにはミドル・ネームがありますか？
子ども	ううん。
面接官	では，もしも私が「あなたのお姉さんの名前はアリソンだ」って言ったら，私が言っているのは何？

または，

面接官	さて，今日はママの車でここに来ましたね。
子ども	うん。
面接官	ではね，じゃあ，もしも私が「あなたはここにヘリコプターで来ました」って言ったら，私は真実を言っていますか，それとも嘘を言っていますか？
子ども	嘘。

真実を言うこと，嘘を言うことに関する子どもの理解を査定する時に考慮すべきポイントをまとめると，以下のようになるでしょう。

✽ 真実を言うこと，嘘を言うことは別々に扱いなさい。子どもに2つを比較して説明することを期待してはいけません。
✽ 真実を言うことについての質問よりも，嘘を言うことについての質問に焦点を当てなさい。子どもは嘘のほうが，より早い時期から理解できるようになります。
✽ 子どもに真実を言うことと，嘘を言うことについての例を示しなさい。そのほうが概念を説明させるよりも公正なテストになります。このことは，特に7歳未満の子どもにおいて重要です。
✽ 例はシンプルなものにしなさい。このことも，特に7歳未満の子どもにおいて重要です。

6−8. 事実とファンタジーの区別

「真実を言うこと」対「嘘を言うこと」の理解とかかわる問題の1つに，事実（フ

ァクト）とファンタジーを区別する能力があります。面接データは，事実とファンタジーの理解を査定する場合も注意が必要であることを示唆しています。まず基本的なこととして，大人の世界での「現実（リアリティ）」と子どもの世界での「現実」とを区別することが大切です。大人にとっては存在するか存在しないかという単純な区別は，事実とファンタジーを区別するのに適切ではありません。たとえばジョージ・クルーニー（男優）は存在します（つまり，事実です）。しかし，このことは私たちがクルーニー（または，TV番組『ER』で彼が扮するダグ・ロス）について抱くかもしれないさまざまのファンタジーとははっきりと区別されるでしょう！　しかし，子どもは事実とファンタジーをより単純な仕方で区別しています。それは，存在するならば事実であり，存在しなければファンタジーである，というものです。

　もちろん面接の目的に照らせば（特に事実，すなわち実際の出来事について説明を求めるという意味では），この区別は妥当です。しかしこの区別では，ファンタジーであり，かつ存在するものをうまく説明することができません。そのような場合は，子どもにとっての事実とファンタジーの概念に見合う例を用いることが大切です。たとえば，子どもにとってはミッキーマウスは存在します（ミッキーマウスの格好をした人に会ったことがあるかもしれませんし，ディズニーワールドの撮影現場で等身大のミッキーマウスを見たことがあるかもしれません。また，ミッキーマウスのぬいぐるみを持っているかもしれません）。そのため彼らはミッキーマウスが現実のものだと考えているかもしれません。さらにややこしいことに，テレビの連続ドラマに登場する人々は，そこらの人たちとまったく変わりません。そのため子どもは彼らを現実の人だと考えてしまう可能性もあります。メロドラマの主人公に扮する俳優が，こういう話を披露するのをよく見聞きするでしょう。（大人の）ファンから主人公そのものであるかのように話しかけられ，ドラマの中で抱えている問題にアドバイスまでくれる！　というのです。こういった微妙な区別が，子どもにとっていかに困難であるかが推察されます。以下の例もそうです。

事例65　**7歳の女児への面接から**
面接官　ビデオは見ますか？

子ども	［うなずく］
面接官	どんなビデオが好き？
子ども	ピーターパン。
面接官	ピーターパン。ピーターパンって現実だと思う？
子ども	［うなずく］
面接官	そう？ ピーターパンっていう名前の人が現実にいるんだと思う？
子ども	［うなずく］
面接官	なるほど。テレビで『ネイバーズ』(オーストラリアの連続ドラマ『Neighbours』) みたいな番組，見てる？
子ども	［うなずく］
面接官	そうなの？ ネイバーズは本物の家族だと思う？
子ども	［うなずく］
面接官	そう？ ネイバーズはどこに住んでいるんだと思う？
子ども	オーストラリア。
面接官	確かにオーストラリアに住んでいるわね。いいわ。

では，事実とファンタジーの区別についての理解を調べるためのより公正で妥当な方法とは，どのようなものでしょうか？ まず大事なことは，ファンタジーのキャラクターではなく，ファンタジーの出来事と現実の世界とに焦点を当てることです。以下のようなやりとりは適切だと言えるでしょう。

事例66 6歳児への面接から

面接官	さてもう1つ，あなたが作り事 (make-believe) と事実の区別をしているかどうかを知りたいの。いい，このお家 (訳注：面接が行なわれている家) は現実です。私たちはここにいるので，これは現実です。
子ども	［うなずく］
面接官	では，私があなたのお家に行って，「今日，［場所］の面接のお家に行ったらミッキーマウスとドナルドダックとプルートがいた」って言ったら，それは何かしら？
子ども	嘘。
面接官	これって作り事？
子ども	そう。

この例には架空のキャラクターが含まれており，子どもは架空の出来事(キャラクターが面接の場にいたかどうか) について尋ねられています。しかしも

っとよい例は，架空のキャラクターが含まれていない，想像上の出来事に焦点が当てられた，混乱が生じにくい出来事です。たとえば次のようなやりとりは使えるかもしれません（訳注：面接は子どもと面接官だけで行なわれたとする）。

> 面接官　さてもう1つ，あなたが作り事と事実の区別をしているかどうかを知りたいの。いい，このお家は現実です。私たちはここにいるので，これは現実です。
> 子ども　［うなずく］
> 面接官　では私があなたのお家に行って，「今日，［場所］の面接のお家に行ったら，［子どもの名前］の家族がみんないて，［子どもの名前］の学校の先生もそこにいた」って言ったら，それは現実にあったこと，それとも作り事？
> 子ども　作り事。

最後にもう1つ，ラポール段階の機能について見ることにしましょう。

6-9.「知らない」「わからない」という応答

質問の意味がわからない時，質問への答えがわからない時はその通り言ってもよいのだということを，子どもにわからせることも重要です。典型的には以下のようなやりとりが有効でしょう。

> 事例67　6歳の女児への面接から
> 面接官　それでは，ね，もしも質問の意味がわからなかったらそう言ってください。そしたら別の聞き方で尋ねますからね。いいですか？
> 子ども　うん。
> 面接官　それから，質問の答えがわからなかったら，わからないって言ってください。いいですか？
> 子ども　うん。

この問題については4章でも検討します。以下，この章で扱った重要な事柄をまとめて，本章を終えたいと思います。

すべきこと・すべきでないことのリスト

トピック	すべきこと	すべきでないこと
面接の時間と場所	子どもの生活リズム（たとえば食事の時間や「一度限りの」行事）を妨げないように注意しなさい。子どもが面接場所について抱いている不安（移動距離や，家の所有者の問題等）を低減するよう試みなさい。	子どもの生活リズムを妨げるような面接を行なってはなりません。面接が行なわれる場所について，子どもが大人と同じような理解をしていると仮定してはいけません。子どもは，面接室が面接官の家だと思っているかもしれません。
同室する人	子どものニーズに合わせなさい。付添人がいるほうが落ち着ける子どももいるかもしれません。	できれば，愛着のある大人（親等）は同室しないように求めなさい。愛着のある大人が経験する情動的な負荷や，情報を提供したいという気持ちはしばしばたいへん大きなものです。
事前の詳細情報	子どもが面接室に入る前に，（面接の日時，面接官の氏名等の）詳細情報をカメラに提示するように配慮しなさい。詳細情報は面接の最中，面接官の都合のよい時に繰り返すこともできます。このような工夫により，重要な情報を面接の冒頭で提供しなければならないという負担を軽減することができます。	重要な情報をカメラに提示しようとするあまり，子どもを無視してはいけません。効果的なラポールの構築が妨げられる可能性があります。
ラポールを築く	面接に先駆け，子どもの興味関心を確認しておきなさい（学校は好きか，ペットはいるか等）。この事前情報を利用して，子どもに合った生産的な話題を選びなさい。学校，友だち，おもちゃ，趣味，テレビやビデオ，ペット，旅行，クリスマスなどの話題は有効です。	「あなた自身について何か話してちょうだい」といったオープン質問をしてはいけません。子どもはこのような会話に馴染みがないからです。
適切なおもちゃ	子どもを適切なおもちゃへと導きなさい。色塗り，クレヨン／フェルトペン，柔らかいおもちゃ，粘土，ジグゾーパズルなどは効果的です。年齢に合ったおもちゃを用いなさい。	子どもにおもちゃを自由に選ばせてはいけません。面接官は，騒々しいおもちゃ（机の上の積み木等）や注意散漫になりやすいおもちゃ（難しすぎるパズル等）を選んではなりません。面接官は，年齢の高い子どものために作られた（したがって複雑な）おもちゃを子どものために選んではなりません。

発達の査定	以下の能力の査定を行ないなさい。生年月日、面接の日付け・時刻を言う能力、「周辺的な詳細情報」（たとえば、面接が行なわれる場所にいる人々等）（訳注：通常、面接のある建物は無人であり、そこに集まった人だけが建物内にいる）を報告する能力、さまざまなWH質問に答える能力、虐待ではない出来事について、気持ちや感情を表明する能力、虐待ではない出来事（たとえば通常の学校での日課やクリスマスパーティー等）について報告する能力。	色名を言わせたり、算数の能力を調べることで、子どもの被面接者としての能力を査定してはいけません。
面接の理由	面接は、子どもが不快に思っていることを話すための場であることを説明しなさい（どのような言葉を用いるかは、面接前の開示の程度に依存します）。子どもには何も落ち度はないのだと告げ、安心させなさい。	（子どもが事前に開示していたとしても）、その子がなぜ面接を受けるのかを知っていると仮定してはいけません。
設備の機能	ビデオ機器がどのように作動するのか、なぜ用いるのか、説明しなさい。	
真実と嘘	真実と嘘は独立に扱いなさい。まず、嘘に焦点を当てなさい（嘘の方が、概念の理解が早いからです）。真実、嘘の事例を識別させる課題を用いなさい。その際は1つの内容だけが含まれるシンプルな例を用いなさい。	子どもに、真実と嘘の2つの概念を同時に尋ねてはいけません。「真実を言うことと嘘を言うことの違いがわかりますか？」などの質問は避けるべきです。概念を説明することだけを求めてはなりません。不品行とそのことを隠す嘘の両方に焦点を当てるような例を用いてはなりません。
事実とファンタジー	「本物、本当のこと」と「嘘っこ、作りごと」といった言葉を用いなさい。キャラクターや登場人物ではなく、出来事に焦点を当てなさい。また、事例をあげて、それが事実かファンタジーであるかを区別させなさい。	連続ドラマやアニメなどのキャラクターを例として用いてはなりません。
知らない／わからない	知らない、わからないと言ってもよいことを理解させなさい。	

✓✎ 自己査定シート

①面接はどこで行なわれましたか？

②その面接室の長所は何ですか？

③その面接室の短所は何ですか？

④適切な人が同室しましたか？ そうでないとしたら，何が問題だったのでしょうか？

⑤面接は適切な時間に行なわれましたか？

⑥子どもは落ち着いていましたか？ もしそうなら，何によって子どもは落ち着いたのでしょうか？

⑦子どもはカメラを気にしていましたか？ もし気にしていたようなら，どうすれば次回は子どもの不安を緩和することができるでしょうか？

⑧子どもに，あなたは何も悪くないのだと安心させましたか？ もしそうなら，どのようにしてそのことを伝えましたか？

⑨子どもの真実／嘘の理解をどのように引き出しましたか？ その方法はうまくいきましたか？ もしもうまくいかなかったとしたら，次回はどのような方法をとったらよいでしょうか？

⑩子どもは「わからない」と言ってもよいことを理解しましたか？ それをどうやって伝えましたか？

＊その他面接のラポール段階について，気づいたことがあったら書いてください。

3章

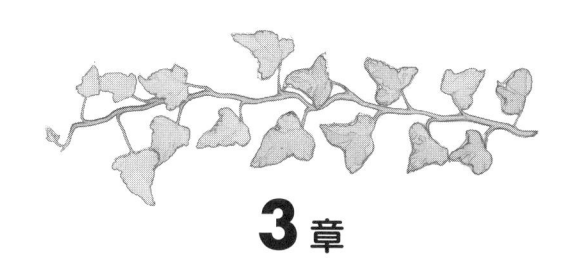

自由語り
子どもの話を聞く

　この章では MOGP の第 2 の段階,「自由語り」に目を向けます (訳注:「自由語り」とは自発的な報告のことである。自由ナラティブともいう)。この段階の目的は,「問題となっている出来事について,子どもが自分の言葉,自分のペースで報告できるように子どもを励ます」ことです (MOGP, 1992：17)。

　そこで,子どもが自由語りで報告する際の特徴について検討し,MOGP の目的を達成する(出来事について説明できるよう励ます)方法を提案します。以下,ビデオ面接や(虐待を受けていないと思われる子どもを対象とした)実験的な言葉遊びなどの私たち自身のデータ(Aldridge & Wood, 印刷中)を例にあげながら,また先行研究の結果も引用しながら,子どもから自由語りによる報告を得る時に生じる問題について検討します。そして,子どもが完全で正確な報告ができるよう,面接官はどのように支援すればよいか,その方法を提案します。この章では,以下の問題について議論していくことになります。

❀ 自由語り段階の重要性。
❀ 自由語り段階の進め方。
❀ 子どもは,このようなやりとりに慣れていないということ。
❀ 自由語りで報告を求める際に,子どもが無口になってしまう問題について。
❀ 量の問題：自由語りによる報告が短い時の対策。
❀ 質の問題：不要な情報に対する対策。
❀ 子どもの記憶スキル。

❋ 言語発達が，子どもの自由語りに及ぼす影響。
❋ 早まって特定の質問へと入ってしまうことにより生じる問題。
❋ 自由語りの機会を十分に与えるための対策。
❋ 子どもの自由語りを支援する方法。

1. 自由語り段階の重要性 ❋

　自由語りの段階は証拠を得るうえでたいへん重要な段階です。というのは，MOGPも示唆するように，この段階では，子どもは自分自身のやり方で経験を語ることができるからです。事実，MOGPは自由語りの段階を「面接の中心部」と述べています（MOGP, 1992：17）。子どもがこの段階内だけで，申し立てられた事件について，完全でクリアな報告ができれば理想的です。それは証拠としても適切ですし，直接的な質問（訳注：出来事や対象について直接尋ねるような，誘導になり得る質問）によって子どもの証言が影響を受けたかもしれない，という批判を受けることもありません。このことが重要だということは，研究報告を見れば明らかです。多くの研究，とりわけデントらやパウエルらの研究は，特定質問（訳注：特定の具体的な事柄について尋ねる質問）を行なうと，幼児は大人の暗示にかかりやすくなることを示しています（Dent & Stephenson, 1979；Powell & Thomson, 1994）。また陪審は，特定質問によって得られる断片的な証言よりも，自由語りによる報告をより説得力のあるものとして受け取るようだ，という報告もいくつかあります（たとえばShuy, 1986, In Bull, 1992）。面接におけるこの段階の重要性を踏まえ，以下，この段階をどのように進めるべきか考察していきましょう。

2. 進め方 ❋

　自由語りの段階は，「全般的なことだけを聞く」というオープン質問（たとえば「あなたは，なぜ私たちが今日ここに来たのだと思いますか？」「何

か話したいことはありませんか？」）だけで進めなければなりません（MOGP, 1992：17）。このような質問に対し，子どもが情報を開示してくれるのが理想的です。厳密に言えば，MOGPに例として示されている質問「何か話したいことはありませんか？」は「はい／いいえ」しか得られないかもしれませんから，この段階の目的に照らした場合，理想的ではありません。しかし子どもが何かを語ってくれたと仮定して，その報告がどのようなものかを考えてみましょう。

その報告は，出来事についての主要な質問に対する答えを含む，完全な報告であるかもしれません。つまり，何が起きたのか，誰がいたのか，その出来事はどこで起きたのか，それはいつ起きたのか，どのようにそれは進行したのか，そしてなぜその出来事は起きたのかといった情報が含まれているかもしれません。しかしこれらの情報は，詳細さのレベルにおいて異なっている可能性もあります。

このことを示すために，以下の2つの報告について考えてみましょう。

> 事例1
> 昨日，私はシオバンと買い物に行き，ヨークでペンキを探しました。

> 事例2
> 昨日，私は友だちのシオバンとヨークにあるサインズベリー・ホームベース店（訳注：do-it-yourselfのチェーン店）に行きました。シオバンは居間を改装する予定なので，私たちはどのメーカーのペンキが一番いいか，いろいろなブランドの黄色のペンキを見に行ったのです。

（同じ出来事についての）上の2つの報告は，主たるWH質問への答えを含んでいます。しかし，事例1よりも事例2の報告は詳細な情報を含んでいます。つまり，事例2の報告には（子どもが自発的に話さない場合，面接官が尋ねるかもしれない）質問への，より正確な答えが含まれています。たとえば，誰がいたのかという情報について考えてみましょう。事例1・事例2ともそこにいた人物として，話し手ともう1人の人物（シオバン）をあげています。しかし事例2の報告は，シオバンという人物についてより多くのことを教えてくれます。出来事がどこで起きたのかという場所情報も，同様に，2つの報告の間では詳細さのレベルが異なっています。事例1では，買い物がヨークで行なわれ

たということだけが説明されています。それに対して事例2では，より正確な場所（ヨーク市のサインズベリー・ホームベース店）が述べられています。もちろん大人であれば，どの程度詳細な情報が求められているかという判断を直感的にします。また，どの程度の詳細さが求められるかということが，その時々の必要性に応じて変わることも知っています。たとえば，聞き手が誰かということも影響します。もしも聞き手が話し手の知り合いならば，聞き手は話し手とシオバンが友だちだということをすでに知っているでしょう。そうであれば事例2の報告は，説明の詳細さという点で冗長です。これに対し，聞き手（面接官）が話し手についてほとんど知らない捜査面接では，詳細な情報はとても重要です。しかし子どもは特定の状況でどの程度の詳細さが求められているか，うまく判断することができません。そのため出来事を要約したかたちで話すということがよく起こります。典型的なやりとりは以下のようなものです。

事例3
面接官　あなたが今日ここに来たのは，なぜだと思いますか？
子ども　［名前］が私に悪いことをしたから。

　報告が，事例3のような要約したかたちで行なわれた場合，面接官は「何があったのか教えてくれますか？　もっと詳しく話してください。」などの質問をすることによって，より完全な出来事の報告を求めることができるでしょう。MOGPは，質問段階で用いられる「何があったのか話してくれますか？」という質問を薦めています。子どもから語りを引き出すためにはこのようなオープン質問（訳注：答えの範囲がオープンな，つまり答えの範囲が限定されない質問のこと）を用いるので，本章では，オープン質問についても論じます（質問の技法については4章で論じますが，そこではおもに特定質問に焦点を当てるため，オープン質問については限られた側面だけを扱います）。
　以下，始めに出来事を自由語りで報告する能力について見てみましょう。自由語りにおいて生じる問題とはどのようなものでしょうか？　まず第1に，子どもにとって，このようなやりとりは馴染みがない可能性がある，ということがあげられます。以下，その可能性について議論しましょう。

3. 自由語りは子どもにとって馴染みがない

　出来事の報告を自由語りで引き出すこと。それは1つだけオープン質問を行ない，あとは子どもに話させればよいというような，簡単な仕事に見えるかもしれません。しかし少し考えてみれば，この段階に対するそのような見方は変わるでしょう。日常生活での子どもとの会話について思いを馳せれば，この段階がいかに難しいかがわかるはずです。子どもとのやりとりで，以下にあげるような体験をする人は多いと思われます。

> 事例4
> 大　人　　今日，学校で何をしてきたの？
> 子ども　　何にも。

> 事例5
> 大　人　　今日，学校はどうだった？
> 子ども　　まあまあ。

　日常の会話経験という観点から見れば，子どもが慣れ親しんでいるのは特定質問，たとえば「今日学校で本を読んでたでしょ。あの本読み終わった？」「お昼御飯，何食べたの？」「歯医者に行きますという手紙，ブラウン先生に渡した？」といった質問を尋ねられることです。子どもが自由語りによって出来事を報告する能力がないと言っているのではありません。実際，研究結果は，反対のことを示唆しています。たとえばプリースは，5，6歳児がさまざまな形態の自由語りができることを示しています（Preece, 1987）。そのおよそ70％は個人的な出来事であり，ファンタジーを含む自由語りはほとんどありませんでした。ただし，プリースのデータは子どもと大人の間のやりとりではなく，幼児同士の会話のやりとりから得られたものです。大人と交わすふだんのやりとりの頻度という観点から見れば，子どもはオープン質問よりも，特定のことについて尋ねられる質問に慣れているといえるでしょう。このように，自由語りは子どもにとって馴染みのない会話様式です。そのことがわかれば，自由語

りにかかわるさまざまな問題が報告されていることは驚くに値しないでしょう。それでは，報告されている問題のいくつかに目を向けてみましょう。

4. 無 口

自由語りで報告すべき時に黙ってしまう。これは，自由語り段階での子どもの態度に関する中心的な問題です。私たちの経験では，無口になってしまった子どもはどんな情報も自由語りで話そうとはしなくなってしまいます。秘密を打ち明けないと心に決めているからかもしれません。打ち明けることが恐いのかもしれません（このほうが多いようです）。知っていることを話すことへの恐怖の例として私たちが見たことのあるやりとりを，以下，紹介しましょう。

| 事例6 | 4歳の女児への面接から |

面接官　ではね，タクシーが遅れた日，あなたのお世話をしていたのは誰かわかりますか？
子ども　言わない。
面接官　そのことについて，誰かにお話したことがありますか？
子ども　うん。
面接官　誰にそのことを話したの？
子ども　電話ごっこしよう［おもちゃの電話に手を伸ばす］。
面接官　そのことについては話したくないのね？
子ども　うん。
面接官　なぜ話したくないのかな？
子ども　話さないの。
面接官　話すと誰かが困ったことになるの？
子ども　うん。
面接官　誰が困ったことになるの？
子ども　先生。

この例では，子どもは虐待をしたとされる人物を明かすことによって生じる影響を恐れており，その恐れが自由語りによる報告を妨げていることを認めています。報告が妨げられる別の原因としては，恥ずかしさや困惑があります。

以下のやりとりに，それを見ることができます。

> **事例7** 9歳の男児への面接から
>
> 面接官　では，たぶん［ソーシャルワーカーの名前］と私にはお話してくれるわね。
> 子ども　［首を横に振る］
> 面接官　言えない理由があるの？
> 子ども　［うなずく］
> 面接官　いいわ，では話せない理由は何でしょう？
> 子ども　［沈黙］
> 面接官　話しにくい理由がわかれば［ソーシャルワーカーの名前］も私も助かるんだけれど。そうすればあなたを助けてあげることもできるでしょう。
> 子ども　［沈黙］
> 面接官　ちょっと話すのが恥ずかしいようなことなのかな？
> 子ども　［うなずく］
> 面接官　そう，それはわかるわ。たくさんの子どもたちとお話していますからね。
>
> 　同じ面接の後半で
>
> 面接官　それではね，その人がしたことについてお母さんに話したこと思い出せる？
> 子ども　うん，思い出せる。
> 面接官　はい。では，そのことについて話して。何か覚えてる？
> 子ども　［首を横に振る］
> ソ・ワ　そう，覚えているけど言いたくないのね？
> 子ども　［首を横に振る］
> ソ・ワ　そう，そのことが心配？
> 子ども　［首を横に振る］
> 面接官　どうして言いたくないのかな？
> 子ども　恥ずかしい。
> 面接官　そう，そうね，それはよくわかるわ。
> ソ・ワ　そうね，わかるわ。
> 子ども　誰にもわからないよ。

こういった事例では，打ち明けても恐ろしいことはない，（上のやりとりで面接官がしているように）恥ずかしいという気持ちは当然のものだ，と伝えて安心させることが重要です。安心させようとしている事例を見てみましょう。

> **事例8** 6歳の女児への面接から，打ち明けることへの恐れに対して安心感を与える例

面接官 その病院について話すのは嫌?
子ども ［首を横に振る］
面接官 心配することは何もないからね。さっきも言ったように，ここはいろんな子どもが来て話したいことを話すお部屋。何も心配することはないのよ。だって，何を言っても誰も驚いたり怒ったりしない，そういうことは何もないのだから。わかるかな?
子ども ［うなずく］

> **事例9** 8歳の女児への面接から，恥ずかしさに対して安心感を与える例

面接官 その嫌なことが何だったのか，話せるかな?
子ども 忘れちゃった。
面接官 ちょっと恥ずかしいことかもしれないし，言いたくないことがあるのかもしれないわね。大きな声で言うようなことではないし，恥ずかしいことだと思っているのね。でも私も［ソーシャルワーカーの名前］もいろいろなお話を聞いてきたし，たくさんの子どもたちとお話して，みんなそれぞれお話してくれたのよ。だから恥ずかしがることは全然ないんです。このお部屋にいる間は，何だって言いたいことを言っていいのよ。いいかな?
子ども ［うなずく］
面接官 じゃあね，もうすっかり安心できたでしょう。だってこのお部屋は，そのためにあるのよ。このお家もそうなんだから。

　自由語りによる報告ができないとしても，それは子どもに語るべき話がないからではなく，説明することができないため，ということがあります。それは単に明かさないと決心しているためかもしれませんし，話すことを恐れていたり，恥ずかしがっている場合もあるでしょう。そのどれもが出来事の報告を妨げる要因となり得ます。このような場合，上の例のように安心感を与えることが必要です。つまり，話すべきことを恐れたり，恥ずかしがったりすることはないのだと伝える必要があります。

　もちろん，話すことにかかわる恐れや恥ずかしさとは独立に，子どもが黙ってしまうこともあるでしょう。なかには単に性格的に無口でシャイな子どももいると思われます。たとえばエヴァンスは，もの静か，あるいは無口な子ど

もは「小学生全体の中の14％」と述べています (Evans, 1987：171)。面接を受けている子どもにも，無口であるため「話すことに気が進まない」(Evans, 1987：171) 子どもがいるかもしれません。実際，面接を受ける子どもの母集団には，無口な子どもは多いのかもしれません。なぜならエヴァンスが指摘しているように，「これはシャイな人にも見られがちな特性でもあるが，恥ずかしいという感情や低い自尊心は，意見を自由に述べる自信を損なわせる」(Evans, 1987：171) からです。このような感情は虐待経験の結果であるという可能性もしばしば指摘されるところです（たとえば，レンヴォイズによる虐待経験についての議論（Renvoize, 1993）を参照のこと）。無口は多くの理由により，自由語りの報告に不利に働きます。黙ってしまう子どもを支援する1つの方法としては，面接の最初の段階でしっかりとしたラポールを築く，ということがあげられるでしょう。もちろんこの方略がうまくいくかどうかは，面接初期に（または面接以前に），その子が無口になりがちかどうかを見極められるかどうかにかかっています。以上，子どもの無口という問題について述べてきましたが，今度は子どもが自由語りで出来事を報告している時に生じる問題に目を向けましょう。

5. 量の問題

　自由語りの報告で起きる重要な問題は，報告が得られないということよりも，報告の長さの問題です。自由に語る機会が与えられ，子どもが積極的に答えている時でも，その報告はたいへん短いことがしばしばあります。マクゴウらも以下のように述べています。「出来事の自由再生においては，年齢の高い子どもや大人に比べ，幼児が提供する情報量は非常に少ない。これは先行研究により繰り返しかつ一貫して証明されてきたことである」(McGough & Warren, 1994：16)。また，パウエルらも次のように述べています。「どの年齢の子どもでも，自由報告によって正確な情報を提供することができる。しかし情報量は年齢によりたいへん異なる。幼児による自由再生の情報量は，年齢の高い子どもや大人に比べかなり少ない。……情報量は前青年期まで安定的に増加するの

である」（Powell & Thomson, 1994：208）。

　多くの実験研究が，このような主張を支持しています。ただしこれら研究は，子どもの報告はしばしば不完全ではあるが，比較的正確である，とも述べています（たとえば Baker-Ward et al., 1993；Cole & Loftus, 1987；Davies et al., 1989；Dent & Stephenson., 1979；Ornstein, Gordon & Larus, 1992）。自由語りによる報告が短いということは，私たち自身のビデオ面接データでも見られました。以下の例で，子どもたちの報告がどのくらい短いかを見ることができます。

事例10　4歳の女児への面接から
面接官　ではね，病気になったことと腕を骨折したこと以外に，このごろ身体のどこかが痛くなったことはありますか？
子ども　うん，[虐待をしたとされる人の名前]が私のプライベート（性器）に指を入れた。
面接官　そう，[虐待をしたとされる人の名前]って，誰？

事例11　6歳の女児への面接から
面接官　はい，それではね，何かお話ししたいことはありますか？
子ども　ナニー（乳母）とおじいちゃんが，[妹の名前]と私に意地悪をする。

事例12　10歳の女児への面接から
面接官　話してくれていいのよ。
子ども　その人はちょっと寝てって言ったの。それで私は嫌って言って，寝て，その人はそれをここに入れて，私をひっくり返して，お尻をなめた。これで全部。

　（虐待を受けていない）子どもを対象とした言葉遊びの研究でも，子どもの報告は，同じように短いものでした（Aldridge & Wood, 印刷中）。この研究では，私たちは5～10歳の小学生60人に，学校のクリスマスパーティーでの出来事を詳しく話すよう求めました。データ収集はパーティーの3か月後で，調査の目的は子どもから中立的な出来事について，自由語りによる報告を引き出すことでした。さて，このような設定での実験データと，現実のビデオ面接で得られた報告とを比較してみましょう。

より完全なデータは別のところで見ていただくことにし（Aldridge & Wood, 印刷中），ここではおもなポイントを要約したいと思います。まず語られた情報量については，面接での自由語りによる報告は実験場面での中立的な出来事の報告と，量的にほとんど差はありませんでした。この結果は，報告の量が少ないという問題が（馴染みのない環境で行なわれるとか，プライバシーにかかわる出来事を話さなければならないといった）捜査面接場面に特有な要因によるものではないことを示唆しています。同年齢の子どもによる情報量が2つの条件で同じであったということは，長い報告ができないという問題が，状況的要因よりも発達的要因に起因することを示唆しています。そして，同じようなことは質，すなわち子どもが自由語りで行なう報告の質についても生じます。

6. 質の問題

　自由語りによる報告の問題点は，情報量が不十分だ，ということだけではありません。さらなる問題として，得られた情報が必ずしも有用とは限らない，ということがあげられます。リチャードソンはそのことを以下のように述べています。「幼児の報告には，司法制度で争議を法的に解決するのに必要な詳細情報が含まれていないことが多い」（Richardson, 1993：133）。実際，私たちはウォーカーらが次のように呼んでいる報告をしばしば見かけました。それは，「大人の面接官が必要とする決定的情報，つまり中間部分の詳細情報が欠けた」報告です（Walker & Warren, 1995：159）。私たちは，このような決定的情報が欠けた報告を「中味のないサンドイッチ」報告と呼んでいます。そのような報告は，始めと終わりはあるのですが，中味のないサンドイッチのように中間部分がありません。「中味のないサンドイッチ」報告の例を以下に示します。事例13はウォーカーらの研究（Walker & Warren, 1995）から，事例14と事例15は，私たちの資料からのものです。

事例13
面接官　その人が他にどんなことをしたか話してくれますか？

| 子ども | 私を家に引っ張り込んで、それから、それから私はソファで眠っちゃった。

> 事例14 5歳の女児への面接から

| 面接官 | 何があったか、話してくれますか？
| 子ども | お父さんは1階に行って、それから私とお父さんと、それだけ。

> 事例15 6歳の女児への面接から

| 面接官 | では、何があったか話してくれますか？
| 子ども | 私は［パブの名前］から帰りました。お父さんは私を（2階の）お風呂に連れて行きました。お風呂から上がったら、お父さんはタオルをくれました。お父さんは「階下（した）に行って、体を拭きなさい」と言いました。私は体の下の方を拭きました。そしたらタオルにいっぱい血がついていました。

　上の報告では中間部分、つまり鍵となる情報が含まれる部分が省略されています。事例13では家に引っ張り込まれてからソファで眠りにつくまでに何が起きたのでしょう。事例14では子どもと父親の間に何があったのでしょう。事例15ではパブから家に帰った後、体を拭いてタオルに血が付いているのを見つけるまでの間に、その子に何が起きたのでしょうか。

　子どもは自由語りのなかでつじつまの合わない報告をすることもあります。以下にその例を示します。

> 事例16 6歳の男児への面接から

| 面接官 | 見たものを説明できるかな？
| 子ども | 僕はベッドに横になっていた。そしたら［虐待をしたとされる人の名前］が階段を上ってきた。僕はママが出かけているのを知っていたんでわかったんだ。僕は寝室にいて、その人は手をここ［首の回り］にやって起こした。
| 面接官 | 誰の首を？
| 子ども | ［その子の兄の名前］

　この例では、虐待をしたとされる人物が手を伸ばしたのは（面接を受けている）子どもの首であったかのように読めるかもしれません。しかし実際には、面接官が質問をして明らかになったように、その人物は兄の首に手を持ってい

ったのでした。兄（虐待の被害者）への面接はすでに行なわれていたので，面接官はこの報告に含まれる混乱に気づきました。そうでなければこの種の混乱を突き止めたり明らかにするのは容易なことではなかったでしょう。次の例では子どもの報告だけが唯一の証拠であり，面接官は子どもからできる限りの情報を引き出す必要がありました。

> 事例17 7歳の男児への面接から
> 面接官　覚えていることをみんな話してくれますか？
> 子ども　えーと，僕はお風呂に入っていた。お風呂から出ようとしました。いや，僕はお風呂にちょっとしか入らないで，お風呂から出ました。そうしたらお父さんが新しいタオルを持ってきて，えーと，僕は身体を拭いて，それから，いや，お父さんはとってもきつく，ううん，ごめんなさい。
> 面接官　ゆっくりでいいのよ。
> 子ども　僕はお風呂に30分くらい入っていた。僕が出て，僕はお風呂にちょっとしか入らないですぐに上がって，体を拭いて，お父さんがとてもきつく僕のおちんちんをつかんで，悪いことしてないのに僕のことを叩いた。

　この例にははっきりしないところがたくさんあります。たとえば，その子は何回お風呂に入ったのでしょうか？　どのくらいの時間，お風呂に入っていたのでしょうか？　このような例は，子どもはどのような情報を話すべきかがわからないだけでなく，情報をうまく組み立てて伝えることもできないことを示しています。

　興味深いことに，面接場面での報告と，私たちの言葉遊びで同年齢の子どもたちが行なった報告（Aldridge & Wood, 印刷中）とを比較したところ，面接での語りは情報の質という点において，実験での報告とほとんど変わらないことが示されました。2つの異なる場面での10歳の子どもの報告を比較してみれば，この点は明らかです。事例18は，実験で得られた10歳の女児の報告です。そして事例19は，10歳の女児による面接での報告です。

> 事例18
> 面接官　学校でのクリスマスパーティーでどういうことがあったか，話してくれますか？

子ども　オルゴールがあったんですが，ゲームで勝って，私は2つもらいました。お菓子ももらって，それから『秘密の花園』と『ミスター・ビーン』を見ました。それからサンタクロースが来て，プレゼントをくれました。

事例19
面接官　何が起きたか話してくれる？
子ども　その人は，2階で一緒にネズミを見ようと言いました。それでネズミを見ました。それからその人はドアを閉めて，私にいろいろなことをしたんです。

　これらの報告（そして研究で得られたその他多くの報告）は，量的にも質的にも非常に似ていることがわかります。この分析についてのより詳しい議論は別のところで述べているので省略します（Aldridge & Wood, 印刷中）。しかし，主たる一般的結論としてはこう言えるでしょう。それは，出来事の報告には発達的要因が重要な役割を果たしている，ということです。そのため子どもの説明が不十分である場合，その原因は面接の環境よりも発達に求めるべきかもしれません。そこで次は，（自由語りによる報告に影響を与えるであろう）発達的側面に目を向け，子どもの記憶スキルと言語スキルについて論じたいと思います。

7. 子どもの記憶スキル

　面接のトピックである出来事についてきちんと順序立てて話すことができる子どもは，その出来事についての明瞭な記憶をもっているに違いありません。そして実際，子どもはかなりの記憶能力をもっていることを示す研究はたくさんあります。たとえばカッセルら，フリンら，グッドマンらの研究によれば，子どもは出来事を報告するのに十分な記憶能力をもっています（Cassel & Bjorklund, 1995；Flin et al., 1992；Goodman et al., 1991）。ただし，記憶がより確かなのは，周辺的情報よりも中心的情報についてです（たとえば，子どもは男の人が部屋に入ってきたことは覚えていても，その靴の色まで覚えているとは限りません）。また，傍観者として出来事を目撃する場合よりもみずか

らが体験した出来事のほうがよく記憶に残るようです（Saywitz, Geiselman & Bornstein, 1992）。もちろんここで扱う領域の事柄について言えば，問題の中心であり，証拠としての価値が高いのは（子どもにとっての）中心的情報であり，（たいていの場合）個人的に経験した出来事です。ただ残念なことに，証拠としては重要でも，子どもにとっては重要でない情報もたくさんあります。虐待を受けた子どもは，いつどこで虐待が行なわれたのかという詳細情報を重要なものとは思わず，そのために自発的に報告しようとはしないことがよくあります。

　記憶スキルだけではありません。言語スキルのような技能も，自由語りによる報告の出来に影響を与えるでしょう。次節ではこの問題を取り上げましょう。

8. 言語スキルの影響

　出来事をどの程度詳しく話すことができるかは言語発達のレベルに依存する，ということを示す研究は数多くあります。オーンステインらが述べている通り，「子どもの言語能力のレベルは，記憶に蓄えられた情報の回復に強い影響を与える」（Ornstein, Larus & Clubb, 1991：165）のです。実際，言語能力はさまざまな仕方で影響を及ぼします。たとえば，言語スキルが限られているために子どもの報告は以下のような制約を受けると考えられます。

* 言語スキルに制約があるため，子どもは限られた種類の情報しか報告できないことがあります。
* 言語スキルに制約があるため，子どもは情報をうまく連結できないことがあります。つまり，考えたことを関連づける言葉をうまく使えないことがあります。
* 言語スキルに制約があるため，子どもはどの程度詳しく報告するかという調整がうまくできないことがあります。特に，報告した内容について評価的なコメントをするのが難しいようです。
* 詳細情報を伝える言語スキルがないため，子どもが伝達できる情報の詳細さには制約がある場合があります。

これらのポイントについて、1つずつ論じていきましょう。

8-1. 情報の種類

　言語スキルに制約があるため、子どもは限られた種類の情報しか提供できないことがあります。子どもが自由語りで報告した事柄について、その情報の種類を分析した先行研究は数多くあります。たとえばファイヴァッシュらは、子どもが報告した情報量を「情報単位」という概念を用いて計算しています (Fivush, Gray & Fromhoff, 1987 ; Fivush & Hamond, 1991 ; Fivush, 1994)。このやり方に従えば、人、活動、対象、記述子、場所への言及はそれぞれ1情報単位だとみなされます。すなわち、語られた内容を以下のように考えるということです。

事例20〉
　ジョンはバーでビールを一杯注文しました。

　この文章は異なる種類の情報単位から成るものとして分割することができます。以下のように分析することができるでしょう。

事例21〉
ジョンは　　　―　　人
バーで　　　　―　　場所
ビールを　　　―　　対象
一杯　　　　　―　　記述子
注文しました　―　　活動

　子どもの言語発達に関する知見によれば、子どもは（特定の情報を伝えるための）言葉をもっていないために、特定の情報をうまく伝えることができません。たとえば「〜の下の」とか「〜の後ろの」といった前置詞は、子どもの場合、不確かである場合があります（5章の前置詞に関する議論や、Berman & Slobin, 1994を参照のこと）。そのため、前置詞を使うことが多い場所情報は、他の情報よりも報告が難しいだろうと予想されます。このような見解は言葉遊

びの実験でも（Aldridge & Wood, 印刷中），面接データでも支持されています。

　第1に，言葉遊びの結果を見てみましょう。子どもの報告ではどのような情報が省略されやすいかを，学校でのクリスマスパーティーの報告を例にあげて検討してみます。他書で述べているとおり（Aldridge & Wood, 印刷中），子どもに学校でのクリスマスパーティーについて尋ねた時に最も省略されやすかったのは，場所情報でした。子どもはパーティーでのさまざまなイベントがどの部屋で行なわれたか，報告することが少なかったのです。この結果には少なからず驚かされました。というのは，面接官はその学校についての知識がなく（子どもはそのことを知っていました），しかもパーティーのイベントは多くの異なった部屋で行なわれていたからです（たとえば，子どもは自分の教室でパーティー用の帽子を作りましたが，食事をしたのは別の部屋でした。また，学校中のいろいろな部屋を回ってゲームをしたりダンスをしたりしたのです）。面接官は学校についてよく知らず，出来事の最中，場所は次々と変わったのですから，場所情報は当然報告されてよいものと思われました。しかし5〜10歳の年齢群では，場所情報はしばしば省略されていました。

　第2に，同じ年齢群の子どものビデオ面接についても同様の分析を行ないました。その結果，そこでも同様のパターンが見いだされました。子どもが報告せずに終わってしまうことが多いのは場所を示す情報でした。出来事の他の側面についてはとても詳しい情報を提供した子どももいましたが，報告している出来事がどこで起きたのかについての言及はなかったのです。

　言葉遊びやビデオ面接の結果をまとめると，こうなるでしょう。言語スキルのレベルは，子どもが自由語りで報告できる情報の種類に影響を及ぼす，ということです。子どもが出来事が起きた場所についての情報を提供しないことが多いのは，難しい言葉，つまり前置詞の使用を必要とするからだといえます。

　省略されやすい側面（たとえば，場所）についての知識があれば，面接官は，後でどのような質問をすべきか気をつけておくことができるでしょう。たとえば「どこで」という質問を追加的に行なう必要性は高いと思われます（この問題については，種々の質問を扱う4章で，さらに考察したいと思います）。

8-2. 情報の連結

　言語スキルに制約があるため，子どもの報告では情報の連結による効果が十分得られないことがあります。報告に一貫性があれば（つまり，語られた情報のポイントがすべて効果的につながっていれば），話し手の発話は次から次へと自然に流れるに違いありません。私たちは考えをスムーズに伝達するのに接続詞（「そして」「しかし」など）を用います。当然のことながら，このような言葉を使うスキルは時間とともに発達するので，大人は子どもよりもこういった言語使用に熟達しています。

　先行研究によれば，子どもは自分の考えをまとめあげる時，2つの異なった方略を用いることが知られています。その方略は「中心化（話を一点に集中させること：centering）」と「連結：chaining」と名付けられています（Applebee, 1978）。最初，子どもは中心化方略を用いて報告を組み立てるようになります。この方略は，報告される事柄を出来事のある特定の側面へと集中させます。次に子どもは出来事の一連の特徴をつなぐ連結方略を発達させます。以下の例は，このような発達的特徴を示しています。

> 事例22　5歳の男児が自由語りの報告において中心化方略を用いている例
>
> 面接官　何があったか話してくれますか？
> 子ども　［虐待をしたとされる人の名前］は，ママのタイツをはいた。

　このケースでは，子どもの報告は，詳述すべき出来事についての鍵となる特徴，すなわち虐待したとされる人物がタイツをはいたことに焦点化されています。

> 事例23　9歳の女児が自由語りの報告において連結方略を用いている例
>
> 面接官　そう，あなたはお母さんに何があったかお話したのね？　お祭りの時に駐車場であったことを。
> 子ども　うん。
> 面接官　何があったのか話してくれますか？
> 子ども　私はバンに乗っていたの。そしたら，その人がしたのは，その人は私のお尻に触って，それから手を私のシャツの中に入れてきたの。このシャツの。

事例23の子どもはバンに乗っていたこと，お尻を触られたこと，シャツの中に手を入れられたことを一連の出来事として連結させています。このような連結方略を使うには，「そして」や「しかし」といった接続詞を有効に使う言語スキルが必要です。実際，私たちの言葉遊びの実験（Aldrdge & Wood, 印刷中）やその他の先行研究の結果（Liles, 1987）によれば，年齢の低い子どもは接続詞を（正確に）使用することができません。バラバラの情報を1つに連結する方略が取れないため，幼児の報告には限界があります。このことはもちろん，彼らに出来事のさまざまな側面を詳しく説明する能力がないということを意味しているのではありません。そうではなく，子どもは事実を説明する時，より小さな固まりでしか説明できないことがある，ということを示唆しているのです。この章の最後の節で，面接官が小さな固まりでなら報告できるというこの能力をうまく引き出す方法を紹介します。

8-3. 評価すること

　言語スキルに制約があるため，子どもは自分が提供した情報をうまく評価することができません。バンバーグらは「評価的なコメントの一般的使用は年齢と共に増大する」と報告しています（Bamberg & Damrad-Frye, 1991：696）。つまり，子どもの年齢が大きくなるにつれて，評価的，描写的情報がより多く報告に組み込まれるようになる，ということです。評価的あるいは描写的情報とは，以下の例に見られる「　」内のようなコメントを指します。

> 事例24
>
> 私は昨晩テレビを見ました。「総理大臣の記者会見が見たかったんです。」
>
> 事例25
>
> 町へはバスで行くつもりです。「駐車するところがないんですよ。」
>
> 事例26
>
> 思っていたより早く会議から抜け出すことができました。「まだ2時でした。」
>
> 事例27
>
> 以前，パムは新しく買った車を見せてくれました。「それはトヨタでした。」

事例24の「総理大臣の記者会見が見たかったんです」というコメントは、話し手がなぜテレビを見たのかを説明しています。同様に、事例25の「駐車するところがないんですよ」というコメントは、話し手がなぜ自動車よりもバスで出かけようとしているかを説明するものです。事例26の「まだ2時でした」というコメントは、話し手が会議を抜けた時間について、情報を付け加えています。事例27の「それはトヨタでした」というコメントは、パムの新しい自動車についての詳細情報です。このような評価的、描写的コメントは、以下の事例24〜事例27に対応する事例28〜事例31のような、事実のみに触れるそっけない言い方よりも明らかにより多くの情報を提供しています。

事例28
私は昨晩テレビを見ました。

事例29
町へはバスで行くつもりです。

事例30
思っていたより早く会議から抜け出すことができました。

事例31
以前、パムは新しく買った車を見せてくれました。

事例24〜事例27のような評価的、描写的コメントを子どもが使用するかと言えば、これらは一般的に年齢の高い子ども（7歳以上の子ども）の報告でのみ見られます。次の例を見てみましょう。

事例32　実験で得られた8歳の女児による報告。評価的コメントは「　」で示します。
面接官　学校のクリスマスパーティーで何をしたのか、教えてくれますか？
子ども　パーティー用の帽子を作りました。「私のはあまりうまくできなかったけど。」

> 事例33　面接で得られた8歳の女児による報告。評価的コメントは「　」で示します。
>
> 面接官　何があったのか話してくれますか？
> 子ども　お父さんが私を椅子から引きずり下ろした。「痛かった。」

　評価的コメントはより詳しい情報を提供します。そのため当然のことながら、報告のインパクトが強まります。また、評価的コメントがあれば、面接官は追加的な質問をたくさん行なう必要がなくなります。しかし、幼児（7歳以下の子ども）は自発的に評価的あるいは描写的コメントを行なうことができません。そのため残念なことに、本来ならば直接的な質問を避けるべきであるこの年齢の子どもに対し、逆に直接的な質問を行なわなければなりません。この章の最後の節で、自由語りによる報告において、子どもにより詳しく話してもらう方法をいくつか紹介します。

8-4. 特定化：より厳密に話すこと

　限定的な情報を提供する能力が未発達であるため、子どもの報告には制約があります。しかし成長に伴い、子どもの報告はさまざまな側面でより特定化された厳密なものとなります。たとえばバーマンらは、複数の意味をもつ一般的な動詞（「出る：get out」など）が、年齢とともにより限定的な意味をもつ動詞（「逃げる：escape」など）に変わることを示しています（Berman & Slobin, 1994）。情報の特定化は、単語選択のレベルにとどまりません。文全体においても、たとえば事例34のような表現が事例35のような表現に変わるというようなことが起こります。

> 事例34
> 私は旅行に行きました。

> 事例35
> 私はスイスに、スキーをしに行きました。

　このような発達的変化が面接にもたらす影響は明らかです。大きな子どもの報告には、小さな子どもの報告よりも特定化された詳細情報がたくさん含ま

れます（ここで「大きい，小さい」は，7歳よりも上か下かを指しています）。大きい子どもと小さい子どもを対象とした以下の面接事例は，この違いをよく表わしています。

> 事例36　4歳の女児への面接から
> **子ども**　その人は私の脚を触った［touch］。

> 事例37　対照的に，9歳の女児への面接から
> **子ども**　その人は私の脚をごしごしこすった［rub］。

> 事例38　5歳の女児への面接から
> **子ども**　［虐待をしたとされる人の名前］は私のプライベートに指を入れた［put in］。

> 事例39　対照的に，8歳の女児への面接から
> **子ども**　その人は私のマリー（女性性器の俗称）に指を突き刺した［push into］。

　まず事例36と事例37について見てみましょう。事例36の「触る：touch」という一般的な動詞は，大きな子どもの事例37では，「ごしごしこする：rub」という，触り方の種類を表わす特定化された動詞に置き換わっています。大きな子どもの中には「触る：touched」という動詞の代わりに「なでる：stroke」という動詞を使う子どももいました。同じような発達的変化は事例38と事例39にも見ることができます。ここでは「入れる：put in」という一般的な動詞が，特定化された（そしてより視覚的な）動詞「突き刺す：push into」に変わっています。また一般的な語である「プライベート」も，より特定化された「マリー」に変わっています。5章では子どもが使う身体部位の一般的名称と特定化された名称について論じますが，そこでもう一度この問題について触れるつもりです。さらに特定化された言い方の例としては，次のようなものがあげられます。

> 事例40　3歳の女児への面接から
> **子ども**　彼は私を叩いた。

対比として，より大きな子どもによる特定化された言い方を見てみましょう。

> **事例41** 9歳の男児への面接から
> 子ども　彼は僕の足首と脚の裏側を3回蹴った。

　事例40は3歳児が誰かに叩かれたという簡単な報告です（「彼」とはその子がすでに言及しているおじいちゃんを指しています）。彼女は何回叩かれたのかとか，どこを叩かれたのかということについては何の情報も提供していません。事例41も9歳の男児が誰かに蹴られたという報告ですが（上と同様，この子も誰が蹴ったのかについてはすでに述べています），3歳児の場合とは異なり，より詳しい情報を提供しています。以下の2つの発話についても，同様に詳細さのレベルを比較することができます。

> **事例42** 6歳の女児への面接から
> 子ども　私たちは座ってテレビを見ていたの。

比較するために，より大きな子どもの発話を見てみましょう。

> **事例43** 9歳の男児への面接から
> 子ども　僕たちテレビでパワーレンジャーを見てたんだけど，その人は僕たちを側の椅子に座らせたんだ。

　事例42の6歳の女児は，2つの活動について話しています。つまり，座ったこととテレビを見たことです。彼女はその活動をどこで行なったかということも，その他の詳細情報も提供していません。対照的に事例43の9歳の男児は，より詳しい情報を提供しています。どこに座っていたのか，何のテレビを見ていたのかなどについて話しているからです。
　以上概観してきたことを含め，言語発達のさまざまな側面は自由語りを充実させる道具となります。このような道具立てがない時には，子どもの自由語りを支援したり，（言語が発達すれば出てくるはずの）欠けた部分を補う技法を

103

用いなければなりません。そのような技法については，この章の最終節で紹介するつもりです。自由語りを支援する方法について論じる前に，自由語りの機会を十分確保することに関する問題に目を向けましょう。

9. 特定質問に入るのを急ぎすぎること

子どもは自由語りの機会を十分に与えられないことが多い，という問題が報告されています。デイヴィスらは英国でのビデオ面接を概観し，「自由語り段階は省略されることが多く，あわてて質問段階に入ってしまうケースもあった」と報告しています（Davies et al., 1995：3）。しかし，私たちの面接データはこの結果を部分的にしか支持していません。より厳密に言えば，私たちの資料には，自由語りの段階は省略されることが多いという主張は当てはまりませんでした。実際，自由語りが含まれない面接はわずかでした（最初のラポール段階ですでに開示がなされてしまったなど）。また，自由語りが存在しないということ（デイヴィスらの結果）と自由語りが生産的でないこと（私たちの結果）とは異なる，ということは強調しなければなりません。しかし，子どもによっては面接官はすぐに質問段階へと入ってしまっており，この点については私たちのデータもデイヴィスらの結果を支持しています。たとえば，私たちのデータには，以下のようなやりとりがありました。

事例44	8歳の女児への面接から
面接官	何があったか話してくれますか？
子ども	［沈黙］
面接官	ではね，それが起きたのはいつか話してくれる？
子ども	昨日の夜。
面接官	昨日の夜？
子ども	［うなずく］
面接官	で，その時あなたはどこにいたの？

事例44では，面接官は自由語りによる報告を1度だけ引き出そうとしましたが，うまくいかないと，すぐに「ではね，いつ起きたのか話してくれる？」

という特定的な質問をしています。そしてそれ以降は，特定的な質問によって情報を引き出そうとしています。確かにエコーイング（上の例にある「昨日の夜」のように繰り返して言うこと）のような間接的な促しはありましたが，直接的な自由語りの機会はそれ以上与えられませんでした。同様のことが以下の6歳の男児とのやりとりにも見られます。

> **事例45**
> **面接官** それではね，そのことについて話してくれますか？ 何があったのかな？
> **子ども** ママが好きなことをするの。
> **面接官** どういうこと？ ママが好きなことって何かな？
> **子ども** ダンス。

事例45では，子どもはとても短い報告をしています。面接官はその後ですぐに特定的な質問を行ない，子どもが言ったことを明らかにしようとしています。「どういうこと？ ママが好きなことって何かな？」という特定的な質問の代わりに，面接官は子どもにもっと母親のことを話してほしいと，より効果的なかたちで聞くこともできたはずです（たとえば「そう，ママの好きなことをしたのね。他には何があったの？」と聞くこともできたでしょう）。しかしこの面接は自由語りの段階に戻ることはなく，子どもからの情報は直接的な質問を通してのみ，引き出されました。

以上より，子どもによっては質問段階へと急いで進む場合があることが明らかでしょう。私たちの実験結果は，このようなやり方が望ましくないことを示唆しています。このことを示すために，自由語りの「第2の機会」が提供されている成功例を見てみましょう。

10. 自由語りの機会を十分に提供すること

最近の実験（Aldridge & Wood, 印刷中）で，私たちは自由に語るための「第2の機会」を子どもに与えることとその効果について研究しました。まず「学

校のクリスマスパーティーで何が起きたか話してくれる？」と尋ね，自由語りで報告する第1の機会を子どもに与えます。そして子どもがこの質問に対して自由語りの報告をしたら，子どもがさらに語れるよう，第2の機会となる追加質問をします。追加質問には2種類ありました。子どもの半数には，「学校でのクリスマスパーティーについて，何かもっと話してもらえますか？　あなたが覚えていることについて，何でもいいから話してください」と尋ねました。残りの半数には「Xの1つ前には何が起きたの？」（ここでXとは最後に報告された出来事を指します。たとえば，もし子どもが「パーティー用の帽子を作って椅子取りゲームで遊んだ」と言ったとすれば，その場合の追加質問は「椅子取りゲームをする1つ前には何をしたの？」というものになります。）

　これらの質問は，認知面接（Geiselman et al., 1984）の2つの技法を反映しています。認知面接というのは，出来事の再生を増加させるための技法です。もともとは大人への面接で使われていましたが，子どもにも使えるように実験的に修正されてきました（完全には成功していませんが，その修正過程についてはガイゼルマンらの研究（Geiselman & Padilla, 1988）をご覧ください）。もともと認知面接では，再生を増加させるために以下の4つの技法が用いられています。

①表面的な重要性によらず，すべてを報告するよう促す（「すべてを話す」）。
②さまざまな順序で出来事を報告する（順序を変える）。
③さまざまな視点で出来事を報告する。
④心の中で文脈を復元する。

　私たちが選んだ技法は①の「すべてを話す」と②「順序を変える」の2つでした。4つの技法の中で，この2つは子どもへの面接にも効果的だろうという示唆があるので（Saywitz, Geiselman & Bornstein, 1992），選びました。
　その結果，自由語りによる報告を求める際，子どもに第2の機会を与えることがたいへん効果的であることがわかりました。どの年齢群にも，第2の機会が有効に働く子どもがいたのです。より詳しく言うと，すべての年齢群，すなわち5〜10歳児の平均60％のケースにおいて，自由語りの第2の機会が追加

情報を得る方略となることがわかりました。年齢群ごとに結果を調べたところ，第2の機会の効果はより明確になりました。年齢の違いに焦点を当てて見ると，年齢が上がるにつれ，自由語りの第2の機会の効果は大きくなっていました。5歳児では全ケースの30%，6歳児では50%において，第2の機会がさらなる報告を引き出しました。10歳児では全ケースの80%で，自由語りの第2の機会がさらなる情報を引き出す方略となることがわかりました。

もちろん，このような後から付け加えられた報告は，そこで得られた情報が正確な場合にだけ役に立つものです。先行研究は，追加情報を探り続けることが不正確な情報を生じさせる方略になりかねないことも示唆しています。たとえばレイクマンら（Leichtman & Ceci, 1995）は，誤誘導質問を繰り返すと子どもの再生は歪む可能性があることを示しています。そのため MOGP（1992：12）は，出来事を報告させる際，過度の促し（プロンプト）を使うことに警告を発しています。

しかし私たちのデータは，自由に語るための第2の機会は，不正確な情報をもたらす方略とはならないことを示唆しています。この実験ではすべてのケースで，自由語りの第2の機会に答えた子どもは正確な追加情報を提供しました。これは必ずしも先行研究の結果と矛盾するものではありません。この研究では，私たちは2回しか追加情報を求めませんでした。多くの先行研究が，子どもは質問の繰り返しや促しによる暗示を受けやすいと報告しています。しかしそのような先行研究では，はるかに多くの質問の繰り返しや促しが行なわれています。

実験結果だけではなく，面接データの中にも自由語りを促す第2の機会の効果が見られました。たとえば以下のようなやりとりがありました。

|事例46〉 **7歳の男児への面接から**

面接官 何があったのか話してくれますか？
子ども この人，この，えーと，お兄さん，この大きい兄さん，この人はベビーシッターで，僕のところに来ました。
面接官 うん。
子ども それで，その人は僕のベッドに入ってきて，それで，えーと，僕はそれが嫌で，その人は，えーと，僕が眠ってたら上に乗っかってきて，僕を起こして，「お馬さん，お馬さん」って言い出して，それから僕がお兄さ

んの上に乗って，それからその人はまた「お馬さん，お馬さん」って言い始めた。

　この例では，子どもは最初少し話した後沈黙しましたが，面接官はただ「うん」と言うことでさらなる語りを促しました。その結果，子どもは話し始めています。この子どもが最初に少し話したところで，たとえば「ベビーシッターのお兄さんって誰のこと？」と直接的な質問をするほうが簡単だったかもしれません。しかし，直接的な質問をすることを抑えることによって，この面接官はさらなる自発的な報告を得ることができました。同様のことは，次のやりとりにも見ることができます。

|事例47〉　**9歳の女児への面接から**
面接官　ではね，自分の言葉であなたのおじいさんについて覚えていることを全部話してもらいたいの。何でも全部話してね。あなたがあまり大切ではないと考えるようなことでも，私にはとても大切なことかもしれません。だから，あったことを，あなたの言葉で話してほしいんです。私は少しメモを取って，後であなたに質問をするかもしれません。できますか。
子ども　うん。
面接官　それではあなたが覚えていること全部，話したいこと全部，話してください。私は少しメモをとって，質問もするかもしれません。いいですか？
子ども　［うなずく］
面接官　それではやってみて，いい？
子ども　時どきおじいちゃんは，私たちにブラジャーとパンティを着させて，それから，おじいちゃんは，えーと，それから，えーと，そのままの格好でいなって言って，大きく見えるようにリンゴを入れてって言って，そして，で，私がいやだって言ったら，えー，時どき，えーと，おじいちゃんは私をベッドの中に引きずり込んで，ショートパンツとTシャツのままでいさせるの（訳注：2章の事例34と同じだが，細かい点で表記が異なる）。
面接官　それで。
子ども　それで，おじいちゃん，夜寝る時間に，おじいちゃんは私のあそこを触って，そこに指を入れて，おちんちんを私の脚につけて，ずっとこすりつけて，上下に動かして，それから，おじいちゃんは，白いものが出てきて，それを私の脚にこすりつけたの。
面接官　それで。

| 子ども | それでおじいちゃんは私たちがお風呂に入っている間，エッチな映画を見ていて，私たちがお風呂から上がった時もそれを見ている。|

ここでも面接官は「それで」と言うだけで子どもにさらなる報告を促し，成功しています。事例46と同様，面接官は子どもが最初に話した後，直接的な質問（たとえば「あなたの言う『私たち』というのは誰のこと？」とか「いつ／どこでそれは起きたの？」など）をするほうが簡単だったかもしれません。自由語りを続けるように促すことの効果は，次のやりとりにも見ることができます。

事例48　10歳の女児への面接から

面接官	さて，さっき説明したように，少しお話してもらいたくてここに来てもらいました。これから［義理の］お父さんとお母さんに話したことを全部私に話してもらいたいの。いいですか。それでは一番最初に何があったかというところから始めて，できれば話し忘れのないように話してください。いいですか？
子ども	［沈黙］
面接官	ではね，今日ここに来てもらったのはなぜか，ということから話してもらえますか？　何について話すため？
子ども	［虐待をしたとされる人の名前―その子の父親］が私にしたこと。
面接官	そうね，［虐待をしたとされる人の名前］があなたにしたことについて話してもらえますか。
子ども	朝，お母さんは仕事に行ってて，うん，それで［虐待をしたとされる人の名前］が紅茶を入れてって言いました。それで私は紅茶を入れてそれを2階に持っていくと，「煙草を取ってきてくれる？」って言いました。それで私は煙草を持って，2階に行くと，彼は，新聞があって，私はそれを彼に渡したんだけど，それから彼は私に抱きついて，それから私をベッドに入れました。
面接官	そう，続けて。
子ども	それで彼は紅茶を飲んだり，煙草を吸ったり，それから新聞を読んだりして，ずっと私を抱いていました。
面接官	そう，続けて。
子ども	それから彼は私を抱いて，私を上に乗せて，私のことをくすぐろうとして，くすぐり始めました。それから彼が私にくすぐるように言って，私が「いやだ」と言ったら無理やり私にくすぐらせたので，私は彼をくすぐりました。

このケースでは，面接官は2回，子どもに話を続けるように促しています。その結果，2回ともさらなる情報が得られました。

実験データも現実の面接データも，自由語りの第2の機会はしばしばさらなる語りを生み出すという結果を示しています。実験では，自由語りの第2の機会が与えられ，さらなる情報が得られた場合，その情報は正確なものであることが示唆されました。もちろんこの結果は，（続けて）3度以上語る機会が与えられた場合（つまり2度語る機会が与えられた直後にさらなる機会が与えられた場合）にも，効果があるのかどうかについては拡張できません。そのため，（継続的な）3度め以降の報告がどの程度正確かということについてはコメントできません。そこで私たちは次のように推奨したいと思います。どの子どもにも直接的な質問に入る前に自由語りの機会を2度与えること。

11. 子どもの自由語りを支援する

数多くの先行研究が，子どもの報告を促進するには大人による支援が必要だと報告しています。たとえばハモンドらは「小さい子どもは大きい子どもと同程度の量の情報を再生することができる。しかし，小さい子どもでは大きな子どもに比べ，より多くの質問，ヒント，促しといった外的支援が必要である」と述べています（Hamond & Fivush, 1991：435）。彼らはさらに続けて，「情報の再生においては，小さい子どもは大きな子どもに比べ，大人からより多くのガイダンスを必要とする」と述べています（Hamond & Fivush, 1991：446）。このような主張は，子どもが自由に語るよう求められた日常場面のやりとりを分析した研究結果によって支持されています。フォスターは次のように記しています。子どもが日常生活の中で自由語りを行なう際，大人はしばしば「初期の語りの足場を支えます。その結果，子どもは（助けがなければ，とうてい伝えることができないような）複雑な話を産出することができます」（Foster, 1990：127）。例を示しましょう。フォスターは，2歳6か月の男児とその母親の以下のようなやりとりを報告しています（Foster, 1990：128）。

事例49
子ども　時どき。
母　親　[子どもを見る]
子ども　ロス（子どもの名前），ベッド，起きるの，ベッド，起きるの，僕の。
母　親　何のこと話しているのかな？　夜，ベッドがどうかしたの？
子ども　んー。
母　親　何て言ったの？
子ども　暗いとこ。
母　親　暗いとこ？
子ども　ロス，えーと，ロス，暗いとこ，走るの。
母　親　暗いとこ，走るの。
子ども　ロス，走る。
母　親　あなた，起きるの？　夜，ベッドから起き出してくるの？　そして暗い所を走り回るの？

　面接のラポール段階では，子どもが中立的な（訳注：事件とは関係のない）自由語りをすることがありますが，そこでも同様のパターンが見られることがあります。次のやりとりを見てみましょう。

事例50　10歳の女児への面接から
面接官　ええっとね，私はあなたのことをほとんど知りません。あなたのことを少し話してもらえますか？　どこの学校に通ってるの？
子ども　[学校の名前] に行ってる。
面接官　学校は好き？
子ども　好き。
面接官　好き？
子ども　体育，テニスが好き。

　このようなやりとりを見ると，子どもが自由語りの報告を組み立てる足場を，大人がどのように提供しているかがわかります。子どもが言ったことを繰り返すこと（事例49の「暗いとこ？」「暗いとこ，走るの」や事例50の「好き？」などによる促し）によって，大人は子どもが話を続けるよう励ましています。中立的な場面において大人が子どもの自由語りを支援しているのならば，面接場面でも同様に，面接官が（非誘導的な）支援を提供できれば，それは助けに

なるでしょう。これを達成する方法はいろいろありそうですが、有望そうな方法をいくつか以下に示しましょう。

11-1. 子どもが語るための枠組みを提供する

面接官ができる可能性があることの1つは、語りの基礎となる枠組みを子どもに提供することです。これはウォーカーらによる「起きたことを報告するための枠組みを子どもに提供する」という勧めを反映しています（Walker & Warren, 1995：161）。彼らは、「子どもの注意を話題となっているトピックへと向け、トピックが変わる時にはそのことを伝えるとよい。また、報告を時間軸に沿って並べる時間的な構造を提供することもできる」と述べています。

11-2. 論理的な順序で情報を示す

子どもが時間的に順序立った報告ができるよう支援する（すなわち、子どもが情報を論理的な順序で表わせるよう援助する）には、どうすればよいでしょうか。1つには、話を出来事の最初から始めて最後まで順に進むようにと提案するのがよいでしょう。この種の典型的なやりとりは、以下のようになるでしょう。

事例51　6歳の女児への面接から

面接官　はい、それでは［子どもの名前］、なぜあなたが私のところに話に来ることになったのか聞きますね。何が起きたのか最初から話してくれますか？時間をかけてゆっくりとでいいので、何が起きたのか話してください。

子ども　えーと、最初自転車で外に行って、その男の子が来るまで5分くらい、外にいた。

事例52　9歳の男児への面接から

面接官　それでは今から、あなたにしてほしいことを言いますね。その日の午後何があったのか、なぜあなたは外に出ることになったのか、よく思い出してみてください。最初のところから思い出すのがよいと思うわ。飛ばさないで、できるだけたくさん思い出すようにしてください。時間をかけてゆっくり、あったことすべてを話してください。できるかな？

事例53　別の9歳の男児への面接から

面接官　ではね、何があったのか、始まりから終わりまで話してくれますか？

子ども　僕はベッドで寝ていて，それはだいたい10時半くらいで，僕がちょうど眠ったころ，[虐待をしたとされる人の名前]が急にドアを開けて入ってきて，ママに怒鳴って，ママはナニー（乳母）を呼びに行って，僕は警察も呼びに行ったのかと思った。それからその人（虐待したとされている人）は2階にやって来て，「お前は寝ていろ」って言って僕の腕をつかんでねじった。

　事例51～事例53では，出来事について始めから順に1つずつ最後まで話すようにと提案することで，子どもが出来事を時間的順序に沿って報告できるように支援しています。

11-3. 顕著な情報に注意を向けさせる

　自由語りを支援する第2の方法は，提供すべき情報へと子どもの注意を向けさせることです。セイヴィッツらは「子どもは大人に比べ記憶力がないというわけではない。しかし司法的な文脈では，質問に適した情報の種類や適切なレベルの詳細情報を……うまく伝えることができない」(Saywitz, Nathanson & Snyder, 1993：71)と述べています。子どもの注意を語るべき方向へと向けさせることは重要です。

　たとえば，子どもはしばしば中心的情報よりも周辺的情報を提供する方向へと逸脱しがちです。その場合，面接官は中心的情報へと集中するように子どもを導くことが重要です。周辺的側面については，後に，別の報告の中でいつでも戻ることができます。次のやりとりは子どもがいかにして報告の途中で脱線し，周辺的な側面に注意を向けてしまうか，そして面接官はいかにして修正するための介入を行なうかを示しています。

|事例54|　9歳の男児への面接から
子ども　学校から家に帰ってきて——何時かは思い出せないけど——お店を通り過ぎて，ママはジャガイモを買うのを忘れていて，着いた時ママは僕にジャガイモを買って来てって頼んだんだ。で，僕はそのお店に戻ったんだけど，横道に入った時帽子をかぶった男の人がいた。その帽子を，今絵に描いたんだけど。
面接官　なるほど。服装については後で詳しく話してもらいましょう。まず家を出た時のことから順にゆっくり話してもらえますか。時間をかけていい

からね。

　この例では，子どもは，横道で男が近づいてきたというところまで出来事について話しています。それから自分の描いた男の衣服の絵について触れ，報告を終えています。この時点で，面接官には多くの選択肢が与えられます。直接的な質問に入ることもできますし，さらに語るよう促すこともできます。この例では，面接官はすぐに直接的な質問に入ることへの誘惑を退け，出来事についてもっと語るようにと促し，子どもの語りをうまく方向付けることができました。面接官は，男が何を着ていたかという特殊な情報よりも，次に起きたことを語ることに集中するよう，子どもに提案しています。そうすることにより，出来事の個別的な側面（ここでは男の衣服）については後で話すことを認めつつ，子どもの語りを出来事の中心的側面にうまく方向付けることができました。

　私たちは子どもに2度（3度以上ではありませんが），自由に語る機会を与えるよう勧めていますが，その際，特に大きな子どもに対しては，自由語りを方向付けることが重要です。というのは，大きな子どもは報告の最初の部分で周辺的情報についてたくさん話そうとする傾向があるからです。たとえば，

> 事例55　**10歳の男児への面接から**
> 面接官　それではね，準備ができたら何があったのか話してください。
> 子ども　えーと［虐待をしたとされる人の名前］は，前はいい人だった，だってこの人が窓拭きに来る時はいつも僕に手伝わせてくれたし。その夜僕はパジャマを着て，もう寝る用意ができていたんだけど，段ボールで作った映画館を見せたかったんだ。

　この例では，子どもの語りの最初の部分は，背景となる基礎的な情報を提供することに集中しています。問題となる夜の出来事は，報告の中程になって（彼が「その夜」と言ったところから）やっと始まりました。年齢の高い子どもでも自由語りは比較的短く，しかも語りの機会を与えるのは2度（だけ）ですから，面接官は子どもの報告が出来事の中心から外れないよう，手段を講じる必要があります。それは「では，その後何が起きたのか話してくれますか？」といった促しによって行なうことができるでしょう。このような促しを用いるこ

とにより，面接官は子どもの注意を映画館を見せたかったということからその続きへと，焦点化させることができます。同様のことは，次のやりとりにも見ることができます。

> 事例56 9歳の男児への面接から
> 面接官　そう，ではそのことについて話してもらえますか？
> 子ども　えーと，僕がその人と初めて会った日，僕はその人の家に連れて行かれました。それはママが知ってます。それから2, 3週間後，彼は「家に泊まりたい？」と言って，ママはいいよって言ったけど，その日は僕たちがプールの予約に行く日で，［名前］は2階にいました。それは関係ないんだけど，えっと，で，その日，僕はトイレに行って，僕はその人が先にトイレに入っていることを知らなくて，その人はそこにいて，なかなか出てこなくて，それで仕方なく僕がトイレに入ったら，その人は「君のおちんちんには問題があるぞ」といって，粘土で遊ぶみたいに僕のおちんちんを触りました。

この例でも子どもは語りの半ば過ぎになって，中心的な出来事について話し始めています。そしてここでも，子どもが生き生きと話せたのは，周辺的な情報よりも中心的な問題について話を続けるように促された2度目の自由語りにおいてでした。

この他にも面接官が子どもの報告を特定のトピックへと方向付けることが必要な状況があります。それは子どもが複数の虐待的な出来事について話そうとする時です。このような場合，繰り返し起きた出来事を個別のものとして区別するのはしばしば困難です。

次のやりとりを見てみましょう。

> 事例57 7歳の男児への面接から
> 面接官　それでは，何が起きたのか話してくれますか？
> 子ども　それで，僕はまた眠っちゃった。それから誰かが僕のことを脅かして，僕は起きて，誰だったか探したんだ。それで，僕はまた布団の中に入って，顔を出して，ほんとうは誰なのか見てみたの。それは［虐待をしたとされる人の名前］で，僕は怖かった。
> 面接官　それから何があったの？

子ども	僕は眠っちゃって，その人は行っちゃって，それからまた2階に上がって来た。
面接官	そう，それから何があったの？
子ども	その人はベッドに入った。靴を脱いで，布団の中に入った。
ソ・ワ	さっき「また」と言ったけど，ちょっとわからなくなったのではっきりさせてね。その人は2回あなたの部屋に来たということ？
子ども	［うなずく］
ソ・ワ	2度？ 2回なの？
子ども	2回。その人はお父さんの車が門に入ってくるのを聞いて，急いで下に降りたんだ。灯りがついて，灯りがついたんで，お父さんはドアから中を見ることができたんだけど，その人はちょうど間に合って1階に降りた。

　この例では面接の初めのほうで，子どもは出来事についてすでに報告をしていました。しかし虐待したとされる人物が同じ晩に2度，寝室に入って来たとは述べていませんでした。後の報告で出てきた「また2階に上がって来た」という発言により，ソーシャルワーカーは初めて，彼が2つの個別の出来事について語っている可能性に気づいたのです（2つの異なる出来事といっても，ある程度の関連性はありますが。まず，内容的には虐待したとされる人物はその子どもの寝室を訪れるという同じ活動を繰り返しています。時間的にも，その活動は両方とも同じ晩に起きています）。このような場合は，出来事を明確にするために，出来事を1つずつ話すよう子どもを導くことが必要です。特に複数の出来事が混乱して想起されたために報告が交絡している場合，そうすることはたいへん重要です。オーンステインらも次のように述べています。「虐待は繰り返されることが多いので，子どもは出来事を一般化し，ある出来事の詳細を別の出来事の詳細と混同してしまうことがある」（Ornstein, Larus & Clubb, 1991：152）。繰り返された出来事の中で起きた個別の出来事を子どもが区別できるように，面接官は途中で言葉をはさみ，子どもに1つずつ，出来事について話させるよう試みる必要があるかもしれません。たとえば，虐待したとされる人物が子どもの寝室に2回やって来たということが明らかになった上のやりとりでは，面接官は以下のように面接を進めることができるでしょう。

北大路書房の図書ご案内

現代の認知心理学 [全7巻]

日本認知心理学会 監修
各巻A5判　320〜360頁　定価3780円

基礎・理論から展開・実践まで，認知心理学研究の〈現在〉を一望！

第1巻	知覚と感性	三浦佳世　編
第2巻	記憶と日常	太田信夫・厳島行雄　編
第3巻	思考と言語	楠見　孝　編
第4巻	注意と安全	原田悦子・篠原一光　編
第5巻	発達と学習	市川伸一　編
第6巻	社会と感情	村田光二　編
第7巻	認知の個人差	箱田裕司　編

価格はすべて定価（税込）で表示しております。

北大路書房

〒603-8303 京都市北区紫野十二坊町12-8
電話●075-431-0361　　FAX●075-431-9393　　振替●01050-4-2083

その他

新 保育ライブラリ

編集委員：民秋 言,小田 豊,栃尾 勲,無藤 隆
A5判　定価各1785円

●子どもを知る

保育の心理学Ⅰ
無藤　隆,藤﨑眞眞知代 編著

保育の心理学Ⅱ
清水益治,無藤　隆 編著

小児保健[新版]
高野　陽,加藤則子,加藤忠明,松橋有子 編著

精神保健
松橋有子,高野　陽 編著

子どもの食と栄養
二見大介,高野　陽 編著

家庭支援論
小田　豊,日浦直美,中橋美穂 編著

乳幼児心理学
無藤　隆,岩立京子 編著

臨床心理学
無藤　隆,福丸由佳 編著

保育心理学
無藤　隆,清水益治 編著

教育心理学
無藤　隆,麻生　武 編著

保育実践のフィールド心理学
無藤　隆,倉持清美 編著

体調のよくない子どもの保育
高野　陽,西村重稀 編著

●保育の内容・方法を知る

保育課程論
北野幸子 編著

教育課程総論
小田　豊,神長美津子 編著

指導計画法
小田　豊,神長美津子 編著

幼児教育の方法
小田　豊,青井倫子 編著

保育内容総論
民秋　言,狐塚和江,佐藤直之 編著

保育内容「健康」
民秋　言,亀丸武臣 編著

保育内容「人間関係」
小田　豊,奥野正義 編著

保育内容「環境」
小田　豊,湯川秀樹 編著

保育内容「言葉」
小田　豊,芦田　宏,門田理世 編著

保育内容「表現」
花原幹夫 編著

乳児保育
増田まゆみ 編著

障害児保育
渡部信一,本郷一夫,無藤　隆 編著

社会的養護内容
福永博文 編著

保育相談支援
福丸由佳,安藤智子,無藤　隆 編著

保育臨床相談
小田　豊,菅野信夫,中橋美穂 編著

●保育・福祉を知る

保育原理
民秋　言,河野利津子 編著

教育原理
小田　豊,森　眞理 編著

児童家庭福祉
植木信一 編著

社会福祉
片山義弘,李木明德 編著

相談援助
片山義弘,李木明德 編著

社会的養護
櫻井慶一 編著

保育者論
小田　豊,笠間浩幸,柏原栄子 編著

●保育の現場を知る

保育所実習
民秋　言,安藤和彦,米谷光弘,中西利恵 編著

施設実習
民秋　言,安藤和彦,米谷光弘,中山正雄 編著

幼稚園実習
民秋　言,安藤和彦,米谷光弘,上月素子 編著

> 事例58

> **面接官** それでは［虐待をしたとされる人の名前］が初めてあなたの寝室に来た時のこと，何かもっと話せるかな？

このように子どもを導くことで，面接官は「トピックに名前をつけ……トピックとトピックをつなぐための時間的足がかりを提供することができます」(Walker & Warren, 1995：159)。こういった方法により，子どもの自由語りはさまざまなかたちで促進されます。まず，出来事を時間順に並べたり，個々の出来事に1つずつ集中させたりするという支援そのものによって自由語りは促進されます。さらにこういった特定の方略を用いることにより，面接官は面接状況を子どもに馴染みのある日常的なやりとりの場に近いものにします（つまり先に述べたような，親が日々のやりとりの中で子どもに提供する足場を与えることができます）。その結果，子どもの報告は促進されるのです。

11-4. 小道具を使用する

自由語りを支援し促進するさらなる方法として，小道具の使用があります。最近ウェールズの警察官を対象に行なった面接に関する調査では，78％の面接官が小道具が役に立ったと述べています（Aldridge & Wood, 1997a）。具体的には，絵を描く道具（描くことで，部屋のレイアウトなどを示すことができます），子どもと虐待者の位置関係の他，何が起きたのかを正確に示せる人形（ただし，性器を備えたアナトミカルドールではありません），おもちゃの電話（恥ずかしい，あるいは秘密の情報を話すことができます）などが特に有効な道具としてあげられました（訳注：面接では解剖学的に正確な人形（アナトミカルドール：anatomically correct doll，または anatomical doll）を用いることがある。ドールは男性性器，女性性器を備えており，性的な身体部位の名称や，性的な行為の記述を求める目的で用いられる。ただし，子どもは出ているものは引っ張るし，穴があいていれば指を入れてしまうものである。そのため今日では，子どもがアナトミカルドールで表現したことを実際に行なわれたことだと解釈するのは危険だとされている。名称を明確にするのには有効な場合がある）。

私たちのデータもこれらの小道具が有効であることを示しています。面接の中には子どもが虐待者にどのように押さえられたのか，出来事が部屋のどこで起きたのか，はっきりしない例がありました。このような時，人形や絵を描く

道具を使うと，問題は比較的はっきりします。また，子どもが恥ずかしがって話せない，あるいは言語スキルや意識化が不十分で出来事を開示できないという場合もあります。顕著な例としては，勃起したペニスについて話さなければならないといった状況があるでしょう（5章でもう一度この問題に触れます）。このような状況では，そのことを話す重要性がわからない子どももいますし，表現するための適切な言語スキルがない子どももいます。単に「勃起」という言葉を使うのが恥ずかしいという子どももいます。こういった場合，見たものを描くことができれば，それはとても有効な手段となります。

　性的な事柄を指し示すにはアナトミカルドールは有効かもしれません（確かに多くの実務家がこのような見解をもっています。たとえばレンヴォイズ（Renvoize, 1993）を参照のこと）。しかし，私たちの最近の研究によれば，ウェールズの警察官は面接でのアナトミカルドールの使用をあまり支持していません（Aldridge & Wood, 1997a）。それが有効だと感じている面接官はわずか25%であり，多くは（特に捜査面接では）被暗示性（訳注：暗示を受けやすくなってしまうこと）の危険性やこれを使うことによって虐待を受けていない子どもが逆に影響を受けてしまう可能性のほうが，使うことの効果よりも大きいと感じていました。つまりアナトミカルドールの使用に関しては，明確な結論は出ていないのです（Goodman & Aman, 1990 を参照）。捜査面接でのアナトミカルドールの使用に関しては，事前に多くの調査が必要でしょう。しかし絵を描く道具やふつうの人形のような中立的な小道具は，子どもの自由語りを支援するうえで有効です。このことは，言語的スキルが未発達で言葉による説明が十分できない子どもの場合に特にあてはまります。

　報告を促進する可能性のある方略は，他にもたくさん研究されています。これらの革新的な方略の効果はいまだ十分明らかではありません。しかしこういった方略の研究は，自由語りによる報告を最大限にするために私たちがすべきことを示唆してくれます。現在研究されている革新的な方略としては以下のようなものがあります。

11-5. 練習セッションを伴う認知面接

　セイヴィッツらは7〜12歳の子どもを対象に，認知面接の技法（この技

法の概略は p.106 ですでに述べました）の効果を検討しました（Saywitz, Geiselman & Bornstein, 1992)。彼らは特に認知面接における検索技法の「練習」の効果を調べています。まず子どもにこの技法について説明し，次にその技法を用いて中立的な出来事を詳しく述べる練習を行ないました。その結果，出来事を再生する際に練習を行なうことは次の2点で有効だということが示されました。第1に，子どもは出来事を思い出す課題に慣れることができ，複数の再生方略の練習ができます（たとえば出来事を異なる順序で思い出す練習をするなど）。第2に面接官は，どの程度詳しく話してほしいかを子どもに伝えることができます。面接官は子どもが話し忘れたことを心に留めておき，後でそれを指摘することができます。他の革新的な技法としては，「語りの精緻化」があります。これはよりよい語り手になるためのスキルを子どもに授けようというものです。

11-6. 語りの精緻化

語りの精緻化技法は，自由語りによる報告をより詳細に，より明確にするために考案されました（Saywitz, Nathanson & Snyder, 1993)。この技法では，出来事を報告する際に含めるべき情報が描かれた，一連の絵カードを使用します。子どもはさまざまな種類の情報が描かれた1セットの絵カードを与えられます。たとえば「誰」を示す人の線画が描かれたカードもありますし，「どこ」を示す家と庭の絵がついたカードもあります。子どもはカードについて説明を受け，本番の面接の前に，カードを使って中立的な出来事について語る練習をします。本番の面接でもカードが示され，これらのカードはどのような情報を話す必要があるかの手がかりとして機能します。予備実験の結果，技法の効果は見いだされましたが，その妥当性についてはさらなる検討が必要です。

11-7. フェルトボード

プールやサッターらは，フェルトボードが子どもの語りを促すかどうかを検討しています（Poole, 1992；Sattar & Bull, 1994)（この研究は両方ともブルらの論文（Bull & Davis, 1996）に報告されています)。フェルトボード技法では2つの頭が描かれたボードを用います。2つの頭はそれぞれ面接官と子ども

の頭を表わしています。また，カラーのフェルト製三角形を用いますが，これは情報を表わしています。面接開始時，このフェルトの三角形は子どもの頭を示す線画の中に置かれ，面接官の頭は空になっています。子どもが自由語りによって情報を提供するにつれ，三角形は子どもの頭の中から面接官の頭の中へと移されます。この技法は，面接官は最初，問題となっている出来事について何も知らないということ，面接が進むにつれて情報量は伝達されるということを示すために考案されました。この技法は，大人は何でも知っているという多くの子どもが抱いている誤った考えを是正し，子どもが出来事についてすべて報告できるよう支援するために用いられます。ブルらが報告しているように，現在までのところこの技法にはある程度の効果が認められていますが（Bull & Davies, 1996），さらなる研究も必要です。

11-8. 子どもの最初の報告の録音を再生すること

　プールやサッターらが研究している新しい技法は，子どもの最初の想起過程を録音し，それを再生することです（Poole, 1992；Sattar & Bull, 1994）（これもブルらの論文（Bull & Davis, 1996））に報告されています）。この技法の背景にある仮説は，先に話したことを聞き返すとさらなる情報を思い出しやすくなる，というものです。現在までのところ，サッターらはこれがとても有効な技法であることを示唆しています（Sattar & Bull, 1994（Bull & Davis, 1996の報告による））。しかしこの技法についても，現実の面接に使えるかどうかについてはさらなる研究が必要です。

　子どもの語りを促すことができそうな，さまざまな技法が開発されつつあります。私たちはそういった技法の有効性に関する研究成果を楽しみにしています。自由語りによる促進技法には多くの注目が寄せられています。翻ってそれは，自由語りが証拠として重要であることを示しているといえるでしょう。
　では，重要な事柄をまとめ，自己査定シートを掲げることでこの章を閉じたいと思います。

―― 自由語り・子どもの話を聞く

すべきこと・すべきでないことのリスト

すべきこと	すべきでないこと
子どもは自由語りでの報告に慣れていないかもしれない、ということに注意しなさい。子どもが慣れているのは、特定質問（訳注：クローズ質問等）を尋ねられることかもしれません。	子どもが自由語りの段階であまり反応しなくても、落胆してはいけません。
中立的な状況（訳注：ラポール段階など）で子どもにオープン質問をし、そこで得た反応を思い出しなさい（「今日学校で何をしたの？」―「別に何も」等）。	子どもは自由語りで答えられるはずがない、と考えてはいけません。そうではなく、自由に語ることを促す方法を考えなさい。
自由語りで報告できないのは、恐怖心や恥ずかしさによるのかもしれません。その可能性を検討し、恐れることも恥ずかしがることもないのだと安心させなさい。	子どもには語るべき話がないのだと考え、特定質問の段階へと急ぐ誘惑に負けてはなりません。
無口であったり言葉数の少ない子どももいるということ、無口な子どもは中立的な状況でも一度に少しの情報しか提供しないということに注意しなさい。面接の前の準備段階で無口な子どもであるかどうかを見きわめ、無口だと思われる場合にはしっかりしたラポールを築くよう努力しなさい。	自由語りが短くても、それが話そうとしていることのすべてであるとか、覚えていることのすべてであると仮定してはいけません。
無口でない子どもであっても、自由語りによる報告が短い場合があることに注意しなさい。	上と同様、子どもが話したことが、話そうとしていること、覚えていることのすべてであると仮定してはいけません。促したり支援したりする方略を用いなさい。
「中味のないサンドイッチ」はよくあるということを覚えておきなさい。子どもはしばしば、鍵になる情報が抜け落ちた報告をするものです。	中心的な詳細情報が欠けている報告は重要でない、と仮定してはいけません。さらなる情報を引き出すために、促したり支援したりする方略を用いなさい。
子どもは（周辺的な情報よりも）中心的な情報、（傍観者として観察した出来事よりも）自分が経験した出来事をよく覚えている、という研究結果があることを覚えておきなさい。	子どもの説明が短くても、すぐに特定質問へと移ってはいけません。もう一度自由語りの機会が与えられれば、さらなる報告ができるかもしれません。

言語発達の要因を考慮に入れるようにしなさい。子どもは言語スキルが不十分であるために，特定の情報をうまく表現できないことがあります。特に7歳未満の子どもは詳細な説明ができないことがあります（たとえば，触られたとは言うものの，どこをどのように触られたのかを話せないというように）。また，情報を連結する言葉をうまく使えないために，説明が不十分になることもあります。特に7歳未満の子どもは少しずつ，個別に情報を提供するかもしれません。彼らはバラバラの情報を効果的につなぐ言語スキルをもっていないのです。	子どもはそれ以上詳細な情報を思い出せないのだと仮定してはいけません。より詳しい情報を自発的に提供するための機会や支援がもっと必要なだけかもしれません。
自由語りによる報告の機会を十分に与えなさい。	特定質問の段階へと急ぎすぎてはなりません。
子どもが報告できる情報には量的な制約があり，詳細には話せないかもしれない，ということを覚えておきなさい。だからこそ，より詳しい情報を提供できる可能性がある自由語りの「第2の機会」を与えなくてはならないのです。自由語りによる報告が難しいときには，誘導することなく，できる限り彼らの語りを支援しなさい。たとえば出来事の最初から始めて最後へと情報を漏らさず話すように助言するなど，論理的（時間的）な順序に沿った報告を促すことができるでしょう。また，子どもが最初に語ったことの中心情報に焦点を当てたり，子どもが語った出来事の次，あるいは前に何が起きたかを尋ねることで，第2の語りを方向づけることもできます。出来事を1つずつ分けて話すように促し，繰り返された虐待の体験を区別できるように支援することもできます。	
絵を描く道具や（ふつうの）人形などの小道具を使うことを考えなさい。これらは，部屋のレイアウトやそこにいた人々の相対的な位置関係などの複雑な事柄を子どもが話す助けとなります。また，名前を言ったり説明したりするのが恥ずかしい事柄について話す助けにもなります。描いてしまえば，名前を言ったりそれについて話すことは容易になるでしょう。	小道具の使用を除外してはなりません。小道具は，言葉による説明の代わりに（つまり，言葉を用いずに）用いなければならない，というものではありません。実際，これらは言葉による説明を支える有効な道具となり得ます。

✏️ 自己査定シート（1）

①出来事について自由語りをする段階で，子どもはどのように反応しましたか。

②子どもがそのように反応したのはなぜだと思いますか？　子どもがうまく反応できなかったとしたら，それはその子が無口，あるいは恥ずかしかったからだと思いますか？

③子どもは出来事について自由語りで十分に話すことができましたか？　もしそうでなかったなら，開示を恐れたり恥ずかしがることはないのだと，子どもに説明しましたか？　もし説明したのであれば，それはどのように行ないましたか。

④子どもが出来事について話せたのなら，その報告の出来はどうでしたか？　たとえば，報告はどのくらいの長さでしたか？　どのくらいの情報が含まれていましたか？

⑤子どもが提供した情報を考えてみましょう。もし欠けている情報があれば，それは何ですか？　子どもは出来事についての重要な質問（いつ，どこで，誰が，何を，どのように，なぜ）に対する情報を提供しましたか？　欠けている情報のリストを作ってみましょう。

⑥子どもは報告した情報をどの程度つなぐ（連結する）ことができましたか？

自己査定シート（2）

⑦子どもは自分が提供した情報を評価しようとしましたか？　たとえば，なぜ出来事（あるいはその一部）が起きたのかについてコメントしたり，出来事についてどのように感じているかを話したりしましたか？

⑧子どもは出来事をどの程度詳しく報告しましたか？　一般的な言葉（「入れた」など）を用いましたか，それともより特定的な（描写的な）言葉（「突き刺した」「無理強いした」など）を用いましたか？

⑨子どもに話す機会を十分に与えましたか？　すなわち，一度子どもが情報を報告した後，あなたはすぐに直接的な質問に入りましたか？　それとも自由語りの第2の機会を与えましたか。第2の機会を与えたとすれば，その後何が起きましたか（子どもはさらなる情報を提供しましたか）？

⑩あなたは何らかの方法で，子どもが自分の報告を組み立てられるように援助しましたか？　たとえば，出来事の最初から話し始めて終わりまで続けるようにと，助言しましたか？　あるいは子どもが出来事の特定の側面に焦点を当てるように促しましたか？　もしそうなら，そのような技法はどの程度成功しましたか？

4章

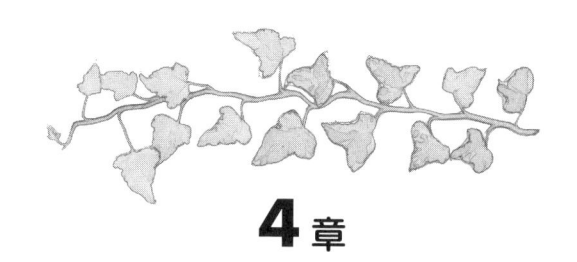

質問をする

　先の2つの章では，面接の初期の段階について見てきました。すなわち，2章ではラポールを築く方法について，3章では自由語りによって，自分の言葉で出来事を報告する機会を子どもに与えることについて検討しました。ここでは面接の第3の段階である質問について詳しく見ていくことにしましょう。この章の目的は，面接官を養成する時に用いたり，子どもに面接を行なう時に参照できる実用的情報を提供することです。以下の節を読むことにより，読者は子どもの年齢に合った質問の種類について，より詳しい情報を得ることができるでしょう。この章は以下のような節からなっています。

❀ 子どもに質問をする時に直面する問題
❀ MOGPで主張されている質問段階の目的
❀ 子どもから情報を引き出すために大人が使うことのできる質問の種類
❀ 先行研究：各種の質問に対する子どもの理解能力
❀ 先行研究：子どもに面接する時の，実務家へのアドバイス
❀ 現在行なっている研究から：面接データの分析
❀ 幼児への面接における望ましい質問，避けるべき質問のチェックリスト

1. 子どもに質問をすることの難しさ

　私たちはこの4章すべてを，質問について割くことにします。質問は面接の中でたいへん重要な段階であり，多くの研究者(Dent & Stephenson, 1979など)が示しているように，この段階は面接官にとって問題の種となっているからです。子どもが質問に答えたがらないという問題は，日々の生活で私たちが経験しているものでもあり，まったく驚くには当たりません。たとえば，親が子どもに学校や友だちのパーティーで何があったかを尋ねた場合，典型的な答えは「何も」でしょう。多くの親が同意してくれるでしょうが，特に幼児の場合，オープン質問への反応はしばしば何の情報ももたらしません。馴染みのない環境で行なわれる捜査面接で子どもが情報を提供したがらないとしても，それは驚くには値しないことです。

　実際，捜査面接で子どもが向き合わなければならない課題は，子どもが会話について知っている知識にさまざまなかたちで違反します（Bull, 1992)。

　たとえば，

* 子どもは，大人は何でも知っており，質問するのは子どもであって大人ではない，と信じています。
* 幼児は，ある大人（犯罪を犯した人）はそこで起きたことを知っているのだから，他の大人もそれを知っているのに違いないと思い込んでいることがあります（Toglia, Ross & Ceci, 1992）。
* 多くの子どもが，知らない人と話してはいけないと注意されています。にもかかわらず子どもは面接前に，面接官とはせいぜい1，2度しか会っていないことが多いのです。
* 子どもは一般に，性に関することなど特定のトピックについては人前で話さないようにと教えられています。しかし面接で行なわれる会話の内容は，最初から最後まで，そういったトピックであることもあり得ます。

　実際，子どもへの質問が面接官にとっても子どもにとっても難しいことや，

訓練の必要性などは，多くの研究が主張しているところです。たとえばデントらが編集した本で（Dent & Flin, 1992），第1著者（アルドリッジ）は「多くの研究が示唆するところによれば，子どもへの質問技法は，認知能力の未発達さ以上に証言をゆがめる原因となる」と記しています。そして，不適切な質問方略は不完全な応答をもたらすとも指摘しています。つまり誘導質問に頼りすぎたり，質問を組み立てる時に子どもの発達レベルに注意を向けなかったりすると，不明瞭な応答や面接官の暗示に汚染された応答が生じるということです。もちろん先行研究は，不適切な質問は子どもだけでなく大人の応答にもバイアスをかけることを示してきました。しかしとりわけ幼児の応答は，不適切な質問の影響をもろに被るということが，しばしば見いだされています（Bull, 1992）。以下の引用は，このことをよく示しています。

「明らかに子どもの報告の正確さは，面接官のスキルと，子どもは質問の影響を受けやすいということへの面接官の配慮に依存している」（McGough & Warren, 1994：14）。

「（訓練を受けていなかったり，敵対する立場にあるために）面接官が十分な感受性をもっていないと，子どもは理解できない質問に答えなくてはならないというフラストレーションにさらされます。子どもはしばしば，複雑すぎて概念が把握できない，あるいは抽象的すぎて意味が理解できない言葉で質問されるのです」（Saywitz, Nathanson & Snyder, 1993：60）（この引用は法廷尋問に言及してなされたものですが，捜査面接にも適用することができると思います）。

「子どもに効果的な面接を行なう鍵は，質問のスキルである」（Toglia, Ross & Ceci, 1992）。

ウエストコットらは，子どもが捜査面接をどのように捉えているかを研究しています（Westcott & Davies, 1996）。そこでの子どものコメントには，質問が原因だと考えられるストレスがよく現われています。子どもたちは，面接は

しばしばたいへん長く，質問が多すぎて苦痛であったと報告しています。たとえば6歳の女児にどうすれば面接はもっとやさしくなり得たかと尋ねたところ，彼女は次のように答えました。「もっと質問を短くしてほしい。ずっと話し続けたかと思うと突然質問してくるのでついていけません。それに次々と質問をして，私が答える前に別の質問をするんだもの」。16歳の子どもでさえ，質問の仕方についてコメントしています（以下のコメントは異なる2人の子どもから得られたものです）。「……質問の際，面接官は長い時間話し続けて，それから急に『どう思いますか？』って聞くんです。面接官が何について話していたのか忘れてしまいました」。「えっと，面接官はそのことがあった日付けや時間について聞いてきたんですが，僕は覚えていなくて。ふつうそんなこと覚えていませんよ。いかに長い時間，そんな質問が続いたことか」。

面接データでも，幼児に質問する際の面接官側の問題を見ることができます。以下は子どもが面接官の質問に答えられなかったり，不適切な答えをしたり，矛盾するようなことを答えた例です。まず，答えられなかった例について考えていきましょう。

事例1 　3歳の女児への面接から
面接官　どんなおもちゃを持ってるのかな？
子ども　［沈黙］
面接官　ここに来てちょっとお話しない。
子ども　［沈黙］
面接官　少しお話しましょう。
子ども　いやだ。

事例2 　4歳の女児への面接から
面接官　その時，あなたがどんな服を着ていたのかを思い出してみましょう。
子ども　え。
面接官　ふつうのお洋服，それとも寝間着を着ていましたか？
子ども　［沈黙］
面接官　何を着ていたと思う？
子ども　おしっこに行きたい。

> 事例3　4歳の女児への面接から

面接官　病院に行ったことありますか？
子ども　うん。
面接官　その病院は大きかった？　小さかった？
子ども　大きかった。
面接官　その病院で誰と会ったかな？
子ども　［沈黙］
面接官　お医者さんと会った？
子ども　ううん。
面接官　看護師さんと会った？
子ども　ううん。
面接官　じゃあ，あなたのお姉さんはなぜ入院したの？
子ども　知らない。

> 事例4　5歳の女児への面接から

面接官　その人の名前，覚えていますか？
子ども　うん。
面接官　その人，昨日あなたにいくつか質問したでしょう？
子ども　［うなずく］
面接官　何を聞かれたの？
子ども　知らない。
面接官　知らない，そう，何かお話したでしょう？
子ども　［うなずく］
面接官　それを言ってみて。
子ども　いやだ。

> 事例5　4歳の女児への面接から

面接官　どこで絵を描いたり貼ったりしたの？
子ども　話さない。
面接官　なぜお話してくれないの？
子ども　だって人に話すの嫌だから。
面接官　じゃあ幼稚園の先生は誰かな？
子ども　話さない。
面接官　クラスのお友だちは何ていう名前？
子ども　話さない。
面接官　何にも話してくれないんじゃ，お話できないじゃない！
子ども　つまんない。これで遊ぼう，あなたは私のお友だちで，私はここにお茶

を飲みに来たのね。

これらの例では，子どもは面接官の質問に答えていません。行なわれた質問は，沈黙や応答拒否にあっています。しかし，さらに問題なのは，子どもが不適切な答えをするケースです。以下の例を見てください。

事例6 3歳の女児への面接から
面接官　それ，どんな形をしていますか？
子ども　ううん。
面接官　それ，何だと思う？
子ども　赤。
面接官　赤？
子ども　ううん，オレンジ。
面接官　それがどんな形か知ってるの？
子ども　緑。

事例7 6歳の男児への面接から
面接官　私や［ソーシャルワーカーの名前］に何か聞きたいこと，ありますか？
子ども　［うなずく］
面接官　何が聞きたいの？
子ども　僕，学校に行って絵を描いたよ。
面接官　ではね，私はあなたの家族とはちょっとしか会ったことがありません。［ソーシャルワーカーの名前］と私に，あなたの家族のことを少し話してくれますか？
子ども　うん。でも今はだめ。

事例8 5歳の女児への面接から
面接官　何があったの？
子ども　幼稚園にいる［名前］，この子が私のお腹をぶった。
面接官　［名前］は，年はいくつ？
子ども　5歳。
面接官　でも，あなたがここに来たのは，そのためじゃないでしょう。
子ども　うん。

事例9　6歳の男児への面接から
面接官　その人は他にどんなことをするの？
子ども　壁と家を投げる。
面接官　壁と家を！　それはいいことじゃないわね？
子ども　いいことじゃない。

　上の例では，子どもは尋ねられた質問に的確に答えていません。事例6では，面接官は形について質問していますが，子どもは何について尋ねられたのか理解していません。そして，色（尋ねられたことではなく，その子が理解していること）について答えています。この例では考慮すべき問題が2つあります。第1は，この子どもは「形」という言葉を理解していないということ（語彙の問題は5章でも取り上げます），第2は，彼女は自分が提供できる情報について尋ねられたかのように答えているということです（理解できない質問への反応方略は，この章の後半で取り上げます）。
　次に，矛盾した話をしている例について見てみましょう。

事例10　5歳の男児への面接から
面接官　その人にお世話してもらうのは好き？
子ども　うん。
面接官　［子どもの兄の名前］は，［名前］にお世話してもらうのが嫌だったよね？
子ども　うん，僕はその人にお世話してもらうのが嫌い。
面接官　嫌いなの？
子ども　うん。
面接官　なぜ，［名前］にお世話してもらうのは嫌なの？
子ども　わかんない。

事例11　6歳の女児への面接から
面接官　なぜその人がナイフを持っていたってわかったの？
子ども　だってその人，いつも後ろのポケットにナイフを隠してたから。
面接官　ポケットにナイフを入れて持ってるのを前に見たことがあるの？
子ども　ううん。

事例12　7歳の女児への面接から
面接官　その人，それをズボンの上にはいたの？

子ども　うん。
面接官　それとも，そうじゃなかった？
子ども　うん。

　最初の事例10では，子どもは虐待したとされる人に世話をされることが嫌いではないと言っていました。しかしお兄さんは違うと感じていることを面接官が話すと，その子は意見を変えて，自分もその人物に世話をされるのが好きではないと答えました。事例11でも同様の矛盾を見ることができます。子どもは最初，問題の人物は「いつも後ろのポケットにナイフを隠していた」と言いました。しかし，面接官がさらなる情報を探っていくと，子どもは，その人がポケットにナイフを持っているのを見たことはないと認めました（つまり，その人が「いつも」ナイフを持ち歩いていたという最初の主張とは矛盾することを認めています）。最後の事例12では，7歳の女児は最初，その人物がズボンの上に何かをはいたと言いましたが，面接官が反対のことを聞くと，そちらを肯定しています。

　私たちはまた，子どもが質問を字義的に受け取ったために質問が失敗に終わってしまった例を見つけました。以下の例に，それが現われています。

|事例13|　3歳の女児への面接から

面接官　あなたは，おしっこをするところがどこか知ってる？　どこかな？
子ども　トイレ。
面接官　[子ども自身を指さして] あなたがおしっこをするところはどこか，ここで教えてくれる？
子ども　ううん，ここにはトイレがない。

　この事例13では，子どもは最初，面接官の質問を字義的に受け取って，地理的（空間的）な位置を示す「どこ」の質問に答えています。面接官は，体の位置（部位）を指して答えるように促しましたが，子どもはこれを無視して，再び「どこ」という質問には地理的（空間的）な答えをするもの，と解釈しています。

　もちろん，これらは数多くの事例のうちの2, 3にすぎません。多くの読者はこのようなフラストレーションのたまる応答を，日々よく体験されていること

とと思います。はっきりと言えることは，子どもに質問をするのはほんとうに難しい，ということです。ウォーカーらが指摘している通り，大人は他者と会話をする時，少なくとも以下のような前提を仮定しているでしょう（Walker & Warren, 1995：154）。

※ 私に複雑な質問をする能力があるならば，相手もそれを理解し処理する能力があるだろう。
※ 私の話が理解できなければ，相手は「理解できない」と言うだろう（場合によっては「なぜ（そんなことを言うの）？」と言うだろう）。
※ 起きたことについて質問すれば，相手はそのことを話してくれるだろう（そのことを知っているのであれば）。

しかし多くの場合，そして間違いなく子どもの場合，このような仮定は正しいとは限りません。そのため，私たちは聞き手の知識を考慮に入れて質問を行なう必要があります。とりわけ重要なのは，面接官が子どもの応答能力についての知識をもつことです。ウォーカーらも指摘する通り，子どもからクリアで信頼できる答えを得たいのであれば，「複雑な質問をしても，子どもは答えられる」という仮定を捨てなければなりません（Walker & Warren, 1995）。ウォーカーはまた，「どの年齢の子どもでも，正しいやり方で質問されれば知っていることを話すことができる」と述べています（Walker, 1994：2）。ですから，年齢に応じた適切な質問を行なうことは，面接官の責任だといえるでしょう。そしてこのことを達成するには，面接官は，子どもに何が期待できるのかを把握する必要があります。ウエストコットは「面接官が面接を成功させようと願うのなら，訓練，特に質問技法の訓練が必要である」と述べています（Westcott, 1992a：78）。この言明はかなり前になされたものですが，今でも訓練の必要性は残っています（これは私たちの調査への回答で，多くの実務家が指摘したことでもあります（Aldridge & Wood, 1997a））。

2. 質問段階の目的

　前章でも議論したように，MOGPの2つの原則，すなわち「子どもに直接質問するのではなく，子どもの話を聞く」そして「子どもが出来事について自由語りで話している時には，けっして妨げてはいけない」という原則を守ることは重要です（MOGP, 1992：6）。しかし面接では，子どもが順序立てて話をすることがうまくできなくなり，面接官が質問しなくてはならない場面が必ずやってきます。そして面接は第3の段階，質問の段階へと入るのです。質問の段階は面接の本質的な部分だといえるでしょう。実際，デイヴィスらは子どもの（事件）最初期のビデオ面接を分析し，質問段階は面接の中で最も長い時間を占めており，平均18分であったと報告しています（Davies et al., 1995）。しかも質問段階は面接の中でもとりわけ繊細さを要する段階です。というのは，子どもは質問によって誘導されやすく，そのため法廷では録画に証拠能力がないとされることがあるからです。証人から得られた情報をフォローするかたちで，適切な表現による質問が行なわれることが重要だといえるでしょう。MOGPでは，質問段階は4つの下位の段階から成っています。そこでまず，この下位段階についてガイドラインが述べているアドバイスを（それが適切であるかどうかのコメントはせずに）簡潔に要約することにしましょう。

2-1. オープン質問

　この段階ではオープン質問を行ないます。オープン質問とは，子どもを誘導したり，子どもに圧力をかけることなく，より多くの情報を子どもが提供してくれるよう求めることです。面接官は子どもに「覚えてない，わからない」と言ってもよいこと，質問が理解できない時にはそう言ってもよいことを伝えなければなりません。自由語りの段階ではほとんど情報を提供しなかった子どもには，「何か嫌なことがあったの？」という質問を試みてもよいという示唆がなされています。多少なりとも協力的な子どもには，（子どもがすでに話したことを取り上げて）「……についてもう少し話してくれますか？」と尋ねれば，さらなる自由語りが得られるかもしれないという示唆もあります。シンプルな

文による質問を用い，二重否定のような混乱を招く可能性のある質問は避けるべきであることも，書かれています。また，「なぜ」という質問を避けたほうがよいとも書いてあります。「なぜ」という質問をされると，子どもは自分が非難されている，あるいは自分に罪があると受け取ってしまう可能性があるからです。さらに，同じ質問を繰り返してはならないという指示もあります。同じ質問を繰り返すと，子どもは真実（だと子ども自身が思っていること）ではなく，面接官が求めている（と子どもが思っている）ことを言う可能性があるからです。最後に，子どもが話したことはすぐに明確にしようとするのではなく，後でそのポイントに立ち返るべきだとアドバイスしています。

2-2. 特定の，しかし非誘導的な質問

　MOGPはこの段階において，自由語りとオープン質問の段階で得られた情報を，（証拠を得るのに適切な方法を用いて）拡張したり明確化することを許しています。その目的は，すでに語られた出来事や人物についてよりいっそう詳しい情報を得ること，およびここまでの面接で出てきた不一致をなくすことです。しかしMOGPは，「はい」か「いいえ」を要求する質問や二者択一的な答え方しか認めないような質問はすべきでないとしています。

2-3. クローズ質問

　さらに情報を得る必要がある時には，子どもに限られた数の選択肢を与えるクローズ質問を試みることが必要かもしれません。MOGPにあげられている例としては「その男の人のマフラーは青でしたか，黄色でしたか，他の色でしたか，それとも覚えていませんか？」というものです。このような質問は，法廷でも許容されます。しかし，このような質問への応答がまさに法廷で争点となっているような場合には，その質問は誘導だとみなされるかもしれません。

2-4. 誘導質問

　残念ながら，誘導質問をする必要も出てくるかもしれません。誘導質問とは，答えを暗示したり争いとなりそうな事柄を前提として仮定するような質問です。このような質問は最大限の注意をはらって行なわなければなりません。このよ

うな方法で収集された情報は，法廷で排除される可能性があるからです。

以上，MOGP に示された子どもへの質問についての指針をまとめました。ここからは，情報を引き出すのに用いられる各種の質問について詳しく見ていくことにしましょう。

3. 質問の種類

情報を得るのに用いられる質問には，さまざまな種類があります。一般には，以下のような種類があります（訳注：以下の質問例では訳が不自然にならないよう，いくつかの語を変えてある）。

* 「はい／いいえ」質問（直接的な質問）：「お母さんを招待しますか？」など。このような質問は「はい」か「いいえ」の答えを要求します。
* 反復質問：（訳注：「招待する」を受けて）「招待するのは誰？」など。これは先の発話を繰り返し，誰のところだけを明確にすることを要求します。
* WH 質問：「誰を招待しますか？」など。WH の内容に応じて異なる答えを要求します。たとえば，
  * 「何を用意しますか？」は，非人物（たとえば「お茶」）を要求します。
  * 「誰を招待しますか？」は，人物（たとえば「お母さん」）を要求します。
  * 「どこに招待しますか？」は，場所（たとえば「そこ」「私の家」）を要求します。
  * 「いつ招待しますか？」は，時間（たとえば「明日」）を要求します。
  * 「どうやって招待しますか？」は，方法（たとえば「手紙で」）を要求します。
  * 「なぜ彼女を招待するのですか？」は，原因（たとえば「彼女が大好きだから」）を要求します。
* 間接的質問：「お母さんを招待しようと思うのだけれど」など。意見表明のためには「はい」か「いいえ」を要求します。これに対し「誰を招待したらいいかしら？」は，意見表明のために人物の名前を要求します。
* 肯定的な付加疑問文：「お母さんを招待するのね？」など。これは「はい」か「い

いえ」を要求します。しかし「はい」(招待する)の方向にバイアスがかかっています。
* 否定的な付加疑問文:「お母さんは招待しませんよね？」など。これは「はい」か「いいえ」の答えを要求します。しかし「はい」(招待しない)の方向にバイアスがかかっています。

　子どもはさまざまな種類の質問を習得しなければなりませんが，直観的には，あるものは他のものよりも複雑であるように思われます。たとえば「お母さんを招待しますか？」という質問に「はい／いいえ」で答えることは，「どうやって招待しますか？」という質問に答えるよりも簡単だと思われます。しかし，リチャードソンも述べていることですが (Richardson, 1993：161)，面接官は「はい／いいえ」質問よりも WH 質問のほうが効力があることを認識しておかなければなりません。たとえば「それが起きたのは土曜日ですか？」という「はい／いいえ」質問では，面接官は出来事が起きた可能性のある時間帯について情報を提供しており，子どもの応答は制限された選択肢の中で行なわれます。これに対し，「それが起きたのはいつですか？」という WH 質問では，面接官は出来事が起きた可能性のある時間帯について何の情報も与えておらず，子どもの応答に制限はありません。

　また，同じ WH 質問でもあるものは他のものより簡単であるように思われます。たとえば「誰を招待しますか？」のほうが「なぜお母さんを招待するのですか？」よりも答えるのが簡単だという印象があります。子どもにとっては，ある種の質問は他の質問よりも習得しやすいのではないでしょうか。もしそうだとすれば，以下の包括的なアドバイス(これは子どもの代理人となる事務弁護士のためのトレーニング・ハンドブックに出ているものですが)は大目に見ても誤解を生みやすく，悪くすれば多くの要因を無視した逆効果のアドバイスだと言えるでしょう。そこには「最良の質問は『どのように：How』に始まり『何：What』，『どこ：Where』，『いつ：When』，そして『誰：Who』へと続く」とあるのです (King & Young, 1992：29)。第 1 に，WH 質問の理解には発達的な順序がありますが(たとえば Ervin-Tripp, 1970；Savic, 1978；Parnell, Patterson & Harding, 1984 を参照のこと)，そのことが考慮されてい

ません。第2に，子どもには「その場に存在しない事物や対象，人物，活動に関する質問に適切かつ正確に答えることはたいへん難しい」ということがあげられます（Parnell, Patterson & Harding, 1984：29）。しかし，その場に存在しないことを聞くのが，まさに捜査面接です。第3に，子どもは理解できないWH質問に対し，特定の方略をとりますが，そのことが考慮されていません。

以下，（虐待を受けたことがないとされる）子どもを対象とした，質問の理解に関する先行研究の結果をまとめ，上で述べたポイントについてさらなる検討を行ないます。

4. 先行研究：子どもによる質問の理解

ここではまず，面接の開始段階で最もよく行なわれる質問，すなわち「はい／いいえ」質問，WH質問，付加疑問文について述べます。次に，中立的な状況における（虐待を受けたことがないとされる）子どもの質問応答能力について述べます。その後，捜査面接にかかわる文献や面接データについて見ることにします。

4-1.「はい／いいえ」質問の理解

先行研究によれば，子どもは発達段階を踏んで「はい／いいえ」質問に対する理解能力を獲得していきます（Choi, 1991）。具体的にはこうです。第1段階（17か月頃）では，子どもは「はい／いいえ」質問が会話において応答を要求するものであることに気づくようになります。しかし，この段階の子どもは会話のターン（訳注：自分が話す番）を取って質問に答えることはできても，質問の内容には答えず，不適切な，ずれた応答をすることがよくあります。また，この段階の子どもは単一の応答形式を用い続けることがある，という報告もあります。たとえばある質問に一度「はい」と答えると，その後の質問にもすべて「はい」と答えてしまう，ということが起こります。チョイは，英語では「いいえ」が最もよく用いられる，と述べています（Choi, 1991）。第2段階（20〜22か月頃）では，子どもは肯定形の質問応答システムを獲得し，「その時お母さんは

家にいましたか？」というような質問に適切に答えられるようになります。しかし，「その時お母さんはそこにいなかったんですか？」というような否定形の質問にはうまく答えられません。否定形の質問に答える能力は第3段階（30か月頃）で現われます。第3段階でもまだ面接場面での受け答えには早すぎるのですが，以下のことは覚えておくとよいでしょう。それは，より後に達成される事柄は，認知的により難しいということです。つまりどの年齢の子どもにとっても（大人でさえ），否定形の質問に答えることは，肯定形の質問に答えるよりも難しいのです。

4-2. WH質問の理解

1970年代頃から，言語発達の研究者は，子どものWH質問の理解には発達的順序があると考えるようになりました（たとえば Ervin-Tripp, 1970；Tyack & Ingram, 1977；Cairns & Hsu, 1978；Savic, 1978；Parnell, Patterson & Harding, 1984；Aldridge, Timmins & Wood, 1996）。これらの研究は，ある種のWH質問は別のWH質問よりも早く理解されること，英語では「何，どこ，誰」のほうが「どのように，いつ，なぜ」よりも理解されやすく，早く獲得されることを示しています。また，3歳児にとって最もやさしい質問形式はどの年齢の子どもにとっても最も答えやすい質問形式であり，最も答えるのが難しい質問形式についても同様のことがいえる，という研究報告もあります（Parnell, Patterson & Harding, 1984）。「どのように，いつ，なぜ」は（少なくとも「何，どこ，誰」に比べ）どの年代の子どもにも難しい，ということは覚えておくとよいでしょう。先行研究をまとめれば，子どもがすべてのWH質問に安定して答えられるようになるのは少なくとも8歳以降であり，「なぜ」質問を完全に習得するのはもっと後になってからです。

4-3. 目の前にない出来事や人物についての質問に答える能力

質問で尋ねられている人物，対象，出来事が「今・ここ」のことでない時，（当然予想されることではありますが）3～7歳児は質問者が求めている情報をうまく提供できないことがあります（Parnell, Patterson & Harding, 1984）。この結果は，私たちの実験研究によっても支持されています（Aldridge,

Timmins & Wood, 1996)。私たちは，指示対象が子どもの目の前にあるという設定で言葉遊びを行ない，そこでのWH質問に対する子ども（2～8歳）の応答能力について調べました。それからその結果を，面接データ（つまり指示対象が目の前にない，過去の出来事についての報告）の「はい／いいえ」質問に対する子どもの応答能力と比較しました。この2つの条件間には指示対象の有無以外にも子どもの応答に影響を及ぼす違いはありますが，子どもが思い出した情報は，言葉遊びのほうが有意に多いという結果が得られました。このことは，質問の遅延が子どもの応答を弱めることをはっきりと示しています。事件が起きたら，面接はできるだけ早く行なわなければなりません。

　上で見たように，指示対象があれば子どもの応答能力は高まります。具体的な対象物を用いて話す機会を与えることでWH質問への回答を促進できないか，その方法を探る必要性があるかもしれません。たとえば人形（その場にある指示対象）を用いれば，子どもは指示対象がない場合よりも，出来事がどのように起きたのかをよりよく説明できるかもしれません。面接データには，人形の使用が子どもの報告を促進した例がありました。以下の例は，それを表わしています。

> 事例14　**7歳の男児への面接から**
> 子ども　その人は僕をベッドの中で揺さぶった。
> 面接官　どんなふうに揺さぶったの？
> 子ども　僕の上に乗って，こんなふうに［椅子に座ったまま身体を揺らす］。
> 面接官　そうだわ，この2つの人形［アナトミカルドールではない，ふつうの人形］を使ってみましょうか？　これでどうしたかやって見せてくれる？
> 子ども　その人はこんなふうに寝て，こんなふうに僕を倒して，こんなふうに僕を押して，こんなことを始めた［人形で示す］。

　この例では，言葉による説明に人形の使用を伴わせることで，子どもは虐待経験をより明確に説明することができたように思われます。幼児への面接では小道具の使用が有利に働くことがある，ということを示唆しているといえるでしょう。私たちは，これが議論の余地のある問題だということは十分承知しています（訳注：人形を用いることは，子どもに実際にはなかった性的活動をあったかのように

表現させる可能性がある)。しかし，幼児への面接で人形を使用することについての賛否は，この章で扱う事柄の範囲を越えています（この問題についてのさらなる議論は，3章，6章を参照してください）。

4-4. WH質問に答える時に使われる方略

　質問に答えられない時，子どもはしばしば特定の反応方略を用いて答えようとするということは，よく報告されています（たとえば，Ervin-Tripp, 1970；Savic, 1978）。先に紹介した3歳の女児の例を思い出してください。彼女は形についての質問に対し，まるで色について尋ねられたかのように答えていました。これが反応方略です。幼児の発話で現われる典型的な方略には，以下のようなものがあります。

❋ 方略1：質問が理解できない時，それが自分の理解している形式の質問であるかのように答える（Ervin-Tripp, 1970；Savic, 1978）。たとえば「それはいつ起きたの？」という質問の「いつ」が理解できない時，「どこで」という質問がなされたかのように場所について答える。たとえば「僕の寝室で」と答えるなど。

❋ 方略2：質問の一部だけ理解できた時，その部分についてのみ答えて残りは無視するか繰り返すだけかにする（Savic, 1978）。たとえば「どうやって，そしてなぜ彼の家に行ったの？」という質問の「どうやって」は理解できたが「なぜ」が理解できない場合，「どうやって」の部分にのみ答える。たとえば，「ママと僕とで，車で彼の家に行った」と答えるなど。

❋ 方略3：質問が理解できない時，ステレオタイプ（画一的）な反応をする。たとえば「学校はどこに通ってるの？」に「家」と答え，「ナニーはどこに住んでいるの？」にも同じ反応，つまり「家」と答えるなど。

　反応方略の使用は，習得が後になるWH質問（どのように，なぜ，いつ）で特によく見られるという報告があります（たとえばSavic（Waterson & Snow, 1978：224より引用））。このようなコミュニケーション上の方略は，面接において重要な意味をもち得ます。また，子どもの証言に見られる不一致は

このような方略によって説明可能かもしれません。面接官は、幼児が「いつ」に対し「何」に答えるかのように反応するかもしれないということを、心しておかなければなりません。そして、そのような言語的未熟さに対処する準備をしておかなければなりません。そのポイントについては、後にあげることにしましょう。

4-5. 付加疑問文の理解

　先行研究によれば、子どもはまず「はい／いいえ」質問に答えられるようになり、次に付加疑問文、最後にWH質問を習得する傾向があります（Ervin-Tripp, 1970；Horgan, 1978）。一般に、子どもは付加疑問文を「はい／いいえ」質問のようにみなし、「はい」「いいえ」で答えることを学びます。子どもは付加疑問文による暗示を受けやすいことが知られています。肯定形の付加疑問文（「あなたはそれをやりましたね？」）には、「はい（やりました）」と答えやすく、否定形の付加疑問文（「お母さんは来ないでしょう？」）には「はい（来ません）」と答える傾向があります（訳注：原文では肯定形の付加疑問［did you ?］、および否定・短縮形の付加疑問［didn't you ?］を「はい」を促す付加疑問文、否定形の付加疑問［did you not ?］を「いいえ」を促す付加疑問文としている）。

4-6. 一般的な事柄

　以上、WH質問の理解には一般的な発達的順序があること、そして質問が理解できない時に子どもが取ることのある一連の補償的な方略について述べました。しかし、子どもの全体的な成績（つまり、応答の良し悪し）や用いられる言語方略にはばらつきがあることにも注意が必要です（Cairns & Hsu, 1978：478の引用による Ervin-Tripp, 1970；Parnell & Amerman, 1983など）。たとえばグロは次のように述べています（Gullo, 1981：740）。「WH質問の研究が示唆するところによれば、社会経済的地位が中位、下位の子どもはWH質問の習得順序が異なる可能性がある。また、これらの階層の子どもは（他とは）異なる反応方略を用いる可能性がある」。

　上で検討した研究結果は（虐待の経験はないとされる）子どもを対象とした、かなり快適な環境で行なわれた、目の前に指示対象がある中立的なトピックに

ついての質問によって得られたものであることも覚えておく必要があります。そのため彼らの成績は，馴染みのない環境で，過去に起きた出来事に関する情動的なトピックについて面接を受けた子どもたちの成績よりも良いかもしれず，実際，その可能性は高いと思われます。では次に，面接場面にかかわる研究に目を転じてみましょう。

5. 捜査面接における子どもの言語的能力

5-1. オープン質問

　先にも論じたように，質問段階は，面接官が「……についてもう少し話してもらえますか？」「その次に何が起こりましたか？」といったオープン質問を尋ねることから始まります。子どもは自由語りによる報告で，起きたことをすでに正確に話しているかもしれません。しかし重要な部分を話し忘れている可能性も高く，これがオープン質問が必要な理由です。前章で私たちは，自由語りの段階において子どもからさらなる情報を引き出すための（オープン質問以外の）方法や，オープン質問の良い点，悪い点について詳しく検討しました。ここではそれ以上詳しくは述べませんが，ステラーらの示唆にならい，手がかりとなる質問の重要性について強調しておきます（Steller & Boychuk, 1992：50）。それは，たとえば「それが起きたのはどこ？」と尋ね，子どもが「寝室で」と答えたとしたら，「それでは寝室で起きたことについて，思い出せる限り何でも話してください」といった全体的な質問をもう1つ加えるべきだ，というものです。このような質問は，前章で概略を述べた自由語りに沿った枠組みを提供します。それでは次に，より特定的な質問に移りましょう。

5-2. 特定の質問
5-2-1.「はい／いいえ」質問

　「はい／いいえ」質問に対する子どもの能力を，捜査面接という状況で調べた研究はほとんどありません。しかし研究結果の有無にかかわらず，さまざまな理由により，「はい／いいえ」質問はよい質問とは思われません。第1に，

こういった質問は，子どもに聞かれたことに答えるという役割を取るように圧力をかける傾向があるからです。第2に，子どもは同じ反応形式を繰り返す傾向があるからです。第3に，「はい／いいえ」質問の妥当性は低いということがあげられます。これらのポイントを順に見ていきましょう。まず，子どもは何が問われているのか理解していない時にも，質問に答え，ターン・テイキング（訳注：会話の番をとること）をとる義務を果たさなくてはならないと考えることがよくあります。たとえばヒューらは次のようなことを示しました（Hughes & Grieve, 1980）。権威のある大人が子どもに「ミルクは水よりも大きいですか？」というような意味をなさない質問をします。すると，子どもはその意味を理解しようとするよりも「はい」「いいえ」で答える傾向がありました。同様にウォーカーらは，2つ以上の命題が含まれる複雑な質問をすると（つまり一度に2つの質問をすると），子どもはどちらの質問に対する反応なのかを明らかにしないまま「はい」と答える傾向があると報告しています（Walker & Warren, 1995）。

　子どもは1つの答えに固執しやすいということも，私たちが陥りやすい「罠」だと言えます。証人の中には「はい／いいえ」質問に「はい」と反応しやすい人がいますが，幼児は特にそういう傾向が高いという研究者もいます（たとえばBull, 1992）。もしも答えが「はい」で始まれば，子どもはすべての質問に「はい」と答えてしまうかもしれません。フラヴェルらも述べている通り，幼児は通常，質問内容を明確にしてほしいとは求めませんし，大人の質問が不完全であっても，それに気づいてそうコメントすることもしません（Flavell et al., 1981）。つまり幼児の面接では，質問を理解しているかどうかの手がかりがほとんどないのです。子どもは大人の側にそのような意図があろうとなかろうと，次から次へと質問や発話に言葉や行動で反応します。ウォーカーらが指摘している通り，子どもは聞き，話し，それをモニターするということを同時に行なうことができません（Walker & Warren, 1995）。大人はいつも正しいのだという前提で話し，当然，質問を明確化しようともしません。通常，親は子どもが理解できないような状況にならないように十分注意しています。そのため子どもは，会話をモニターしているのは子どもではなく大人だと仮定しているのです。

最後に確認すべきこととして，先にも指摘しましたが，「はい／いいえ」質問は法廷では妥当性が低いと判断されるということがあげられます。「はい／いいえ」質問に対しては，子どもは何ら新しい情報を提供することなく，単に与えられたものに反応するだけだからです。

5-2-2. 付加疑問文

付加疑問文に対する子どもの応答能力については，あまり論文がありません。しかしそれらの論文は，付加疑問文は避けるべきだというウォーカーの提言 (Walker, 1994) を支持しています。

5-2-3. WH 質問

ウエイドらは，面接を受けた子どもの多くが次のように語ったと述べています (Wade & Westcott, 1997)。面接官による質問が面接の大部分を占めており，全般的に面接は（子どもにとっては情報提供が難しい）詳細情報を追及することに費やされていた，というのです。このことからウエイドらは，あまり多くの質問をしすぎないように，質問は（子どもの話を）拡張し，明確化するためにとっておくようにと注意を促しています。しかし，たいていの面接官にとっては質問は不可欠でしょう。そのため「なぜ」という質問だけは避けるようにと示唆する研究者もたくさんいます（たとえば Boggs & Eyberg, 1990）。そして実際，MOGP でも同様のアドバイスがなされています。MOGP は「なぜ」質問を避ける理由をこう説明しています。子どもは「なぜ」と尋ねられると，単なる行動の原因ではなく，自分がなぜそのような行動をとったか説明や弁明を求められていると感じることがある。そのため「なぜ」という質問は面接官に対する防衛的な感情や敵意を生じさせ，面接の勢いを弱めてしまう，というのです。「なぜ」以外の WH 質問についてはこれまでほとんど議論がありませんでしたが，後の WH 質問に関する項が有益であることを望んでいます。

5-2-4. クローズ質問

一通りの特定質問の後には閉じた（クローズされた），つまり限られた選択肢から回答を選ぶ質問を行なう必要が出てくるでしょう。MOGP にあげられ

ているクローズ質問の例は「その男の人のマフラーは青でしたか，黄色でしたか，他の色でしたか，それとも覚えていませんか？」です。この種の質問は問題をはらんでいます。キングらが述べているように，被面接者が大人であれば，髪の色が金か茶か黒かと尋ねても，彼／彼女は質問の圧力を感じることなく記憶を思い出そうとするでしょう（King & Yuille, 1987）。しかし被面接者が子どもである場合，彼／彼女は髪の色は注目されているのだから重要なことに違いなく，自分が提供しなくてはならない情報なのだと感じる可能性があります。大人であればこのような言外の要求に抵抗することもできますが，年齢の低い子どもの場合，面接官の意図を誤って解釈し，適当だと思われる答えを提供してしまいかねません。

　もう1点，選択式の質問に関して重要なことがあります。それはホワイトも指摘していることですが，子どもが選択肢に含まれる言葉を全部知っているかどうか確認すべきだ，ということです（White, 1990）。複数の選択肢の中で理解できる言葉が1つだけである場合，子どもは実際に起きたことよりも言葉の熟知性に基づいて答えてしまうかもしれません。

5-2-5. 誘導質問

　誘導質問はまさにその誘導的な特性によって，期待されている答えを暗示します。文献によれば，このような質問はカウンセリング的な役割は果たしますが，証拠としての適格性には問題を生じさせます（Vizard, 1987）。より厳密にはこういうことです。（嫌疑がかけられている）虐待に関して詳細情報を引き出す場合，客観的な質問以外は用いてはならない，ということが法的に要請されます。そのため誘導質問の使用はビデオ面接の証拠的価値を著しく弱めます。実際，ピゴット報告にもあるように，暗示的な質問を過度に用いた面接は法廷で認められにくいでしょう（Home Office, 1989）。

　誘導質問の使用はどのような面接においても問題ですが，幼児への面接では特に問題です。なぜなら多くの報告にあるように（たとえばWarren, Hulse-Trotter & Tubbs, 1991），幼児は大きい子どもや大人よりも誘導質問に黙従しやすいからです。この傾向は以下のような状況において特によく見られます。まず，顕著で記憶しやすい情報よりも周辺的で記憶に残りにくい情報が議論さ

れている場合です。そして質問者の地位が相対的に高い場合です（Goodman & Helgeson, 1988）。地位の高い人への畏縮は被暗示性を高めることがありますが，幼児はより畏縮しやすいと言われています。

5-2-6.「わからない」と言うこと

　先にも述べましたが，大人の場合，相手が自分の言葉を理解できなければ，「（あなたの言ったことは）理解できない」または「なぜ（そんなことを言うの）？」と言うだろうと仮定しています。しかし相手が子どもである場合，この仮定は必ずしも成り立ちません。フリンらの指摘によれば，格式張った，ふだんとはかなり異なる状況で見知らぬ人から面接をされると，子どもは質問を理解していないと言うのをためらったり，面接官が言ったことを否定するのをためらったりします（Dent & Flin, 1992）。フリンらが行なった法廷場面の研究では，子どもが質問を理解できないと言うことは稀でした。しかし尋問の最中，子どもが実際には先の質問を理解していないことが明らかになることが，たびたびありました。そして40％の子どもが，少なくともいくつかの質問に対し，「わかりません」と答えていたことも明らかになりました。知ってはいるけれども話す準備ができていない時（たとえば触れられたくない微妙な質問をされた時）にも，子どもはこのような反応をすることがあります。そのためこのデータでは，ほんとうに答えを知らない時に「わかりません」と答える頻度がどの程度なのかは不明です。しかし質問に答える際，文脈をよく理解できていないと表明した子どもはたったの6％でした。面接官は子どもの様子を常に観察し，どの程度理解しているのか気をつけていなければなりません。

6. 先行研究：実務家へのアドバイス

　証拠を得るための捜査面接については，そのさまざまな側面に関し，すでに数多くの研究があります。ここではその主たる成果を概観することにしましょう。

① 「どんな質問にも『わからない／覚えてない』と答えてよいことを，子どもに保証しなさい」。

　質問は，「思い出せなくてもよい」ということが含意されるようなかたちで行なわなければなりません（たとえば Geiselman & Padilla, 1988）。そして，尋ねられたことが理解できなければ「覚えていない」とか「わかりません」と言うべきだということを，子どもに明示すべきです。もし質問が理解できなければ，そう表示するように求めなければなりません（このことは 2 章でも議論しました）。

② 「面接官はすべてを知っているわけではない，子ども自身が話さなくてはならないのだということに気づかせなさい」。

　何が起きたのか面接官は知らないのだということを子どもに伝えなさい。すでに指摘したことですが，幼児は「ある大人（加害者）」は何が起きたのかを知っているのだから，他の大人もそのことを知っているに違いない，と考えることがあります（Toglia, Ross & Ceci, 1992）。また，出来事について知識がありそうな人が誤導情報を示すと，子どもは暗示にかかりやすいということを示した研究もあります（Toglia, Ross & Ceci, 1992）。反対に，あらかじめ面接官がその出来事については何も知らない，あるいはほとんど知らないのだということを明示しておけば，子どもは誤誘導されにくくなります（Ceci, Ross & Toglia, 1987）。そのため面接官は，自分は問題の出来事については何も知らず，子どもの記憶だけが頼りなのだということを最初にはっきりと告げて面接を開始すべきです（McGough & Warren, 1994）。このことについては 3 章でも触れました。

③ 「質問の繰り返しは避けなさい。質問を繰り返すことは，子どもを混乱させます」。

　多くの研究が，同じ質問を続けざまに繰り返してはならない，としています。質問を繰り返すと，子どもは最初の答えは批判されていると受け取ることがあるからです。たとえばシーガルらは，質問を繰り返すと，子どもは面接官が聞きたがっている（と子どもが考える）答えへと反応を変えてしまうことがある，

と述べています（Siegal, Waters & Dinwiddy, 1988）。プールらも，質問を繰り返すと，子どもは最初の答えが正しくなかったのだと思う傾向があり，そのため再び質問されると答えを変えてしまうことがあると報告しています（Poole & White, 1991）。もちろん MOGP にも同様の指摘があります。ほんとうに繰り返しが必要ならば，面接官は異なる回答を求めているのではなく，先の回答を明確にしようとしているのだということを明示し，子どもを安心させるべきでしょう（たとえば McGough & Warren, 1994）。

④「面接が法廷で価値のあるものとなるようにしなさい」。
ビデオ面接の法廷的価値は，虐待の日付，時間，場所，確実な被疑者同定など，子どもから引き出された詳細情報の正確さに依存しています。面接官は，子どもが詳細情報は証拠として必要だということを認識しているかどうか，そして目的に適う情報を提供することができると認識や意識しているかどうかを査定する必要があります。そのような意識がまったく見られなければ，質問を続ける意義はありません。詳細情報は（訳注：その後子どもが受けるであろう）治療的なカウンセリングには必要ないからです。

7. 面接データ

前節で取り上げたポイントを具体的に例示するため，ここからは面接データの分析に話を移し，以下の点について考察することにしましょう。

※ 子どもはどのくらいうまく質問に対処したか？
※ どの程度，面接官は（上で示したような）先行研究のアドバイスを用いたか？

7-1. 子どもはどのくらいうまく質問に対処したか？

オープン質問への応答については3章を参照していただくことにし，ここでは「はい／いいえ」質問と WH 質問に対する応答に焦点を当てることにしましょう。

7-1-1.「はい／いいえ」質問

以下の例が示すように，面接データでは，幼児でも「はい」「いいえ」という答えが求められていることを理解していました。

> 事例15　3歳の女児への面接から

面接官	これがどんな形かわかる？
子ども	うん。
面接官	これが見えるの？
子ども	ううん。
面接官	何色かわかるかな？
子ども	うん。
面接官	そういうおもちゃを持っているの？
子ども	ううん。

この例は次の点を明確に示しています。それは，子どもが会話でのターンをとる責任があることを理解していること，そしてその責任をとってすべての質問に答えていることです。しかし，同じ反応への固執はないものの（「はい」も「いいえ」も使われています），この子どもは会話に集中しているようには見えません。むしろ，応答することだけを目的として答えているように見えます。「はい／いいえ」質問は出来事の報告を引き出さず，質問はすぐに終わってしまいました。新しい情報を提供せずにターンをとる義務を果たしているだけ，という現象は面接データにおいてたびたび見られました。次の例はこの点をさらにはっきりと示しています。

> 事例16　6歳の男児への面接から

面接官	私の名前を覚えていますか？
子ども	うん。
面接官	何だったかな？　何という名前？
子ども	［沈黙］

> 事例17　5歳の男児への面接から

面接官	あなたが住んでいるのはどこか，わかるかな？
子ども	うん。

面接官　どこ？
子ども　［沈黙］

[事例18] 5歳の女児への面接から
面接官　今日，なぜここに来たかわかりますか？
子ども　うん。
面接官　なぜだか言ってみて。
子ども　［沈黙］
面接官　言えますか？

　要するに，「はい／いいえ」質問では，子どもの真の姿はわからないのです。そのような質問は，むしろ無関心な応答を促す傾向にあります。そして子どもは集中する必要がまったくないので，以下の例に見られるように，応答の不一致が簡単に生じ得るのです。

[事例19] 6歳の女児への面接から
面接官　あなたがお風呂に入っていた時，お父さんはお風呂場にいましたか？
子ども　ううん。
面接官　じゃ，お風呂に入っていた時誰が洗ってくれたって，さっきあなた言いましたっけ？
子ども　お父さん。時どきお姉さん。時どきお母さん。
面接官　昨日，洗ってくれたのは誰ですか？
子ども　お父さん。

[事例20] 6歳の男児への面接から
面接官　あなたはパンツを下ろしたの？
子ども　ううん。
　　　　同じ面接の後のほうで
子ども　その人はパンツを下ろせって言った。
面接官　それで，あなたはそうしたの？
子ども　うん。

　上の例のような不一致ばかりではありません。質問を重ねるとあわてて応答するのですが，その内容は理解せずに質問の一部を繰り返すだけ，ということもありました。次の例はその傾向を示しています。

事例21	5歳の男児への面接から
面接官	彼がしたことはいいこと？
子ども	ううん，うん，いいこと。

事例22	6歳の男児への面接から
面接官	だいじょうぶ？
子ども	うん。
面接官	だいじょうぶじゃないことはある？　悲しいことは？
子ども	悲しい。

これらの例が示すように，「はい／いいえ」質問は多くの問題を含んでいます。

7-1-2. WH質問

　面接データの分析によれば，「何」の質問が他のどの質問よりも多く用いられていました（Aldridge, Timmins & Wood, 1996）。次に多いのは，順に「誰」「どこ」「どのように」でした。それに続くのは「なぜ」と「いつ」ですが，数はずっと少なくなっています。しかし，「なぜ」の数は，無視できるほど少ないわけではありません。実際，「なぜ」を1つも含まない面接は2件しかありませんでした。面接官は，「なぜ」質問は避けるべきだという先行研究（MOGPなど）の忠告に従っていないことが示唆されます。

　次にWH質問に対する子どもの反応を見てみますと，まず言及しなければならない重要なポイントとして，反応の仕方の個人差があげられます。特定の年齢群の中でも，能力には大きな幅がありました。したがって，たとえば「これは5歳になれば理解できる」といった仮定を作るよりも，子どもの能力の傾向とパターンを知ってそれに従ったほうがよさそうです。

　先行研究の結果と同様，子どもたちは「いつ，どのように，なぜ」よりも「何，どこ，誰」のほうがよく答えられるという傾向がありました。「なぜ」質問は明らかに困難で，「どのように」はなおさらそうでした。私たちの分析によれば，6歳未満の子どもは100％正確な答えを安定して提供することができませんでした（Aldridge, Timmins & Wood, 1996）。この数字は言語習得は「全か無か」というプロセスではないこと，むしろ長い時間をかけて進むものであること，

そして子どもが特定の言語形式を使い始め，理解し，その使用法を完全に習得するのには何か月も何年もかかることをよく示しています。私たちの分析からは，以下のような結論を導くことができるでしょう。

* 面接データの中で最も頻繁に見られたのは「何」質問でした。しかし，「なぜ」を含むその他すべての WH 質問も数多く見られました。
* 子どもは，特に「どのように」や「なぜ」に答えるのが難しいようです。
* 子どもが WH 質問に正確に答えられるようになるのは 6 歳頃からです。
* どの年齢群でも，100％の回答が得られるということはありませんでした。これは言語習得が長い時間をかけて進むプロセスであること，ある文脈で特定の質問形式に答えられたからといって他の状況でもそうだとは限らないことを示しています。
* 「いつ，どのように，なぜ」は最後に習得されるだけでなく，どの年齢群の子どもにとっても最も答えにくい質問でした。このことはある面接から得られた以下の一連の抜粋によく示されています。

> 事例23　8 歳の女児への面接から

「何」
面接官　これ［水着］を着ると，何が隠れますか？
子ども　背中。
面接官　学校に行く時は，いつも何を着ていましたか？
子ども　制服。
面接官　その時あなたは何を着ていましたか？
子ども　洋服。

「どこ」
面接官　その人はあなたのどこをくすぐりましたか？
子ども　プライベートの下の方。
面接官　あなたはどこに住んでいましたか？
子ども　［住所を言う］。

「誰」
面接官　問題がないか調べるために，そこを触ってもよいのは誰だって言いましたっけ？

子ども	お母さん。
面接官	その時は誰？
子ども	お父さん。

「いつ」
面接官	その人があなたのそこをくすぐったのはいつ？
子ども	［沈黙］
面接官	いつだったか覚えていますか？
子ども	［沈黙］
面接官	彼女があなたに話をしたのはいつだったか覚えていますか？
子ども	［沈黙］

「どのように」
| 面接官 | それがどのような頻度で起きたか覚えていますか？ |
| 子ども | ［首を横に振る］ |

「なぜ」
面接官	なぜこれが身体のその部分をおおうようになっているかわかりますか？
子ども	［首を横に振る］
面接官	［虐待をしたとされる人の名前］はなぜそんなことをしたの？
子ども	知らない。

　これらの例が示すように，子どもは「何，どこ，誰」の質問には100％適切な回答をしています。2つの「どこ」には場所や前置詞句（～の下）を用いた応答が適切に行なわれています。2つの「誰」には生物名詞，3つの「何」には3つの無生物の名詞が，適切に答えられています。反対に「いつ，どのように，なぜ」には正しい応答がありません。

7-2. 方略についてのデータ

　次にアーヴィン＝トリップやサヴィックらが言及している方略が，面接データでどの程度見られたかを検討します（Ervin-Tripp, 1970；Savic, 1978）。分析で明らかになった興味深い点は，こうです（Aldridge, Timmins & Wood, 1996）。「何，どこ，誰」に100％正しく答えた子どもはほとんどいませんでしたが，その不適切な回答は，「沈黙」「わからない」「覚えてない」のいずれかでした。つまり面接データでは，子どもが「何，どこ，誰」に対し，それ以外

のWH質問であるかのように答えた例は1つもありませんでした。しかし「いつ，どのように，なぜ」に対しては，子どもはサヴィックの指摘した方略，すなわち他の形式の質問であるかのように答える，質問の一部にのみ答える，ステレオタイプな反応をする，といった方略をとることがありました。

「いつ，どのように，なぜ」に対し，子どもは沈黙であったり「わからない／覚えていない」と答えることもありましたが，次の例のように，他の形式の質問であるかのように答えることがよくありました。事例24・事例25は「どのように」に対して「なぜ」であるかのように答えている例です。

> 事例24　3歳の女児への面接から
> **面接官**　その人は，それを，どのようにしてやったの？
> **子ども**　わざとやった。

> 事例25　4歳の女児への面接から
> **面接官**　その時，その人たちはどのようにしてあなたをいじめたの？
> **子ども**　だって，その人たち意地悪だから。

事例26・事例27・事例28は，「どのように」に対して「いつ」であるかのように答えている事例です。

> 事例26　5歳の女児への面接から
> **面接官**　彼はそれをどのようにしたの？
> **子ども**　何年か前。

> 事例27　5歳の男児への面接から
> **面接官**　どのくらいたくさんあったの？
> **子ども**　昨日よりも前。

> 事例28　5歳の男児への面接から
> **面接官**　その人がそれをどのようにやったか，教えてくれる？
> **子ども**　僕がジーパンをはいた時。

「いつ」に対しても，別の質問のように答えている例があります。たとえば次のやりとりでは，子どもは「いつ」に対し，「どこ」であるかのように答え

ています。

> 事例29　4歳の女児への面接から
> 面接官　で，それはいつだったの？　いつそれは起きたの？
> 子ども　お風呂の中。

以下の例に見られるように，「なぜ」質問もこういった反応方略に陥りやすいものです。この例では，子どもは「なぜ」に対し「どこ」であるかのように答えています。

> 事例30　3歳の女児への面接から
> 面接官　なぜおじいちゃんはあなたを叩いたの？
> 子ども　ここ［指さす］。

「なぜ」質問はまた，「だってそうするから」「だってそうだから」のような反応を引き出しがちです。例を見てみましょう。

> 事例31　4歳の女児への面接から
> 面接官　なぜ男子はトランクスをはくのかな？
> 子ども　だってそうだから。女子が女の服を着るのは，そうだから。

以下の例に見られるように，面接データには他の方略も見られました。以下の例では，子どもは質問の一部を繰り返しています。

> 事例32　6歳の女児への面接から
> 面接官　あなたのお父さんは，どのようにして指を入れたの？
> 子ども　お父さんは指を入れた。

ステレオタイプの答えをする子どももいました。以下の例の子どもは「どこ」にどう答えたらよいかわからない時，「サインバレーで」というステレオタイプの反応をしています

> 事例33　3歳の女児への面接から
> 面接官　この中で誰か見たことのある人いますか？　この人たちのうちの誰か。
> 子ども　うん。
> 面接官　それはどこで？
> 子ども　サインバレー。
> 面接官　お家以外にあなたが遊ぶところはある？
> 子ども　うん。
> 面接官　どこで遊ぶの？
> 子ども　サインバレー。

同様に，次の例の子どもは「昨日」というステレオタイプの反応に頼っています。

> 事例34　4歳の男児への面接から
> 面接官　それがあったのはいつだと思う？
> 子ども　昨日。
> 面接官　昨日？
> 子ども　昨日だと思うけど，いつかはわかんない。

　証拠を得る目的で子どもに面接を行なう場合，このような反応方略が何を意味するかは明らかでしょう。上で見てきた反応は，子どもには質問に答える能力がなく，したがって証人として信頼できないという印象を与えます。しかし（虐待を受けていないとされる）子どもを対象とした，言語発達に関する実験研究の成果は，このような反応が発達的な原因によって生じることを示しています。つまり，状況がよく理解できないとか，何が起きたか記憶できないからではなく，質問形式に正しく答える言語能力が十分でないために，このような反応になってしまうのです。となれば，何が重要かは明らかでしょう。子どもが出来事について話そうとする時には，面接官は適切な質問をしなければなりません。面接官は「いつ，どのように，なぜ」を特に注意して使用しなければなりません。そして難しい質問をする時には，まず子どもの言語能力を査定しなければなりません。言語発達には大きな個人差があり，子どもが質問にどの程度答えられるかを予測することは困難です。10歳児でも特定のWH質問に

答えるのに苦労することがある一方で，以下に示すように，5歳児であっても感心するような答えをする子どももいます。

> 事例35 > 5歳の男児への面接から
> 面接官　起きたことを他の誰かに話しましたか？
> 子ども　お母さん。
> 面接官　お母さんに話したのは「いつ」？
> 子ども　お尻が痛くなった時。
> 面接官　そう，「なぜ」お尻が痛くなったの？
> 子ども　お父さんが指を入れたから。

しかしこのように答えられない子どもには，面接官はWH質問だけでなく，選択式の質問を用いてさらなる情報を引き出す必要があるでしょう。以下にその例を示します。

> 事例36 > 6歳の女児への面接から
> 面接官　クラスには，男子と女子が何人いるの？
> 子ども　知らない。
> 面接官　5人，10人，それとももっと？
> 子ども　えーと，女子が10人と男子が7人。

後の節で議論するように，選択式の質問は役に立つことがあります。しかしそれを使う時には注意が必要です。

7-3. 付加疑問文

私たちの面接データでは，「はい」を促す付加疑問文（肯定的な付加疑問文［did you?］と否定・短縮形の付加疑問文［didn't you?］）しかなく，「いいえ」を促す付加疑問文（「あなたはそれをした，そうではありませんか？［did you not?］」）はありませんでした。英語の日常会話では，後者の付加疑問文が使われることはめったにないので，この結果は驚くべきことではありません。法廷ではそのような言い回しがよく用いられますが，本書の範囲を越えてしまうので取り上げません。さて，面接データの中からランダムにいくつかの付加疑問

文をあげてみると，すべてが「はい」で回答されていることに驚かされます。

> 事例37　5歳の男児への面接から
> 面接官　病院に行ったと思うけど，そうですね？
> 子ども　うん。

> 事例38　5歳の男児への面接から
> 面接官　さてと，あなたは以前このカメラとテレビを見ましたね？
> 子ども　うん。

> 事例39　5歳の男児への面接から
> 面接官　私が嘘ついてるかもしれないと思っているのね？
> 子ども　うん。

> 事例40　5歳の女児への面接から
> 面接官　あなたは引っ越しをしたばかりでしたね？
> 子ども　うん。
> 面接官　あなたたちは同じ寝室を使っていましたね？
> 子ども　うん。

> 事例41　7歳の男児への面接から
> 面接官　あなたは前にここに来たことがあるから，この部屋を知っていますね？
> 子ども　うん。

子どもが付加疑問文による質問に「はい」と答えてしまいやすいことは明らかです。子どもを誘導したと責められる恐れがあるので，面接官はできる限り付加疑問文を用いないようにしなければなりません。

7-4. クローズ質問

特定質問で子どもから何の情報も引き出すことができなければ，面接官はクローズ質問，すなわち子どもに回答の選択肢を与え，その中のどれかを選択させる質問へと進むことになるでしょう。たとえば，MOGPであげられている

例を思い出してみましょう。それは「その男の人のマフラーは青でしたか，黄色でしたか，他の色でしたか，それとも覚えていませんか？」というものでした。私たちの面接データにもクローズ質問の例は数多くあります。まず初めに6歳未満の幼児のデータをランダムに取り出してみましょう。

> 事例42　3歳の女児への面接から

面接官　それは黄色だと思いますか，それともオレンジ色だと思いますか？
子ども　オレンジ色。

> 事例43　4歳の女児への面接から

面接官　あなたがパジャマを着るのはご飯の前，それとも後？
子ども　後。

> 事例44　4歳の男児への面接から

面接官　その人はあなたより年が上でしたか，下でしたか？
子ども　下。
面接官　大きかった，小さかった？
子ども　大きかった。
面接官　どっちのトイレに彼女は入っていたの？　2階，それとも1階？
子ども　2階。

> 事例45　5歳の女児への面接から

面接官　服の上から，それとも服の下から？
子ども　服の下から。

> 事例46　5歳の男児への面接から

面接官　外は明るかった，暗かった？
子ども　暗かった。

> 事例47　5歳の女児への面接から

面接官　ほんとうって何？　それはいいこと，悪いこと？
子ども　いいこと。
面接官　嘘って何？　いいこと，悪いこと？
子ども　悪いこと。
面接官　嘘を言うことはいいこと，いけないこと？

子ども　　いけないこと。

　これらの例では，子どもは後の選択肢を答えがちでした。つまり必ずしも真実を答えるのではなく，質問の最後の部分を思い出して答える傾向がある，というわけです。これはたいへん深刻な結果です。このような質問形式を用いれば，面接官は子どもを誘導したと責められる可能性があるでしょう。したがってクローズ質問は最大限の注意をはらって用いなければなりません。もう少し年齢の高い子どものデータはどうでしょうか？

> 事例48　6歳の男児への面接から

面接官　　彼女はあなたより大きいですか，それとも小さいですか？
子ども　　小さい。
面接官　　彼が頭をぶつけたのはベッドの下の方，それとも上の方？
子ども　　上の方じゃないけど，真ん中の少し上の方。

> 事例49　6歳の女児への面接から

面接官　　それは良いことですか，悪いことですか？
子ども　　良いこと。
面接官　　お風呂は2階にありますか，それとも1階ですか？
子ども　　2階。

> 事例50　7歳の女児への面接から

面接官　　そう，あなたはどこを指して［名前］と呼んでいるの？　前，それとも後ろ？
子ども　　前。
面接官　　それは身体の，それとも下着の？
子ども　　身体の。

> 事例51　8歳の女児への面接から

面接官　　それはクリスマスの前，それとも後？
子ども　　クリスマスの後。
面接官　　あなたが着ていたのは洋服，それとも寝間着？
子ども　　洋服。

　これらの例では，最後の選択肢が繰り返されることはかなり減っています。

最後の選択肢を繰り返さなくなるということからも，6歳頃に起きる子どもの発達的変化を見ることができます。年齢の高い子どもに対しては，選択式の質問を用いることは1つの方法かもしれません。

7-5. 誘導質問

すべてが失敗に終わった時，面接官は誘導質問を使いたいという誘惑にかられるかもしれません。もちろんそのようなことをすれば，ビデオ面接が主たる証拠として認められる可能性は非常に小さくなります。そのため誘導質問を行なう時には多大な注意が必要です。私たちの面接データでは，誘導質問は付加疑問文のかたちで行なわれることがよくありました。すでに議論した通り，子どもは付加疑問文に対して「はい」と答える傾向があります。例を示します。

> |事例52〉　6歳の男児への面接から
> （以下の例にある［名前］は新たに出てきた情報であり，「誰か」は大人を指していました）。
> **面接官**　［名前］って誰のこと？　誰かわからないんだけれど。それは小さな男の子ね？
> **子ども**　男の子。うん。

> |事例53〉　5歳の女児への面接から
> （以下の例では，母親の友人の話はまったく出てきていません）。
> **面接官**　お母さんにはお友だちがいたと思うんだけど，それは男のお友だちでいいのよね？
> **子ども**　うん。

> |事例54〉　5歳の女児への面接から
> （子どもは父親から危害を受けたとは言っていません）。
> **面接官**　あなたは［名前］に，「お父さんが指を入れて痛くした」って話したでしょう。それでいいのかな？
> **子ども**　［うなずく］うん。

これらの例を見ると，もし面接官が付加疑問文を避けるようにすれば，面接中に誘導質問をしてしまうことはほとんどなくなるのではないかと思われます。

もし誘導質問を使わなくてはならないとしても，それは面接の最終段階まで残しておくべきです。誘導質問を遅らせれば，子どもは自発的に，あるいは客観的で非誘導的な質問に答えて，虐待の詳細を語ることができるでしょう。

7-6.「わからない」と言うこと

面接データの分析によれば，子どもはさらに質問されることを妨ぐために「わからない」と言うことがあります（Aldridge, Timmins & Wood, 1996）。面接官は子どもの反応を注意深く見守り，多数の「わからない」反応が出てきたら，子どもを動機づけるように試みるべきでしょう。

8. 先行研究によるアドバイスの利用

この章の前半で，面接官の質問方略に関する先行研究のアドバイスを概観しました。ここでは面接データにおいて，面接官がどの程度そういったアドバイスに従っているかを見てみることにします。以下，各アドバイスについて順に見ていくことにしましょう。

① 「どんな質問にも『わからない／覚えてない』と答えてよいことを，子どもに保証しなさい」。

面接データには，面接官が子どもに「わからない」と言ってもよいことを告げた事例がありました。2章にもそのような例があげられています。しかし，私たちが調べた面接のすべてでそれが行なわれていたわけではありません。したがって，その重要性については再度強調しておかなければならないでしょう。

② 「面接官はすべてを知っているわけではない，子ども自身が話さなくてはならないのだということに気づかせなさい」。

面接データにも，何があったのか知らないのだと面接官が子どもに告げる例がありました。次の事例にその方略を見ることができます。

> 事例55　5歳の男児への面接から

面接官　フルネームを教えてくれますか？　私はあなたのお名前，ちゃんとは知らないから。
面接官　私はあなたのことをよく知らないので……
面接官　[名前]って誰なのか教えてください，私はその人のことを知らないから。
面接官　ウィンキーって何のことか教えてくれる？　よくわからないので。

> 事例56　5歳の女児への面接から

面接官　さて，私はあなたのことを何も知りません。いくつか質問しますから，自分のことを話してね。
面接官　さて，私はあなたについて他には何も知りません。お家には誰がいるか教えてくれますか？

> 事例57　7歳の女児への面接から

面接官　あなたが今日ここにいる間に，いくつか質問したいと思います。いいですか？　……私はあなたのことをよく知りません。私にわかることは，今朝あなたと会って，ここでお話をしたということだけです。あなたについて，詳しいことは知りません。

しかし，このような主張が明確になされない面接もありました。そのためもう一度，面接官には上のような実践は大切だと思い起こしてもらわなければなりません。このことは3章で，自由語りによる報告を引き出すことと関連して指摘したポイントでもあります。

③「質問の繰り返しは避けなさい。質問を繰り返すことは，子どもを混乱させます」。

面接では一般に，面接官は質問の繰り返しを避けるように気をつけていました。これはたいへん喜ばしいことです。質問の繰り返しが行なわれた2, 3の場面では，子どもがいかに混乱するかがよくわかります。以下の例を見てください。

> 事例58　3歳の女児への面接から

面接官　あなたのナニー。ナニーはなぜ，あなたにクリームをつけなくてはなら

|子ども|ないの？|
|面接官|私のお尻がかわいそうなの。|

子ども　ないの？
子ども　私のお尻がかわいそうなの。
面接官　そうなの？　なぜ？
子ども　そうだから。
面接官　なぜあなたのお尻はかわいそうなの？
子ども　そうなの。
面接官　かわいそうってどういうこと？　それはどんなことかな？
子ども　それは，かわいそうっていうこと。
面接官　痛いの？
子ども　ううん。
面接官　じゃあ，なぜかわいそうなの？
子ども　かわいそうじゃない。
面接官　かわいそうじゃない？
子ども　うん。じゃ，もうちょっとジグゾーパズルをやろう。

　子どもは質問の繰り返しに混乱し，いらだっています。そして答えを変え，会話のトピックも変えています。しかし，数分後，面接官がこの問題に話を戻した時，この子どもは面接官が欲していた答えを提供しました。

事例59
面接官　誰かがあなたのお尻を痛くしたの？
子ども　おじいちゃん。

　子どもが質問の繰り返しにあきあきしている例は他にもあります。以下，例をあげてみましょう。

事例60　4歳の女児への面接から
面接官　お母さんと行ったでしょう。［名前］も行ったでしょう。この時あなたは誰のお家に行ったの？
子ども　もう言った。

事例61　5歳の男児への面接から
面接官　で，その人はどういうふうにあなたに触ったの？
子ども　手で。言ったでしょ！

ほんとうに繰り返しが必要ならば、面接官はなぜ同じことを繰り返し尋ねるのか説明したほうがよいでしょう。以下の例では、面接官は4歳の男児に次のように説明しています。

> 事例62　4歳の男児への面接から
> **面接官**　よく聞こえなかったので、もう1回言ってもらえるかな?

④「面接が法廷で価値のあるものとなるようにしなさい」。

面接官は、事件についての正確な詳細情報を得るように努力しなければなりません。面接データに見られる事例では、面接官はその必要性にはっきりと気づいているようでした。しかし正確な詳細情報を得るのは重要ですが、その要請がかえって証拠に負の影響を与えることもあり、問題は難しくなります。以下の事例はこのことを示しています。この女児は面接官に、何があったかを自発的に述べています。

> 事例63　5歳の女児への面接から
> **子ども**　その人のところには絵を見せに行ったの。そしたら僕のおちんちん見たい?　って言ったんで、私はうんと言ったの。そしたらその人は、もしも見たいならって、それを開けさせたがったの。そして指を出して、そこに手を入れたの。
> **面接官**　そう、やっと少しお話してくれたのね。
> **子ども**　[うなずく]
> **面接官**　それはいつのこと?
> **子ども**　昨日の前の日。
> **面接官**　昨日の前の日。
> **子ども**　[うなずく]
> **面接官**　そう、それであなたと[名前]は、描いた絵を持っていったのね?
> **子ども**　うん。
> **面接官**　それは何時頃かな?　わかるかな?
> **子ども**　ううん。

この例では時間という特定の詳細情報を追及するあまり、面接官は(意図せず)子どもを黙らせてしまいました。子どもは関連する情報を積極的に話そう

とする状態から，消極的で無口な状態へと陥ってしまいました。明らかに，この子どもは特定の詳細情報を得ようとする面接官の要求により，意欲を失ってしまったのです。このような例は，子どものペースで報告させる機会を与えなければならないこと，面接官は詳細情報の質問を自信をもって後回しにすべきだということを，よく示しています（このことは 3 章でも強調しました）。

面接官にとっては，法廷で必要とされる明確な詳細情報を子どもから得るのはたいへんなことです。なぜなら（訳注：時間，距離などの）伝統的な測度体系は，学童期を通して徐々に習得されるからです。たとえば少なくとも 7 歳にならなければ，時間について報告することはできないでしょう。そのため，詳細情報を得るために大量の質問を行なった結果，詳細情報は得られず，かえって子どもが証言能力のない証人のようにみなされてしまうこともあり得ます。以下の例にそれが示されています。

> 事例64　4 歳の女児への面接から

面接官　その時，［里子養育者の名前］のところにはどれくらい（の期間）住んでいたか，わかりますか？
子ども　ううん。
面接官　そこまで何マイルくらいだったか，わかりますか？
子ども　3 マイル，ううん，30 マイル。

> 事例65　5 歳の女児への面接から

面接官　それが起きたのはいつですか？
子ども　金曜日。
面接官　今日は何曜日？
子ども　月曜日。
面接官　今日は木曜日ね？
子ども　うん。

> 事例66　6 歳の男児への面接から

面接官　さて，今日は火曜日ですね？
子ども　うん。
面接官　それではふつう，学校は何曜日から始まりますか？
子ども　わかんない。曜日はわかんない。

> **事例67** 6歳の女児への面接から
>
> **面接官** お風呂から出るまで，どのくらいの時間，お風呂に入っていたの？
> **子ども** 2分くらい，わかんない。
> **面接官** わかんない。長かった，それとも短かった？
> **子ども** わかんない。

　7歳未満の子どもは測度に関する質問が苦手です。そのため，詳細な時間情報を得るには，質問を食事，テレビ，特別な出来事などの時間と関連づけることがたいへん重要です（訳注：食事の前，食事の後など）。しかし7歳以上になると，子どもは特定の質問にもうまく対処することができるようになります。以下の例を見てみましょう。

> **事例68** 7歳の男児への面接から
>
> **面接官** それではね，それは何回くらいあったの？
> **子ども** たくさん。
> **面接官** たくさんって？
> **子ども** そこに泊まった時はいつも。

> **事例69** 7歳の女児への面接から
>
> **面接官** 曜日は言えますか？
> **子ども** ［すべての曜日を唱える］
> **面接官** 学校に行くのは何曜日？
> **子ども** ［月曜から金曜日までを唱える］
> **面接官** そうね，では残りの2日は何ですか？
> **子ども** お休み。
> **面接官** それは，何曜日というの？
> **子ども** 土曜日と日曜日。

　以上，面接官が子どもに行なう可能性のあるすべての種類の質問について議論してきました。最後に以下のことを強調したいと思います。それは，子どもは質問に答えるだけでなく，質問する機会も与えられるべきだということです。それは面接の終結段階で行なうとよいでしょう。面接の後，何が起きるかを聞きたがる子どももいるでしょう。そのため，この時間は子どもを安心させる時間であるともいえます。面接官は次のように言うのがよいかもしれません。「さ

て，もう私の方から聞きたい質問はないのですが，あなたの方から私に聞きたいと思うことはありませんか？」。子どもの質問が終わったら，面接官はこう伝えるのがよいかもしれません。今後知りたいことが出てきたら，いつでも私に連絡を取ることができますよ，と。面接官はまた，面接に参加してくれたことについて子どもに謝意を伝えるべきです。子どもを安心させ，感謝することによって，子どもは面接体験を肯定的に捉え，家路につくことができるでしょう。ですからこの終結段階はけっして省いてはなりません。

それでは子どもへの質問に関するガイドラインの要約と自己査定シートをもって，この章を終えたいと思います。

9. ガイドライン

- 「はい／いいえ」質問はできるだけ行なわないこと。
- 幼児に「いつ，どのように，なぜ」と尋ねる時には，注意すること。
- 子どもの報告を支援する時には非誘導的な方法を用いること。
- 子どもがWH質問に答える時には，他の質問形式と間違えて答えていないか気をつけること。
- 子どもは質問が理解できないと，質問の一部を繰り返すかもしれないということに気をつけること。
- 子どもは質問が理解できないと，ステレオタイプな応答をするかもしれないということに気をつけること。
- 付加疑問文はできるだけ用いないこと。
- 6歳未満の子どもには選択式の質問は用いないこと。
- 子どもがどのように「わからない」という言葉を使うのか，注意すること。
- 「わからない」「覚えてない」と言ってもよいのだと，子どもに伝えること。
- あなた（面接官）は何が起きたのか知らないのだと，子どもに伝えること。
- 同じ質問を繰り返さないこと。
- 7歳未満の子どもには，時間に関する特定質問は避けること。

📝 自己査定シート

①子どもは質問に自発的に答えていましたか？ もしそうでないなら，それはなぜだと思いますか？

②子どもに「わからない」「覚えてない」と言ってもよいと伝えましたか？

③あなた（面接官）は質問の答えを知らないのだと子どもに伝えましたか？

④「はい／いいえ」質問はできるだけ用いないようにしましたか？ もしそうでないなら「はい／いいえ」質問に対し，子どもは「はい」だけ（あるいは「いいえ」だけ）で答える傾向はありませんでしたか。

⑤「なぜ」質問はできるだけ用いないようにしましたか？ もしそうでないなら，子どもは「なぜ」質問に適切に答えていたでしょうか。

⑥選択式の質問では，子どもは最初の選択肢（あるいは最後の選択肢）だけを答えるという，偏った答えをすることはありませんでしたか？

⑦誘導的な質問はしませんでしたか？ もししていたら，それを書き出してみてください。どのようにすれば非誘導的な形で尋ねることができたでしょうか？

⑧質問を繰り返していると気づくことはありませんでしたか？ 質問の繰り返しによって，子どもの応答が変わってしまうことはありませんでしたか。

⑨この面接で最もうまくいったオープン質問は何でしたか？

⑩この面接で最もうまくいかなかった質問は何でしたか？

⑪他にコメントはありませんか。

5章

面接の実際
子どもの言語と発達

　2章，3章，4章では，ラポールの構築，自由語り，質問という面接の3つの重要な段階，およびこれらの段階で問題となり得る言葉の用い方について検討してきました。この章では，段階にかかわりなく問題となる言葉の用法，すなわち語彙について考察します。

　捜査面接で用いられる語彙にはさまざまな問題があります。そこで，まず一般的な語彙の問題について検討します。次に面接の中で問題となる特殊な語彙（法律用語，身体部位を表わす語，感情を表わす語，代名詞や前置詞など）について検討します。面接で用いられる語彙にはどのような問題があるのでしょうか。

1. 子どもの知らない，または理解できない語彙

　面接で用いられる言葉に関する問題としては，まず，面接官が子どもにわからない語を用いる，ということがあります。以下の例ではアノラックという語を使ったために，子どもからの応答が引き出せませんでした。一方子どもの母親は，同じ質問をコートという語に置き換えて，子どもから正確な応答を得ています。

| 事例1 | 4歳の女児への面接から

面接官　それでお母さんのアノラックは何色？
子ども　［沈黙］
母　親　私のコートは何色？
子ども　緑。

　この事例に関しては2つ，一般的なポイントがあげられます。まず，「アノラック」のような単純で「日常的」な語ですら，時には理解しにくいことがあるということに，私たちは気をつけるべきだということです。次に，子どもの言語研究（たとえば Clark, 1993）によれば，子どもは特殊な語彙（この例ではアノラック：特殊な型のコート）よりも一般的な語彙（この例ではコート）を先に学ぶ，ということです。こうした傾向は，本章の後のほうで考察する面接特有の語彙に関しても見られます。

　子どもが面接官の言葉を理解できない場合，それはしばしば2通りの反応のいずれかによって明らかになります。1つは（上の事例に見られるように）子どもが黙ってしまうことであり，もう1つは（下の例にあるように）「知らない，わからない」と子どもが言うことによってです。

| 事例2 | 6歳の男児への面接から

面接官　「科目」って何か知っていますか？
子ども　え？
面接官　「科目」って何かな？
子ども　ううん。
面接官　それはね，学校でやる授業のこと。絵を描いたりするような。
子ども　知らなかった。

　この事例のように面接官が問題に気づけば，別の語を用いることができます（上の例では，面接官は「科目」を，子どもが知っている「授業」に置き換えました）。面接でさらに危険なのは次のような場合です。

2. 異なる意味をもつ同じ言葉（多義語）

面接官と子どもが同じ語を異なる意味で使っていることがあります。以下の例では子どもと面接官が「ビデオ」という同じ語を異なる意味で使っています。

> 事例3　5歳の男児への面接から
> 面接官　そうね，おそらくちょっと説明したほうがよいでしょう。お家にビデオはありますか？
> 子ども　うん，1つ。
> 面接官　1つ，どんなのがあるの？
> 子ども　数字が書いてある。

最初の質問で，この面接官はビデオテープのことを質問したつもりでした。しかし子どもは「ビデオ」をビデオデッキだと解釈して，家には1つあると言っています。面接官はそれはどんな（番組の）ビデオなのかと，「どんなのがあるの？」と尋ねています。しかし子どもはなおも「ビデオ」は機器のことを指すと解釈して，数字が書いてあると言います（ビデオのコントロールパネルを指しているようです）。こういった面接官と子どもの行き違いは気づかれないまま進行し，その結果重大な誤解が生じるということもあり得るでしょう。

3. 適切な言葉を知っていること

私たちは生涯をかけて多くの語彙を習得していきます。そのため子どもの語彙は大人には及ばず，言いたいことを表わす語をもっていないということも生じます。こうした例が以下に見られます。

> 事例4　7歳の男児への面接から
> 面接官　で，ベッドには何かありましたか？
> 子ども　ううん。

ソ・ワ	でも夜寝る時，ちょっと寒くない？
子ども	ああ，カバーがあった。
ソ・ワ	そうなの？
子ども	でも，冬には違う物がある，えーと，えーと。
ソ・ワ	ああ，その名前は！
子ども	あんなふうに大きくて，ベッドの下に入れて，ボタンを押したらベッドが暖まるやつ。
ソ・ワ	電気毛布でしょう？
子ども	［首を横に振る］

　この例では，子どもが（ソーシャルワーカーが示唆する通り）電気毛布のことを言おうとしていたのかどうかはわかりません。ただはっきりしているのは，一生懸命伝えようとしたにもかかわらず，子どもはその道具を表わす言葉を見つけられなかった，ということです。このような制約があるので，子どもは話をするのが難しく，また面接官にとっても子どもの話を理解するのは難しいのです。必要な単語を知らないと，子どもは暗示の影響を受けやすくなります。この場面ではソーシャルワーカーは電気毛布という語を示唆しましたが，子どもは同意しませんでした（この情報は証拠収集においては特に重要ではありませんでした）。しかし，もしこれが核心に触れる会話であり，子どもがソーシャルワーカーの示唆する語に同意してしまったとしたらどうでしょうか。そのような場合，面接官は容易に証言を誘導し得たことになり，その結果証拠の価値は低くなってしまうでしょう。

　語彙に伴うこういった問題は，面接のどの段階でも生じます。また，その他にも面接で使用されやすく，しかも問題となりそうな語はたくさんあります。これらには次のようなものが含まれます。

❀ 法律用語：「警察官」「ソーシャルワーカー」「逮捕」「裁判所」など
❀ 身体部位の名称：性器や性行為を表わす語など
❀ 感情を表わす語：「怒り」「ぞっとする」など
❀ 代名詞：「それ」「あれ」など
❀ 前置詞や時間を表わす語：「の中に」「の上に」「の前に」「の後に」など

以下，これらの語について，検討していきます。

4. 法律用語

子どもは「警察官」「ソーシャルワーカー」「裁判官」「逮捕」「証人」などの法律専門用語を誤解していたり，まったく理解していないことがある，ということを示す研究はたくさんあります（たとえば Aldridge, Timmins & Wood, 1997；Flin, Stephenson & Davies, 1989；Sayvitz & Jaenicke, 1987；Warren-Leubecker et al., 1988）。

4−1. 警察官とソーシャルワーカー

先行研究からもビデオ面接からも示唆されることですが，面接では，子どもは面接官（警察官やソーシャルワーカーなど）の仕事を十分に理解していないことがあります。警察官が面接官であるということに対する漠然とした不安は多くの面接で見られ，以下の例にも見いだすことができます。

|事例5⟩　4歳の女児への面接から

面接官　いいかな，私はたくさんの子どもたちとお話をするんだけれど，みんないろいろなことをお話してくれるのよ。でも，私が一番聞きたいのはどんなことか，わかる？
子ども　うん。
面接官　ほんとうにあったことだけ。これ，どういう意味かわかるかな？
子ども　悪い子かどうか。
面接官　そうね，でもあなたは悪い子じゃないでしょう？　今日ここにいるのはそのためではないわね。
子ども　あなたお巡りさん？
面接官　そうよ。
子ども　お兄ちゃんがやる悪いこと知ってる？　お兄ちゃん，ビンをぽんって投げるの。

　その後同じ面接で
面接官　ではね，絵を描いたり糊で貼ったりするって言ってたわね。どこでやるの？

子ども	言わない。
面接官	どうして言わないの？
子ども	だって人に言いたくないんだもん。
面接官	どうして人に言いたくないの？
子ども	だって，嫌なものは嫌なの。
面接官	そうなの。どうして？　何があったの？
子ども	何も。
面接官	秘密なの？
子ども	あなたお巡りさん？
面接官	そうよ。
子ども	警察のお姉さん？
面接官	警察のお姉さん，そうよ。
子ども	（面接官の服について）これは誰の服？
面接官	今日は制服，着てないのよ。ね。
子ども	着ていると思った。
面接官	どうしてそう思うの？
子ども	そう思っただけ。
面接官	わかったわ。

　この例では子どもはたくさんの不安を抱えています。第1に，彼女の経験によれば警察官は制服を着ているはずですが，面接官はふつうの服を着ていたため，それを受け入れることができませんでした（訳注：警察官は子どもに面接を行なう時，私服を身につけていることが多い）。第2に，彼女は警察官に対し「秘密」や「悪いこと」を話したがらないように見えます。同様の不安は他の面接でも見られました。

> 事例6　**4歳の女児への面接から**

面接官	何か言ったら叱られるんじゃないかって心配しているの？
子ども	［うなずく］
面接官	そうなの，何が心配？
子ども	だってお姉さんスカートをはいているから。
面接官	スカート？
子ども	ふつうのスカートみたい，お巡りさんのスカートじゃないみたい，お巡りさんのスカートみたいじゃない。
面接官	あらそう，お姉さんがスカートをはいていたからそう思うの。

子ども	警察のスカートじゃない。
面接官	そうね、警察のスカートじゃないわね。私のスカートよね。
子ども	うん。
面接官	それでも婦人警官なのよ。

その後同じ面接で

子ども	私、お姉さんのパトカーを見た。
面接官	見た？　お姉さんパトカーに乗ってないわ。
子ども	私、お姉さんのパトカーを見た。
面接官	それはここにあったの、それとも他の場所にあったの？
子ども	ここ。

　この例でも、子どもはこれまでの経験、すなわち婦人警官は制服を着てパトカーに乗っているものだという経験があるために、ふつうの服を着てふつうの車に乗っている面接官を受け入れることができず、不安を感じています。

　子どもたちはなぜ、警察官から面接を受けることに不安を感じるのでしょう。その手がかりは、次の子どもの面接に見いだすことができます。子どもの中にはどのような人が警察に行くのか、警察に行くというのは何を意味しているのかを経験的に知っており、そのために警察官に対する限られた見方をする子どももいます。例を示します。

> 事例7　5歳の女児への面接から

面接官	あなたは［虐待をしたとされる人の名前］のことを時どきパパと呼んでいるのね。
子ども	［うなずく］
面接官	まだ一緒に暮らしているの？
子ども	［首を横に振って］警察に行っちゃった。
面接官	警察に行っちゃった？
子ども	［うなずく］
面接官	で、なんで警察に行ったの？
子ども	だって悪い人だから。
面接官	そうね。
子ども	ビデオやテレビに出てた。

　この子どもは明らかに、悪いことをしたら警察に行くのだと思っています。次の例の子どもも同様の見方をしています。

| 事例8 | 5歳の女児への面接から |

面接官	私のお仕事は何か知っていますか？
子ども	ううん。
面接官	婦人警官よ。
子ども	[沈黙]
面接官	婦人警官は何をするか知ってますか？
子ども	うん。
面接官	何をするの？
子ども	えーと，人を牢屋に入れる。
面接官	そうね，それはそうだけど，他には婦人警官は何をするのかな？
子ども	えーと，殺された人がいると，その人を救急車まで持って行くの。

ここでも子どもは警察官は人を牢屋に入れるとか，殺された人を運ぶだけだと思っています。次の子どものように，自分が逮捕されるかもしれないと思っている場合は深刻です。下の例はこのことを示しています。

| 事例9 | 6歳の男児への面接から |

子ども	あれ，誰が壊したの？[玩具の1つを示す]
面接官	知らないわ，たぶん前にここに来た子どもでしょう。
子ども	壊したの？ 逮捕した？
面接官	いやいや，子どもは逮捕しませんよ。
ソ・ワ	しませんよ。
子ども	そんなことないよ，その子たちは悪い子の家に行くんだ。

その後同じ面接で

面接官	そうなの，他に誰か悪い子はいますか？
子ども	僕も時どき。
面接官	そうなの，悪いことってどんなことするの？
子ども	逮捕しないで！
面接官	逮捕しませんよ，しませんから。子どもは逮捕しないって言ったでしょう。
子ども	逮捕するのは大人だけなんだ。
面接官	そう，悪いことをした大人ね。あなたは何も悪いことしていないと思うけど，そうでしょう。
子ども	してない。
面接官	そうね，それだったら今日は逮捕しませんよ。

警察官は悪者を捕まえるだけだと思っている子どもは，特に不安を感じるかもしれません。そのような子どもは，自分は悪い子なので捕まえられるかもしれないと誤解している可能性があります。下の例はそのような可能性を示しています。

> 事例10 4歳の女児への面接から
> 面接官　そう，それでその時，あなたは何をしていたの？
> 子ども　膝の上に座ってた。膝の上に座ってもいいの？
> 面接官　いいわよ。

この子どもは，（虐待をしたとされる人の）膝に座ったのは過ちだったかもしれない，と思っているようです。このように，自分が悪かったために警察から面接を受けているのだと考える子どもがいます（このことは2章でも考察し，あなたは何も悪くはないのだということを子どもに伝え，説明する方法も示しました）。また，虐待者から何らかの方法で脅かされている子どももいるかもしれません。そのような脅かしにより，子どもは話すとやっかいなことになると考えたり，もとからあるそのような考えを助長させたりしている可能性があります。以下のやりとりでは，その様子が見られます。

> 事例11 7歳の男児への面接から
> 子ども　そしてその人は「ママに言ったら刑務所行きだぞ」って怒鳴ったの。
> 面接官　誰が刑務所に？
> 子ども　僕が。
> 面接官　あなたが？
> 子ども　［うなずく］

この子の場合は，打ち明けたらやっかいなことになると子どもが思うもっともな理由（虐待者による脅かし）があったわけです。さらに，子どもは（自分が申し立てようとしている）人に迷惑がかかる，と思っていることもあります。以下の例はこのことを示しています。

| 事例12 | 6歳の男児への面接から |

面接官 ［ソーシャルワーカーの名前］さん、このお部屋では何を話してもいいんですよね。
ソ・ワ そうよ。その通りよ。
子ども でも、もし大人だったら捕まえるんでしょ。
面接官 うーん、場合によってはね。

もちろん面接でこうした不安が明らかになれば、面接官は自分の仕事について説明し、子どもを安心させることができるでしょう。たとえば以下のように説明することができます。

| 事例13 | 6歳の男児への面接から |

面接官 これまでに婦人警官に会ったことある？
子ども ［名前］を捕まえる時。
面接官 ［名前］を捕まえる時、そうなの。［地名］で制服を着た婦人警官、帽子やスカートやシャツを着た婦人警官を見たことはあるかな？
子ども ［首を横に振る］
面接官 そう、私のお仕事はね、大勢の子どもとお話をすること。だから、何も心配することはないのよ。

　上の面接では、子どもが警察官の仕事について限られた、しかし生々しい経験をもっていることが判明しました。そのため面接官は、自分の仕事は大勢の子どもと話をすることであり、心配することは何もないのだと伝えて安心させています。面接によっては子どもの不安が顕在化しない場合もあるかもしれません。しかし口に出さなくても、こうした不安はあるものです。そのためどのような面接においても、面接官の仕事を説明し、子どもを安心させることが重要です。
　もちろん警察官ではなくソーシャルワーカーが面接を行なう場合もあるでしょう。私たちの調査では、子どもがソーシャルワーカーの仕事を十分に理解していないことがよくありました。次の面接ではソーシャルワーカーが自分の任務について子どもに質問しています。

|事例14⟩ **7歳の男児への面接から**
ソ・ワ　　私が何をする人か知っていますか？
子ども　　ううん。
ソ・ワ　　私の仕事はソーシャルワーカー。これまでに聞いたことあるかな？
子ども　　ううん。
ソ・ワ　　そう、それはね、特別な仕事よ。[婦人警官の名前]の仕事と似ているわ。

　この例では、子どもはソーシャルワーカーの仕事を知らないだけでなく、聞いたことすらないと言いました。(虐待を受けていないと思われる)子どもを対象とした、言葉遊びの調査では、子どもたちは警察官の仕事についてはある程度理解を示したものの、ソーシャルワーカーの仕事についてはまったくと言ってよいほど理解していませんでした (Aldridge, Timmins & Wood, 1997)。ソーシャルワーカーの仕事を正確に説明できるようになるのは10歳になってからです。ある10歳児は、ソーシャルワーカーとは「警察の手伝いをする人」だと言いました。別の子ども(この子も10歳です)は、「何かわからないことがあったり、恐いことがあったら、彼女(ソーシャルワーカー)が話をして説明してくれる」と言いました。ソーシャルワーカーの仕事が理解できていなければ、それは警察官の仕事を理解していないのと同様、不安なことに違いありません。このような調査をもとに考えると、面接官(警察官であれソーシャルワーカーであれ)は標準的な手続きとして、面接開始前に自分の仕事を子どもに説明すべきでしょう。

5. その他の法律用語

　子どもが遭遇するかもしれないその他の法律専門用語についてはどうでしょうか。最近の研究に、(虐待を受けていないと思われる) 32人の子どもを対象とした言葉遊びの研究があります (Aldridge, Timmins & Wood, 1997)。この遊びでは子どもたちに人形を示します。この人形は「逮捕」「裁判官」「裁判所」「証人」といった法律用語を知らず、子どもたちはその意味を人形に説明するよう求められました。

特定の年齢群に属する子どもたちの半数以上が，ある用語を正確に定義できたとします。その場合，その年齢群の「年齢」を，その用語の「理解可能な年齢」と考えることにします。その結果，5歳の段階で理解可能であったのは，提示した全用語のわずか15％にすぎませんでした。対照的に10歳の段階では，用語の79％が理解されていました（上と同じ基準による数値です）。表5−1にこの調査のまとめを示しました。表5−1によれば，子どもは「逮捕」（7歳になるまで習得されない），「有罪」（8歳になるまで習得されない），「証人」（10歳になるまで習得されない）などの法律用語に対し，十分理解していないことが明らかです。「留置」「判事」「執行猶予」といった用語は10歳を過ぎても（私たちの基準では）習得されていませんでした。さらに，用語の定義ができないということ以上に問題なのは，子どもは用語を誤って理解している傾向がある，ということです。私たちの調査では次のような例がありました。

❋ ある5歳児は，裁判所は刑務所の一種だと言いました。
❋ ある7歳児は,証人（ウィットネス）とは悪い人をむち打つ（ウィップする）人だと思っていました。
❋ 別の7歳児に証人の定義を求めたところ，証人とは警察が悪いことをしたと疑う人（つまり被疑者）のことだと言いました。
❋ さらに別の7歳児は，起訴とは死ぬ時に首吊りか何かひどい仕打ちをされることだと言いました。
❋ ある7歳児は，裁判官はペット・ショーでお金をもらう人だと言いました。
❋ さらに別の7歳児は，刑務所に行って裁判官に自分のしたことを話さなければならない，それが裁判官が人を裁くということなのだ，と言いました。
❋ ある8歳児は，逮捕されるということは警察官がやって来て足かせをはめることだと言いました。
❋ 別の8歳児も，裁判所とは刑務所のような所であり，人に足かせをはめ，出て行けないようにつなぎ止める棒がある，と考えていました。

　子どもが法手続きについてこのような誤解をしているのであれば，虐待の詳細について話したがらないとしても驚くべきことではありません。このような

表 5-1　法律用語の年齢別習得状況

法律用語	5歳	7歳	9歳	10歳
泥棒 [burglary]	○	○	○	○
おまわりさん・警察官 [police-officer]	○	○	○	○
犯人 [criminal]	○	○	○	○
逮捕 [arrest]		○	○	○
裁判官 [judge]		○	○	○
有罪 [guilty]			○	○
犯罪 [crime]			○	○
裁判所 [court]			○	○
法律 [law]			○	○
無実 [innocent]				○
ソーシャルワーカー [social worker]				○
巡査 [police constable]				○
証人 [witness]				○
陪審 [jury]				○
被疑者 [accused]				○
習得語彙数	3	5	9	15

(注)　各年齢群の子どもの50%ないしそれ以上が正確に説明できた用語を「習得した用語」と見なす。表では，習得された用語を○で示す。

(訳注)　日本語では，習得される用語の種類や順序は異なるであろう。日本語においてもこのような法律用語の理解，習得状況に関する資料が必要である。

誤解に対抗する唯一の手立ては，問題を直視することです。「逮捕」「裁判所」といった法律専門用語を面接で用いるのであれば，子どもがこれらの用語を理解しているかどうか確かめるべきでしょう。子どもは，言葉を適切に使っているように見えても，その言葉を大人と同じように理解しているとは限りません。上の例でも見たように，子どもは危険な誤解をしている可能性もあります。誤解されそうな用語は確認し，明確にしておく必要があるでしょう。そうでないと子どもは怖がって話をしてくれないかもしれません。「自分は悪いことをしたから逮捕される……ということは鎖につながれるんだ！」と思っているかもしれないのです。次に，子どもの性的虐待の捜査における中心的な語彙，身体部位を表わす語や性に関する語を見てみることにしましょう。

6. 身体の部位や性に関する用語

　すでに考察したように，言いたいことを表現する語を知らない場合も言葉の使用に関する問題が生じます。身体部位や性に関する用語も，子どもが限られた語彙しかもっていない語彙領域の1つです。私たちは直観的に，身体部位の名称は子どももよく知っている日常用語だと考えがちです。こうした語は，日常生活で子どもが入浴したり，服を着たりする時に繰り返し出てくる言葉だと考えてしまうのです。しかし私たちの調査によれば，子どもは（性的でない）身体部位の名称でさえ，予想以上に理解していませんでした。

　最近の実験研究（Aldridge & Wood, 1996）で，私たちは（虐待を受けていないと考えられる）2〜6歳の90人の幼児を対象に，言葉遊びを行ないました。この研究では子どもたちの能力を次のように調べました。

❋ 人形の（性的ではない）身体部位を指し，子どもにその名称を言わせる。
❋ 人形の（性的ではない）身体部位の名称を述べ，子どもにその部分を指させる。

　この調査から，子どもが理解し命名できる身体部位の名称は年齢とともに増加することがわかりました。順序という点では，まず顔の部位（たとえば目，耳，鼻）を表わす語が習得され，その後に四肢（たとえば腕）を表わす語，その後に胴体（たとえばお腹）に関する語が習得される傾向があります。いくつかの語（たとえば足首や肘）は，6歳を過ぎても十分に習得されていませんでした（Anderson, 1978；MacWhinney, Cermak & Fisher, 1987も合わせて参照のこと）。以上の結果は，性的でない身体部位の名称であっても，（子どもにとっては習得済みの）容易な「日常」用語だとはいえないことを示しています。

　さらに，先述した語彙知識に関する一般的傾向と同様，まず獲得されるのは一般的な身体部位の語（たとえば目や足）であり，特殊な語（たとえばまつ毛や足首）は後で獲得されることが明らかになりました。この結果は，面接で性的な身体部位について話す子どもの能力について，多くの示唆を与えてくれます（たとえば子どもは性器を表わす特殊な語よりも一般的な語である「お尻」

を用いることが多い，ということが示唆されます)。その意味については後で考察することにしましょう。

　言葉遊びで明らかになった次の結果も，面接場面において重要だと思われます。それは，指さされた身体部位の名称を言うよりも身体部位の名称を聞いてそれを指さすほうがよくできる，ということです。たとえば4歳児は全員，「唇」という名称を聞いて人形の唇を指さすことができました。これに対し，人形の唇を指さした時に「唇」という語を言うことができたのは，4歳児の72％にすぎませんでした。この結果は面接に関して重要な示唆を与えてくれます。それは，名称を言うことができない子どもにも，出来事を指し示したり身体部位を指し示したりする機会を与えなければならない，ということです（3章のアナトミカル・ドールに関する議論も参照のこと）。

　性的な身体部位を表わす語を知らない子どもがいることは明らかです。以下の例はこのことを示しています。

> 事例15　3歳の女児への面接から
> 面接官　おしっこはどこでするか知ってる？
> 子ども　うん。
> 面接官　どこか知ってるの？
> 子ども　うん。
> 面接官　指さして見せてくれる？
> 子ども　トイレ。
> 面接官　トイレ？
> 子ども　うん。
> 面接官　身体のどこか教えてくれるかな，どこでおしっこするの？
> 子ども　わかんない。
> 面接官　わからない？
> 子ども　トイレないもん。

同様の会話は5歳の男児の例にも見られます。

> 事例16　5歳の男児への面接から
> 面接官　おしっこしたい時，それはどこから出てくるの？　どの部分？
> 子ども　えーと，トイレ。

2人とも，身体の特定の部位が排尿に用いられるということに気づいていないようです。そして，その部位を示す語も知りませんでした（あるいは知っていても，面接官は聞き出すことができませんでした）。

　しかし，性器の名称を知らないということ以上に一般的なのは，子どもはそのような言葉を言いたがらない，ということです。以下の面接にその例を見ることができます。なお，この面接では無口な子どもを支援する方略がたくさん使われています。

|事例17|　**7歳の女児への面接から**

面接官　いいわ，それではもう少し話してもらいたいんだけど。
子ども　できない。
面接官　ええと，その人はあなたの身体の，触ってはいけないところを触ったって言いましたね。それでいいですか？
子ども　うん。
面接官　そう。それじゃ，今話しているのは，身体のどこのこと？
子ども　恥ずかしいから言いたくない。恥ずかしいもん。
父　親　そうだ，いいかい，ものすごい早口で言ってみたら。
子ども　いや！
面接官　別の聞き方をしてみましょう。あなたは泳ぎに行くことがある？
子ども　［うなずく］
面接官　そう，泳ぎに行く時は何を着るの？
子ども　水着。
面接官　そう。水着を着ると身体のどこが隠れるの？　身体のどこの部分？
子ども　ここから全部。
面接官　それでは泳ぎに行く時，［子どもの兄の名前］は何を着るの？
子ども　水泳パンツ。
面接官　では水泳パンツをはくと，身体のどこが隠れるの？
子ども　ここからここまで。
面接官　そうね，ではあなたのは［子どもの兄の名前］のとどうして違うの？
子ども　だってここ［胸］が隠れるから。
面接官　で，どうして違うの。
子ども　だって男の子だもん。
面接官　そうね，では私が泳ぎに行く時は，どの部分を隠すかしら？
子ども　ここからここ。
面接官　そうね，じゃあもう全部わかっているわね。あとやらなくちゃいけない

のは，身体のその部分の名前を決めることだけ。
子ども ［うなずく］
面接官 そうね，では私の身体のこの部分は何ていうの？
子ども 腕。
面接官 そうね，言ってもだいじょうぶ？
子ども うん。
面接官 では，この部分は何？
子ども 足。
面接官 足，そうね，こういう言葉は言ってもいいのね。じゃ，言うのがちょっと難しい他の言葉もあるでしょう？
子ども いやだ，言うの恥ずかしい。
面接官 そうね，それではね，いい？ あなたたちが身体のある場所を何て呼んでいるのか，私にはわからないことがあるの。だって，時どき子どもはちょっと変わった言い方をすることがあるでしょう。で，聞くんだけれど，男の子と女の子には違いがあるでしょう。
子ども ［うなずく］
面接官 男の子には何があるの？
子ども 長いもの。
面接官 長いもの，そうね，長いものって何？ お家では何て言うの？
子ども 言いたくない。
面接官 言いたくないのね。いいわ。［子どもの兄の名前］はそれを何て呼んでるの？
子ども 時どき，ジミーって。
面接官 そう，他には？
子ども 言いたくない。
面接官 そう，それは何のために使うの？
子ども 意味わかんない。
面接官 ジミーで何するの？
子ども おしっこするの。
面接官 おしっこするの，そうね。お父さんはそれを何て呼んでるの？
子ども 同じ。
面接官 ジミー？ ほんとに？
子ども ううん，違う名前で。
面接官 お父さんは違う名前で呼んでいるの，何て？
子ども 綴りはW，E，L，Y。
面接官 ウエリーでいいかしら。
子ども ううん。
面接官 じゃあ，何？

子ども	W, I, L, 2つのL, うん, W, I, L, L, Y。
面接官	そう,ウィリー(おちんちん)？ あなたが言いたくなかった言葉はそれ？
子ども	［うなずく］

　この事例との関連で，重要な点を3つ指摘しておきたいと思います。第1に，性的な身体部位の名称を言うのが恥ずかしいと，子どもは無口になってしまうことがある，ということです。第2に，これらの名称を言ってもよいのだと子どもに説得するには長い時間がかかる場合がある，ということです。第3に，これらの名称を言わない子どもを支援するにはさまざまな方略がある，ということです。

①単語を早口で言ってみるように促す。
　上の面接（事例17）のもっと前の方でも，この方略が以下のようにうまく使われています。

|事例18| **7歳の女児への面接から**
子ども	早口で言ってもいい？
面接官	ええ。
子ども	［聞き取れず］
面接官	私にわかるくらいの早口で言ってくれるかな？ ちょっと速すぎたから。
子ども	その人私の身体を触ったの。

　この例の子どもは，恥ずかしいことでも早口ならば言える，と感じていました。面接で用いられる同様の方略として，大声で言うのがはばかられる言葉をささやいてもらう，というものもあります。

②水着や水泳パンツで隠れる身体部位について話す。
　事例17にあるように，子どもに水着で隠れる部位を指し示すよう導くことができたら，「プライベートな」部位を他の部位と区別することができます。適切な部位を区別することができれば，子どもはその部位を（自発的に言う場合に比べて）リラックスして命名することができるでしょう。

③水着で隠れる（他の人の）身体部位について話す。

　会話の焦点が自分の身体だけにあるのではないと感じることができれば，性器の名称を言う恥ずかしさは多少なりとも軽減されるでしょう。自分，親，きょうだいの身体のどの部位が水着で隠れるのかを尋ねれば，子どもは自意識過剰にならずにすむかもしれません。

④性的ではない身体部位について話す。

　まずは性的ではない身体部位について話してもらい，その後，性的な身体部位へと命名を進めるという方法もあります。その際，（性的でない部位の命名から性的な部位の命名へという）移行は自然に進む場合もありますが，支援が必要な子どももいます。上の例にあるように，性的でない部位の名称は言ってもよいのだから，性的な部位の名称も言ってもよいのだと強調することで，移行が促進できる場合もあります。また，面接室は（別の文脈であれば）下品だと思われるような言葉を言ってもよい部屋なのだと説明することで，支援することもできます。面接でこうした言葉を使っても両親はとがめない，と子どもを安心させるのもよいでしょう。

⑤他の子どもも類似の問題を体験していると伝える。

　事例17の面接官は，多くの子どもが身体部位にいろいろな名前を付けていて，部位によっては「ちょっと変わった言い方」をしている，と述べています。このように言えば，子どもは面接官が仕事の中でたくさんの子どもと話をしているのだと気づきます。そして，恥ずかしい部位の名称を言わなくてはならないのは自分だけではない，と安心することができるでしょう。また，このような言葉かけにより，子どもは，他の子どもも特有の言葉を使っているのだと安心し，自分の言葉が「正式な」正しいものではないという不安も和らぐでしょう。同様に，子どもが使っている言葉は「他の大勢の子どももその部位を呼ぶのに使っている」言葉であり，面接官自身だって使うのだと伝えれば，これも子どもを支援することになるでしょう。

⑥その部位をママ，パパ，きょうだいは何と呼んでいるの？

性的な部位を表わす言葉について，（その言葉が正しいかどうか）子どもが確信をもてないでいる時には，両親やきょうだいがその部位を何と呼んでいるかを言わせるほうがよい場合があります。そのほうが，子どもはより確信をもって答えることができるかもしれません。また，家族が使っている言葉を尋ねれば，子どもは他の人もこれらの言葉を使うことに気づきます。そして，面接でこうした言葉を使っても大丈夫なのだと安心するでしょう。

⑦その部位は何のためにあるの？
　事例17にもあるように，身体部位の機能について話すことは，話すのに抵抗を感じる情報を取り除く役割を果たすことがあります。そうなれば，「タブー」である話題の負荷は軽減されるでしょう。

⑧その単語の綴りを書けますか？
　言うのがはばかられる単語の綴りを言わせることは，事例17の子どもにとっても有効な方略でした。同様に，声に出して言いたくない言葉を書いてもらうという方略も有効です。もちろん言えないからといって年少の子どもに綴りを言わせたり書かせたりすることは望めませんから，この方略は年齢に依存しています。

　最後になりましたが，身体部位を表わす語を聞き出すのに有効と思われる方略があと2つあります。第1はおもちゃの電話で話すことです。第2は，部屋にあるおもちゃを1つ選び，まず子どもにそのおもちゃに対して話してもらいます。そして次に，そのおもちゃが面接官に話してくれるよう，子どもの助けを得るというものです。これらの方略を用いれば，子どもにだけ注意が集中しないように配慮することができます。
　以上，性的な部位の名称を言えない子どもを支援するための，さまざまな方略を概観しました。では，子どもたちは性的な部位を命名する時，どのような言葉を使いがちなのでしょうか。

6-1. 性的な身体部位の用語

　私たちの経験によれば，英語では，子どもは性器を表わすのにさまざまな名称を用います。表5-2にその例をあげました。このような語を用いて身体部位を表わす場合の問題点は，それらの語が一般的な語としても用いられる場合，何を指しているのかが厳密にはわからないことです。これは先に見た，言葉遊びの結果とも一致します。言葉遊びでは，子どもは身体部位を表わす特殊な語（たとえばまつ毛）よりも，一般的な語（たとえば目）をまず使うようになりました。同様に，面接における子どもも，性器を表わす特殊な語よりも一般的な語である「お尻」を使っていました。以下の例はこのことを示しています。

> 事例19　7歳の女児への面接から
> 面接官　そうね，では，もう少し詳しく話してもらえますか。その人がやった悪いことがどんなことだったのか。
> 子ども　私のお尻に何かを刺したの。

　事例19の子どもは一般的な語である「お尻」を使っていますが，それが性器と肛門のどちらを指すのかはっきりしません。どうしたら区別できるでしょうか。このような場合，明確化を求める最良の方法は，子どもが示している部位の役割について尋ねることでしょう。以下の例では，「プライベート」という言葉が何を指すのかを明らかにするために，この方法がうまく用いられています。

> 事例20　9歳の女児への面接から
> 面接官　そう，で，プライベートは何に使うの？
> 子ども　おしっこ。
> 面接官　そうなの，ではうんちをする時使うところは何て言うの？
> 子ども　お尻。

　この例では，この方略がうまくいきました。子どもは明らかに，性器を表わすのに「プライベート」という言葉を用いています。この方法は以下の例でも同じように成功しています。

表5-2 性的な身体部位に用いられる英語の名称

男性性器	女性性器
ディック [dick：男子名], ロング・シング [long thing：長いもの], プライベート [private：私物], タップ [tap：栓], ウィリー [willy：男子名], ウィリー・ウォンカ [willy wonka], ウィンキー [winkie], ウォブリー・ビッツ [wobbly bits：ぶらぶらするもの]	バム [bum：お尻], フェアリ [fairy：妖精], フラワー [flower：花], マリー [mary：女子名], ピーチ [peach：桃], プライベート [private：私物], ザット・ホール [that hole：あの穴], ツーペンス [tuppence：2ペンス], タティ [tutty]

(訳注) 日本語では当然，英語とは異なる名称が用いられる。しかし，さまざまなえん曲的な用語が用いられ得ることは日本語でも同様であろう。日本語においてもこういった用語の使用に関する資料が必要である。

事例21 4歳の女児への面接から

面接官　そうね，さて，あなたのお尻がどこにあるか私にはわかるわよ。お尻はどこかな？
子ども　[指さす]
面接官　そうね，お尻は何のためにあるの？
子ども　うんちする。
面接官　うんちするため。じゃあタティは？
子ども　おしっこするため。

この例でも，面接官は命名した身体部位の役割に注目させることにより，子どもがタティと呼んでいるものを明らかにすることができました。

残念ながら，複数の部位の役割を混乱してしまう子どももいて，上の方略は常にうまくいくとは限りません。こうした例は以下のやりとりに見られます。

事例22 5歳の男児への面接から

面接官　ウィンキーは何をするもの？
子ども　トイレでおしっことうんちをするの。
面接官　トイレでおしっことうんちをするの，そう。

この例では，子どもがウィンキーの役割について混乱している様子が見てとれます。後にこの子が描いた絵によって明らかになるのですが，彼は実際には，

ウィンキーという言葉をペニスの意味で用いていました。このように身体部位の絵を描いてもらうと，子どもの示しているものが明らかになることがあります。この他，子どもが述べた部位を指さしてもらうという方法もあります。以下の例ではこの方法がうまくいっています。

> 事例23 4歳の女児への面接から
> 面接官　他にどこか痛かったところはある？
> 子ども　うん。[虐待をしたとされる人の名前]が私のプライベートに指を入れた。
> 面接官　そうなの。プライベートは身体のどこを指すか教えてくれるかな。
> 子ども　ここ[股の付け根部分を指さす]。

子どもに部位を指さしてもらうことで，それが身体の前なのか後ろなのかを区別できるケースは多いと思われます。しかし面接官は，身体の部位を示したがらない子どももいることに配慮しなければなりません。このような例は以下のようなやりとりに見られます。

> 事例24 4歳の女児への面接から
> 面接官　ではね，どこを触られたのか教えてくれますか？
> 子ども　[指さしてささやく]私のタティ。
> 面接官　じゃあ立って見せて，それはどこ？
> 子ども　[指さしたものの，カメラを神経質そうに見上げる]

この子がタティを示すことに神経質になっていることが，2つのことからわかります。まず，子どもは面接官の最初の要請に対し，ささやくように答えています。そしてその部位を指すように言われると，神経質そうにカメラを見上げました。子どもにあまり不安を感じさせずに身体部位を指させる方法としては，人形の身体部位を指させるという方略があります。私たちはアナトミカルドールの使用を勧めているのではありません。身体のさまざまな部位を指し示すには，ふつうの人形でよいのです（人形の使用については3章も参照のこと）。

先述した言葉遊びの結果も，部位を子どもに指させたり示させたりする方略の有効性を支持しています（Aldridge & Wood, 1996）。言葉遊びに参加した2

〜6歳児は，指さした部位の名称を言うよりも，提示された名称を人形で示すほうがよくできました。子どもの言語理解は言語産出に先行する，というのは言語獲得の研究で一般的に見られる知見です。たとえ命名ができなくても，面接官が部位の名称を言えば理解でき，機会が与えられれば指さすことができるのも，そのためかもしれません。

　性的虐待について十分な報告をするには，もちろん身体部位を命名するだけでは足りません。他にも説明すべきこと，つまり性的な行為についての説明が必要でしょう。しかし私たちの経験によれば，ほとんどの子どもは性行為について述べることができません。それはおそらく，子どもはこうした行為の意味を大人のようには理解していないからだと思われます。たとえば以下の例の子どもは，ペニスの性的な機能に関する知識をもっていませんでした。

事例25　5歳の女児への面接から
面接官　男の子にはおちんちんがあるって知ってますね？
子ども　うん。
面接官　おちんちんは何のためにあるの？
子ども　おしっこするため。
面接官　おしっこするため。他にもおちんちんですることある？
子ども　ううん，わかんない。

　以下，子どもにとって伝えるのが困難な性的情報について考察します。

6-1-1. 挿　入

　年少の女児による性的虐待の報告では，多くの場合，挿入があったのかどうか不明です。これは女児が性器を表わすのに一般的な言葉を用いがちであり，膣を表わす特定の名前をもっていないからです。こうした問題は，以下の例にも見られます。

事例26　5歳の女児への面接から
面接官　ピーチのどこにクリームをつけたの？
子ども　上。

面接官　上？
子ども　うん。
面接官　中に入ってきた？
子ども　うん，そう思う，そうだった。

　この報告で子どもが言っている「ピーチ」は，クリームが塗られた場所を特定するには不十分です（訳注：無理やり性行為を行なうために，性器にクリームをつけることがある）。同様の問題は，女児がツーペンスを触られたと打ち明けた，以下の面接でも起きています。以下の例では，指の挿入があったのかなかったのかを確立するための方略が用いられています。

事例27　7歳の女児への面接から

面接官　そう。では，ツーペンスは身体の一部でしょう，これは何に使うの？
子ども　おしっこ。
面接官　おしっこ。そう，ではおしっこはどこから出るの？
子ども　小さな穴。
面接官　そう，じゃあ小さな穴はどうだったの？
子ども　［沈黙］
面接官　その指はどこを触ったの？
子ども　［指で椅子の座面に架空の線を描きながら］こんなふうに。
面接官　そう。
子ども　こんなふうにすーっと。
面接官　すーっとね。では，小さな穴はどこにあるの？
子ども　［椅子の座面に架空の線を描いた中ほどを指さしながら］ここ。
面接官　そう，穴はここなのね？
子ども　うん。
面接官　そう，それが穴で，ツーペンスはそれで，これはあなたに触った［虐待をしたとされる人の名前］の指なのね。どんなふうに指が触ったのか教えて。
子ども　こんなふうに［指を線に沿ってすべらせ，穴の上を通り過ぎる］。

　この例では，子どもは膣に気づいています。彼女はそれを明確に表わす言葉はもっていませんが，「小さな穴」と表現することができ，面接官に指の挿入はなかったと伝えることができました（彼女は後で，言葉で説明することもで

きました)。しかし、一般には幼児は自分の身体への意識が乏しく、こうした区別を表現することができないかもしれません。

6-1-2. マスターベーション

性的行為を知らないために、子どもは、マスターベーションの有無を明確化しようとする質問の意味を理解できないことがあります。以下の例では、面接官は、虐待をしたとされる人物が女児の性器を触った時の手の動きを明確にしようとしています。残念ながら、子どもはその人の手が「どのように」動いたかではなく、「どちらの方向に」動いたのかを答えています。

事例28	9歳の女児への面接から
面接官	その人の手はどうでした、手で何をしたの？
子ども	動いてた。
面接官	どんなふうに動かしていたか教えてくれますか？
子ども	向こう側に。

9歳の男児に対する次の面接では、面接官は少年が見た父親の様子、すなわち用を足していたのかマスターベーションをしていたのかを明確にしようとしています。少年は初期の報告で、父親が「薄紙でおちんちんをくるんで、それにおしっこをし」、「おしっこは飛び散った」と言いました。もっと詳しく説明してもらおうと、面接官は以下のように質問しました。

事例29	9歳の男児への面接から
面接官	お父さんはおしっこしている時、他に何かしていましたか？
子ども	ううん、それだけ。
後に	
面接官	ではね、お父さんがおしっこに行った時、お父さんはおちんちんで何かしていましたか？
子ども	ううん、それだけ。
面接官	手はどこにあったの？
子ども	薄紙の上。
面接官	それで手は何をしていたの？

子ども	うーん，お父さんは両手で薄紙を押さえていて，それからおしっこが終わったら，おしっこは床やトイレシートに飛び散ってた。
面接官	そう，お父さんは手で他に何かしていた？
子ども	押さえてただけ。それから手を離した時に僕のおちんちんを握った。

　この事例の男児は，面接官が繰り返す質問の意味を理解していないようです。たとえマスターベーションが行なわれていたことを示唆し得ても，彼らはそれを正確に説明する言葉をもっていません。以下の少女も，おじいさんの性的行動について次のように述べています。

> 事例30　9歳の女児への面接から

面接官	そのことについてもう少し詳しく教えて。
子ども	おじいちゃんは，えーと，私の足をこすって，おちんちんをぶつけてきたの。

　虐待をしたとされる人が「おちんちんをぶつけてきた」という表現は，性についての理解や言語知識が不十分な子どもから期待し得る最大限のものだといえるでしょう。

6－1－3. 射　精

　以下の面接では，子どもはすでに，虐待したとされる人が「おちんちんを触る」と話していました。そこで面接は以下のように続けられました。

> 事例31　9歳の女児への面接から

面接官	そう，その人がおちんちんに触った時，おちんちんはどうなった？
子ども	白いものが出てきた。

　子どもは精液が出たことを明確に示しましたが，これが何を意味するのかは知らないことが後で判明しました。

面接官	で，その人は何か言った？

子ども	「行くぞ」って2回言った。
面接官	それがどういう意味か知ってる？
子ども	知らない。

　この子どもと同様，性的な事柄への気づきがないために質問の意味を理解できない子どももいます（たとえば，お父さんが薄紙の中に「おしっこ」をしたと言った事例29の9歳の男児）。この9歳の男児の面接では，面接官は子どもが「おしっこ」と言ったものが尿なのか精液なのかをはっきりさせようとしました。

> 事例32　9歳の男児への面接から

面接官	それでおしっこはどんなでしたか？
子ども	黄色。
面接官	そうだったの？
子ども	うん。
面接官	それからトイレシートの上のおしっこは見ましたか？
子ども	うん。
面接官	トイレシートの上のおしっこは何色だったか見ましたか？
子ども	ううん，トイレシートの上は白かったよ。
面接官	そう，白って言ったけど，白っていうのはどういう意味かな。それは色のこと，それとも？
子ども	色じゃない。
面接官	じゃあね，それはふつうのおしっこみたいだった？
子ども	うん。

　このような場合，面接官は子どもにおしっこがどのようなものかを説明させたり，子どもが説明しようとしているものがふつうのおしっこと同じなのか違うのか，比較させることができるでしょう。

　その際面接官は，子どもがしばしば言葉を過般化する方略を用いることに注意しなければなりません。子どもは言い表わそうとする語を知らない時，すでに知っている類似の語を使うことがあります。言葉遊びでも，「足首」という語を知らない子どもは過般化を行ない，「脚」，「足」などと呼んでいました（Aldridge & Wood, 1996）。「精液」という単語を知らない子どもがそれを「おしっこ」と言うことは，おおいにありそうなことだと思われます。

6-1-4. 勃　起

　子どもの報告においてさらに判別が難しいのは，虐待者が勃起していたかどうかです。私たちの調査でも，多くの面接官が，子どもの報告の中で確立するのが最も難しい問題の1つとしてこのことをあげています。その難しさは以下のやりとりに示されています（Aldridge & Wood, 1997a）。

> |事例33〉　9歳の男児への面接から
>
> 面接官　そう，その人のおちんちんはどんなだった？
> 子ども　黄色。
> 面接官　そう，どんなかたちだった，おちんちんは？
> 子ども　それは，えっと，円みたい。
> 面接官　そう，あなたの言う意味がよくわからないんだけれど。ここ（空中）に描いてみてくれる，どんな形なのか，何みたいだった？
> 子ども　円だったの。
> 面接官　そうなの。
> 子ども　こんなだった［空中に円を描く］。
> 　　その後
> 面接官　その人のおちんちん，どんなだったのかしら。
> 子ども　円のかたち。
> 面接官　そう，向きはどうだった？
> 子ども　上を向いてた，前の方に。
> 面接官　そう，ではね，おちんちんってふつうどんなかたち？
> 子ども　時どきおしっこするけど，全部黄色だよ。
> 面接官　そう，ふつうの時のかたちは？
> 子ども　黄色で，円のかたち。
> 面接官　向きがどうだったか知りたいんだけど。どっちを向いていた？
> 子ども　前。
> 面接官　そして，どんなふうに見えた？　柔らかそうだった，硬そうだった？
> 子ども　柔らかかった。
> 面接官　まっすぐだったか，それともだらんとしていたかしら。
> 子ども　よくわかんない。

　上のような質問方略をもってしても，面接官は求める情報をほとんど引き出せずにいます。それは子どもが見たものを伝える言葉をもっていないだけでなく，質問の意味を理解するための性的な知識ももっていないからです。このよ

うな場合に他にできそうなことと言えば，子どもが見てきたものを絵に描いてもらうことくらいでしょう。

6-1-5. コンドーム

子どもの報告では，虐待の最中にコンドームが用いられていたことがうかがわれるケースが多々あります（たとえば「薄紙」という報告など）。しかし私たちが調べた面接の中で，その名称を言うことができたのは，9歳の女児ただ1人だけでした。その他の面接では，コンドームは「風船」「ポリ袋」「薄紙」などと呼ばれていました。ここでも子どもたちは，必要な語を知らない場合，何らかの（たいていは外見上）似ている別の対象を表わす語を選び，過剰に一般化して用いることがわかります。

次に，子どもの言語知識が限られている別の側面，感情を表わす語彙に目を向けます。

7. 感情を表わす語彙

面接官が子どもによる虐待の報告を強化するためによく用いる方法は，虐待や虐待者に対する子どもの気持ちや感情を尋ねることです。しかし面接データや研究結果（虐待されていない子どもを対象とした言葉遊び（Aldridge & Wood, 1997b））は，この方法があまりうまくいかないことを示しています。面接データの中から，次のような例を見てみましょう。

事例34　5歳の男児への面接から
面接官　あなたのおちんちん，どんな感じがした？
子ども　［虐待をしたとされる人の名前］が僕のおちんちんを握った。
面接官　その人があなたのおちんちんを握った，それであなたはどう思ったの？
子ども　わかんない。

この例では，子どもは虐待したとされる人物が「風船」（コンドーム）を（子どもの）おちんちんに着けたと話していました。そこで面接官はどう感じたの

か聞いてみましたが，見ての通りの応答を得ただけで，どんな感じがしたかの説明は得られませんでした。より年齢の高い子どもであっても，感情についての質問に答えるのは難しいようです。14歳の女児への面接例を見てみましょう。

> 事例35　**14歳女児への面接から**
> **面接官**　彼が［挿入］した時，どんな感じがした？
> **子ども**　うむ，痛くて，えーと，怖かった。
> **面接官**　中はどんな感じがした？
> **子ども**　うむ，わからない，説明しにくいです。

これらの面接データは，子どもにとって感情を説明するのは，それが身体的な感覚であっても情動的な感情であっても，難しいことを示唆しています。このことはまた，私たちが調べた（虐待を受けていないとされる）56人の子どもの言葉遊びの資料によっても支持されます。この遊びはプラスチックでできたおもちゃの人形と校庭場面を使ったものでした。感情を表わす語彙を引き出すために，まず，一連のシナリオを子どもに提示します。詳細はアルドリッジら（Aldridge & Wood, 1997b）にありますが，面接にも役立つ結果が数多く得られたので，ここでその要点をかいつまんで紹介しましょう。この研究で用いられた8つのシナリオのうち，ここでは4つを示します。

最初のシナリオでは，人形の1人が滑り台から落ちて頭を打つという状況を（実験者が人形に演じさせながら）示しました。このシナリオのねらいは，「この子はどんな気持ちだと思いますか？」と尋ね，子どもから怪我や痛みを表わす言葉を引き出すことでした。

2番目のシナリオでも，怪我や痛みを表わす言葉を引き出そうとしました。ただし，（上で示した最初のシナリオでは突発的な原因で痛みが生じたのに対し），このシナリオでは故意に傷つけられる，したがって虐待状況を思わせるような状況を提示しました。意図的な痛みというのは，人形の1人が別の人形の髪を引っ張るというものでした。ここでも参加者の子どもに「この子（髪を引っ張られた子）はどんな気持ちだと思いますか？」と尋ねます。このシナリオのねらいは，痛みだけでなく怒りを述べる言葉も引き出すことでした。

3番目のシナリオは，人形の1人が鉄塔のてっぺんに登って身動きが取れなくなるという状況でした。このねらいは恐怖を表わす言葉を引き出すことで，再び「この子はどんな気持ちだと思いますか？」という質問が行なわれました。

4番目のシナリオでは，人形の1人が気分が悪くて回転木馬に乗りたくないという様子を示しました。ところが友だちの人形は，いやだというその子の言葉を無視し，彼を無理やり回転木馬に引っ張って行きます。このシナリオのねらいは無理強いについての言葉を引き出すことでした。

その結果，感情を表わす言葉についての子どもの知識にはさまざまな限界があることがわかりました。

7-1. 感情を表わす語彙の制約

私たちの言葉遊びにおいて，子どもが言語的に表現できた最初の感情は「うれしい」(表現できたのは5歳児の87.5％)，「悲しい」(5歳児の62.5％)，「痛い」(5歳児の37.5％) でした。この結果は，子どもは特殊な語よりもまず一般的な語を習得するという，(これまでにも見てきた) 傾向を反映しています。この言葉遊びでは，どのような肯定的感情も「うれしい」，どのような否定的感情も「悲しい」で表現されがちでした。面接データにも次のような例があります。

事例36 5歳の女児への面接から
面接官　今［虐待をしたとされる人の名前］のことどう思う？
子ども　警察署に行っちゃった。
面接官　そうね，だけどあの人についてどう思うの？
子ども　悲しい。
面接官　悲しいだけ？

この面接では，面接官の最初の質問に対し，子どもは虐待したとされる人物のことをどう思っているか説明できませんでした。そして次の質問には，否定的感情を表わす一般的な言葉「悲しい」を用いて答えています。子どもは言葉の知識が限られている時，「平気」のような一般的な表現を用いることもあります。こうした例は以下のやりとりにも見られます。

|事例37> 4歳の女児への面接から
面接官　で，その人が［虐待行為を］した時，どんな気持ちだった？
子ども　平気。

　実際には「平気」などという感情ではなく，その行為は痛かったでしょうし，怖かったでしょう。しかしこの子どもは説明する言葉をもっていなかったのだと思われます。私たちの言葉遊びでも，「痛い」を表現できたのは5歳児のわずか37.5％であり，「恐い」を表現できた5歳児は1人もいませんでした。このような表現をする代わりに，彼らは「うれしい」や「悲しい」のような一般的な語を用いました。「平気」や「だいじょうぶ」も，特殊で難しい言葉の代わりに用いられる一般的な表現である可能性があります。では，何歳くらいになれば，子どもはより特殊な言葉を用いることができるのでしょうか。

7-1-1. 怒　り

　私たちの言葉遊びでは，「怒った」「機嫌悪い」などの怒りを表わす言葉を使った5歳児は1人もいませんでした。しかし，6歳児では25％が怒りを表わす言葉を使うことができ，その割合は7歳児では37.5％，8歳児では60％へと増加しました。8歳かそれ以上にならないと，これらの言葉は習得されないといってよいでしょう。

7-1-2. 恐　れ

　言葉遊びでは，「驚いた」「恐かった」などの恐れを表わす言葉を用いた5歳児は1人もいませんでした。また，6歳児や7歳児でも，それぞれ12.5％しかこれらの言葉を用いることができませんでした。8歳児においてのみ，62.5％の子どもがこの種の言葉を使うことができました。ここでも8歳という年齢が，年齢群の過半数が特殊な言葉を使うことができるようになる目安である，といえるでしょう。

7-1-3. 強　制

　言葉遊びで「無理強い」を表わす言葉を用いた子どもはいませんでした。こ

のような言葉は11歳以降に習得されることが示唆されます。これらの結果が面接場面に対して含意するところは明らかです。8歳未満の子どもに虐待や虐待者についてどう感じたかを尋ねても，乏しい反応しか返ってこないだろうということです。

以上のことに加え，言葉遊びの結果からは次のことも示唆されました。たとえ子どもが感情について言い表わそうと努力しても，使用可能な言葉の範囲が限られている，ということです。5歳児の語彙はわずか5語（嬉しい，平気，痛い，嫌だ，悲しい）でした。これに対し，言葉遊びに参加した大人の語彙は28語でした。表現できる感情の種類においても，個々の感情を表わす表現の多様性においても，子どもの能力は限られていることが判明しました。

7-1-4. 対立する感情

面接場面との関連で言えば，対立する感情を表現できるようになるのはいつか，ということに関する知見も，本研究で得られた重要な結果です。ハーターらによれば，同一の対象に対して相対する感情が生じ得ることを認識できるようになるのは，少なくとも10歳以降だと言われています（Harter & Whitesell, 1989）。言葉遊びの資料でも，このことは支持されました。同一の対象に対して「うれしいけれど心配」といった反応が見られたのは，11歳以降でした。もし虐待者（つまり，同一の対象）が子どもにとって身近な人であれば，その人物に対する複合した感情を言い表わすのは，たいへん難しいことだといえるでしょう。そのような例を見てみましょう。

> 事例38　**8歳の女児への面接から**
> **面接官**　お父さんのこと好き？
> **子ども**　うん。

この事例では，子どもは父親からの性的虐待を訴えていました。複合した感情を理解し，言い表わすのがいかに困難であるかを知っていれば，上のやりとりを文字通りに受け取るべきではありません。子どもは当然父親に対して否定的な感情も抱いているでしょう。しかしその気持ちが複合的であれば，それを

表現することはできないかもしれません。ある研究で，1人の子どもがこう言っています。「嬉しいんだけど恐いっていうのが難しいの。1人で2人分やらなくちゃならないみたい！」(Harter & Whitesell, 1989：85)。複合した感情は理解するのが難しいのです。

　こうした知見にかかわる問題が2つあります。第1は，言葉遊びの参加者は虐待を受けていない（とされる）子どもたちである，ということです。ビーリーらは，虐待された子どもは虐待されていない子どもよりも感情を表現できないことを示唆しています（たとえばBeeghly & Cicchetti, 1994）。そのため，虐待を受けていない（とされる）子どもを対象とした言葉遊びの成績は，虐待を受けた子どもが面接場面で示す能力をはるかに上回っている可能性があります。

　第2の問題は，言葉遊びが中立的な場面で行なわれたこと，そしてそのトピックは中立的であった，ということです。ダンらは，子どもは中立的な環境にある時に最高の能力を発揮し，「機嫌が悪かったり怒ったりしている時には社会的能力は失われる」と述べています（Dunn & Brown, 1994：121）。虐待を受けていない子どもを対象とし，中立的な場面で行なわれた言葉遊びでの能力は，感情的な状況で，感情的なトピックについて話さなくてはならない虐待を受けた子どもたちの能力を上回っている可能性があります。それでは次に，面接場面におけるもう1つの言葉の問題，代名詞に目を向けることにしましょう。

8. 代名詞

　代名詞とは，「彼女」「彼」「それ」「あれ」のように，名称を繰り返すことなく対象を指示するための言葉です。一般に，代名詞はすでに言及した対象を指示するのに使われます。たとえば次の例では，「彼」はジョンを指しています（訳注：日本語では省略されることが多いので（　）に入れて示す)。「ジョンは家に戻り，（彼は）シャワーを浴びた」。しかし「彼」のような代名詞は，会話の後方を参照するのに用いられることもあります。たとえば以下のような例でも「彼」はジョンを指しています。「（彼は）家に戻り，ジョンはシャワーを浴びた。」しかし，どちらの例でも「彼」は常にジョンを指すわけではありません。先の例で

は，ジョンは帰宅し，別の誰かがシャワーを浴びた，と解釈することも可能です。また2番目の例では，他の誰かが帰宅し，ジョンはシャワーを浴びた，と解釈することもできます。このように，代名詞には解釈の余地（多義性）があるため，面接で問題が生じることがあります。以下の例を見てみましょう。

> |事例39〉 9歳の女児への面接から
> 面接官　学校には規則がありますか？
> 子ども　うん。
> 面接官　どんな規則があるの？
> 子ども　悪口を言わない，唾を吐かない，蹴らない，喧嘩しない。
> 面接官　そう，それはいいこと？
> 子ども　ううん。

この例で「それ」が示し得るのは，2つの指示対象のうちのいずれかです。1つ目は「規則があること」（面接官が意図していた解釈）です。2つ目は乱暴な行為（たとえば喧嘩）で，これは子どもが行なった解釈です。このため，面接官にすれば子どもは規則があるのは悪いことだと言ったことになりますが，実際には，子どもは面接官が意図した質問に答えていなかったのです。以下も同様の事例です。

> |事例40〉 5歳の女児への面接から
> 子ども　ママはフェルトペンをくれないの。
> 面接官　そうなの？
> 子ども　うん，ママには言わないで。
> 面接官　そう，あなたのお部屋にフェルトペンがあったなんてママに言わないとしたら，それって何？
> 子ども　黒いペン。

面接官は「それ」という代名詞で「フェルトペンのことを母親に言わないこと」を指しています。したがって，「それって何？」に期待される答えは「秘密」です。しかし子どもは「それ」を前出のペンだと解釈し，「黒いペン」と答えました。別の5歳の女児の面接でも，「彼」について同じようなやりとりが起きています。

> 事例41　5歳の女児への面接から

ソ・ワ　　パパが[子どもの兄の名前]を閉じ込めるって言ったっけ？
子ども　　うん。
ソ・ワ　　どこに閉じ込めるの？
子ども　　寝室。
面接官　　彼は閉じ込められていたのかな，（彼が）あなたのピーチにクリームをつけた時。
子ども　　うん。

　この例では，面接官が「彼」の使い方に関して問題のある質問をしています。「彼は閉じ込められていたのかな，彼があなたのピーチにクリームをつけた時」における2番目の「彼」には，2つの可能性があります。第1の可能性は，最初に出てきた「彼」，つまりこの子の兄です。第2の可能性は（子どもが申し立てている）ピーチにクリームをつけた父親です。この質問は2通りに解釈できるので，子どもがどちらの解釈に基づいて答えたのかあいまいです（つまり，閉じ込められた兄が彼女のお尻にクリームをつけたのか，兄が閉じ込められている時に父親が彼女のお尻にクリームをつけたのか）。この事例は代名詞のもう1つの問題，代名詞は直前の人物や事物を指示するとは限らない，という問題も示しています（つまり，代名詞は会話の直前ではなく，ずっと前に語られた対象を指すこともある，ということです）。ややこしいことに，代名詞と指示対象の間に別の指示対象が出現する場合もあります。上の質問における2番目の「彼」は，直前の「彼」の可能性も，先に語られた「父親」の可能性もあります。もし面接官が後者（父親）を指して「彼」と言ったのであれば，（質問における1番目の「彼」は2番目の「彼」を指している可能性もあるので），この質問はたいへんあいまいです。以下は4歳の女児への面接ですが，この例では代名詞と指示対象との距離に問題があります。

> 事例42　4歳の女児への面接から

ソ・ワ　　で，あなたはさっき，転んで唇を切って痛かったって言ったわね。その後，プライベートが痛かったことある？
子ども　　ううん。

この面接官は，子どもが先に述べた指の挿入を指して「その後」と言ったつもりでした。しかし，子どもは「その後」を転んで唇を怪我した後だと解釈しています。つまり子どもは虐待の後に「プライベート」が痛くなったことはない，と言ったのではなく，転んで唇を怪我したけれど，その後「プライベート」は痛くなかった，と答えたのです。同様のことがこの面接の続きにも見られます。

事例43 4歳の女児への面接から

ソ・ワ　血はどんな色か知っているわね。そして唇から血が出たのよね。でも，その痛かった時には何もなかったのね。

子ども　[首を横に振る]

ソーシャルワーカーは，先に出て来た虐待を指して「その」と言ったつもりでした。しかし，「その」は唇の怪我を指している可能性もあります。ここでもまた，子どもがどちらの可能性に基づいて答えたのかはっきりしません。同様の混乱は以下のやりとりにも見られます。

事例44 5歳の女児への面接から

面接官　その人がクリームをつけた時，おちんちんはどうなった？
子ども　そこにはクリームつけなかったよ。
面接官　おちんちんにはつけなかったの？
子ども　つけなかった。
面接官　彼はそれを「ピーチ」につけたんでしょう？
子ども　うん。
面接官　で，「ピーチ」にそれをつけた時，彼はどうしてたの？
子ども　何もしてない。

このやりとりにおける代名詞には解釈の余地がたくさんあり，その結果，誤解が生じている可能性もたくさんあります。代名詞の使用について，発話ごとに吟味してみましょう。

面接官　その人がクリームをつけた時，おちんちんはどうなった？

このような文は，特定の語句を補うことで解釈できます。問題なのは，解釈に2通りの可能性があることです。この文は以下のどちらの意味にも読むことができます。

面接官 その人がクリームを（自分のおちんちんに）つけた時，おちんちんはどうなった？

または，

面接官 その人がクリームを（あなたの「ピーチ」に）つけた時，おちんちんはどうなった？

面接官は2番目を意図したつもりでしたが，子どもは1番目の解釈に基づいて答えました。

子ども そこにはクリームつけなかったよ。

「そこ」とはおちんちんなのか，それとも子どもの「ピーチ」なのかという問題はありますが，面接官は（これまでの話に基づいて）子どもは「そこ」をおちんちんの意味で用いているのだと仮定してこう言いました。

面接官 おちんちんにはつけなかったのね？

子どもは答えます。

子ども つけなかった。

面接官ははっきりさせようとしてこう言います。

面接官 彼はそれを「ピーチ」につけたんでしょう？

面接官は「それ」でクリームを指しているつもりですが,「それ」には複数の可能性があり得ます。前に言及した「おちんちん」を指している可能性もあるのです。2つの可能性があるために,子どもの答えはあいまいなものとなってしまいました。

 子ども うん。

子どもは(面接官の意図通り)「ピーチ」にクリームがつけられたことを認めているかのように見えます。しかし,もし子どもが「それ」をおちんちんの意味にとっていたのなら,この「うん」は虐待者がおちんちんを彼女の「ピーチ」につけたという,新しい開示となり得ます。

しかし,面接官が用いた代名詞を子どもが誤って理解するということだけが誤解の原因ではありません。子どもによる代名詞の使用それ自体もあいまいです。以下の例はそれを示しています。

> 事例45 5歳の女児への面接から
> **子ども** パパは終わって,(彼は)私をぶって,(彼は)行け,寝なさいって言ったの。

この発話では,「彼」が誰を指示しているのかがあいまいです。一般には,どちらの「彼」もパパを指していると考えるのがふつうでしょう。しかし面接官が明確化を求めたところ,実際はそうではありませんでした。やりとりの続きを見てください。

> 事例46
> **面接官** 誰があなたをぶったの。
> **子ども** お兄ちゃん。

代名詞の使用においてさらに問題なのは,子どもは代名詞を入れ替えて用いることがある,ということです。英語では,子どもは「あなた」を「私」の意味で,あるいは「私」を「あなた」の意味で用いることがあります。以下のや

りとりでこの例を見てみましょう。

> **事例47** 5歳の男児への面接から
> 面接官　その人はどんなふうにしたの，何をしたの？
> 子ども　僕の指を入れたの。
> 面接官　あなたの指を入れたの？
> 子ども　ううん，パパの指。

　この例の子どもは「彼の：his」と言うかわりに「僕の：my」と言いました。幸い面接官が質問をしたので，誤りを正すことができました。
　これらの例は，面接官は自分自身や子どもの使用する代名詞に十分注意する必要がある，ということを示しています。代名詞に解釈の余地が2通り以上ある場合は，面接官は自分と子どもが同じ解釈のもとでやりとりをしているのか，追加質問で確認すべきです。次は面接場面で問題となり得る別の言葉，前置詞について検討しましょう。

9. 前置詞

　英語の前置詞とは，「の中に：in」「の上に：on」「の下に：under」「のそばに：by」「の近くに：near」のような語を指します。面接官は申し立てられた出来事について詳細な情報を引き出す必要があるため，以下の例に見られるように，多くの前置詞を用いる傾向があります（前置詞を「　」で示します）。

> 面接官　その時あなたは誰「と：with」お家にいたの？
> 面接官　その人「について：about」他に何か思い出せますか？
> 面接官　お母さんは昼間「に：in」仕事をするの，それとも夜間「に：at」仕事をするの？
> 面接官　あなたが話をする「間：while」，私たち，向こうを向いていましょうか？
> 面接官　あなたは寝巻き「の下に：under」何か着ていましたか？
> 面接官　どれくらい「の間：for」，彼がそれをしたかわかる？
> 面接官　彼はそんなことを「前に：before」したことがありましたか？

面接官　彼が叩いたのは服「の上：on」，それとも服「の下：under」？

　たとえば最後の文について見てみましょう。シュイが指摘するように，「前置詞はめだたないがたいへん重要な文法的構成要素である」ことが明らかです(Shuy, 1993：193)。「の上」と答えるか「の下」と答えるかによって，子どもの報告は大きく異なったものとなります。子どもが服の上ではなく，服の下を叩かれたと主張すれば，私たちはこの報告はより深刻だという印象を抱くでしょう。

　「の上に：on」「と：with」「によって：by」「へ：to」などの前置詞は短く，発音も難しくありません。そのため，子どもは前置詞を容易に理解できるだろうと考えて，詳細情報を引き出すために前置詞を含む質問を平気でする面接官もいます。それは無理からぬことかもしれませんが，やはり適切ではありません。前置詞は複数の意味をもつ場合があり，その使用法は見かけよりもずっと複雑です。たとえば「by」は「椅子『のそばに』座る」のように場所を表わす場合も（位置を表わす用法），「その人『によって』購入されたおもちゃ」のように動作主を表わすことも（動作主を表わす用法）あります。

　そのため前置詞を理解するには，子どもは自分の辞書に前置詞という語彙項目を獲得するだけでなく，前置詞がもつあらゆる意味を理解する必要があります。研究によれば，子どもは段階を踏んで前置詞を獲得していきます（たとえば，Bremner & Idowu, 1987；Durkin, 1981；Tomasello, 1987；Shuy 1993, Aldridge & Timmins, 未公刊）。英語における前置詞の獲得過程を，シュイの分類を用いて示しましょう。

- 最初に，位置の前置詞が獲得されます。このような前置詞は，空間次元での位置を表わします。例：乳母車「の中の：in」人形，パパの所「に：to」行って下さいなど。
- 次に，連結の前置詞が獲得されます。このような前置詞は人物／事物間の関係を表わします。例：お人形さん「と：with」並べて置く，パジャマ「を：on」着る。
- 次に，時間の前置詞が獲得されます。このような前置詞は，時間における

人物／対象間の関係を示します。例：それをしたのはご飯「の前：before」，それとも「後：after」？

✽ 次に，属性の前置詞が獲得されます。このような前置詞は，属性の意味を伝えます。例：これは何「の：of」写真？　お風呂「の：for」用意はできた？

✽ 最後に動作主の前置詞が獲得されます。このような前置詞は，行為の主体がいることを伝えます。例：あなた「に：to」そんなことしたの？　人形「で：with」やって見せて。

（訳注：日本語の場合は，前置詞ではなく助詞が用いられる。助詞には格助詞（僕「が」，僕「の」など），終助詞（お花「よ」，お花「ね」など），副助詞（僕「は」，僕「しか」など），接続助詞（〜し「て」，〜した「のに」など）などが区別されるが，英語の前置詞と密接な関連をもつのは一部の格助詞であろう。横山正幸によれば幼児は3歳頃までに多くの助詞を使い始める。しかし，3歳5か月時でも誤用は多く（「シンカンセンガ　ノリタイ」［新幹線に乗りたい］など），誤用の消失には「従来考えられているよりかなり長い期間を要するのではないか」（p.141）と考えられている）（横山正幸　1997　小林春美・佐々木正人（編）『子どもたちの言語獲得』　大修館書店 Pp.131-151.)。

シュイによれば属性や動作主の前置詞の獲得には時間がかかるということですが（Shuy, 1993），これは面接に大きな影響を及ぼすと考えられます。面接では「誰が何をどのようにしたか」を明確にする必要があるため，この種の前置詞が多用されるからです。面接データにおける以下の例では，子どもは動作主にかかわる前置詞に苦労しています。

> 事例48　**4歳の女児への面接から**
> **面接官**　尋ねたかったのはね，あなた「に」何かあったと思ったのよ。
> **子ども**　何もなかったよ。

少し後にもう一度質問が繰り返され，応答が引き出されました。

> **面接官**　誰かがあなた「に」したこと，話せるかな？
> **子ども**　男子が私のフードを持って上げたり下げたりした。

面接データと，（虐待を受けていないとされる）3〜8歳の120人の子どもを対象とした言葉遊びの研究結果（Aldridge & Timmins，未公刊）から，子どもの前置詞の理解について，次のような結論を引き出すことができるでしょう。

* 3歳以下の幼児は位置の前置詞以外，前置詞を含む質問に答えることができません。
* 4歳以上の幼児は位置，連結，属性を表わす前置詞の用法ならば理解することができます。
* 6歳未満の幼児には，動作主を表わす前置詞の用法を理解することが困難です。たとえば［with］には「で」（動作主がいることを示す）と「と」（連結を示す）の意味がありますが，「乳母車は何「で／と」［with］押すの？」と尋ねると，6歳未満の幼児は「手『で』」（動作主がいることを示す）と答えるのではなく「赤ちゃん『と』」と答えがちです（連結の用法）。したがって6歳未満の幼児には，動作主の用法の「で」を含む質問は用いるべきではありません。「何『で［with］』それをしたの？」という質問は，「何を使ってそれをしたの？」のように言い換えるのがよいでしょう。
* どの年齢の子どもにとっても，「何があなたに起きたの？」のような動作主がない質問は，「誰かがあなたに何かしたの？」のような動作主が含まれる質問よりも難しいことがわかりました。子どもは動作主がない質問に対し，「あなたは何をしているの？」と質問されたかのような応答をしがちです。
* 時間の前置詞は発達の後のほうで獲得されます。その中でも「の前に」は「の後に」よりも後に獲得されるようです。時間の前置詞を用いる場合は，日課における特定の手がかりと関連づけて用いるのが賢明です（訳注：「昼ご飯の前」「お昼寝の後」など）。

「短くて単純な言葉を用いなさい」というアドバイスは，常に正しいとは限りません。前置詞は短い語ですが，複雑で，子どもが理解するのは困難です。幼児には主体がない質問だけでなく，動作主を表わす前置詞の用法も避けるべきでしょう。また，前置詞を用いる時はできるだけ実際の生活と関連づけて用いるのがよいでしょう。

10. 要 約

　本章では，面接の障害となる（子どもの側の）言語知識の問題について見てきました。また，面接で用いられる言葉によって生じる以下のような問題についても検討しました。

※ 子どもは面接官が使う言葉を知らないかもしれません。たとえば，面接官は「学校の『科目』」と言いましたが，子どもが知っているのは「授業」という言葉だけでした。
※ 子どもと面接官は同じ語を別の意味で用いているかもしれません。たとえば，面接官はビデオテープを指して「ビデオ」と言いましたが，子どもはビデオデッキを指していました。
※ 子どもは言いたいことを表わす語をもっていないかもしれません。たとえば，子どもは身体の部位をうまく言い表わせないことがあります。

　本章では子どもの言語知識に関する一般的な問題にも焦点を当てました。

※ 子どもはまず一般的な語を習得し，次に特殊な単語を習得します。たとえば「コート」の後に「アノラック」を，「目」の後に「まつ毛」を習得します。
※ 子どもは語を過般化して用いることがあります。特定の語を知らない時，子どもは似たものを表わす語を用いることがあります。たとえば，「コンドーム」の代わりに「風船」と言ったりします。

　本章での知見に基づく「すべきこと・すべきでないことのリスト」と自己査定シートをもって，本章を終えたいと思います。

すべきこと・すべきでないことのリスト

語彙の領域	すべきこと	すべきでないこと
一般的用語	左の各領域の用語（一般的用語，法律用語，身体部位と性的用語等）に制約があることに気をつけなさい。 あなたが使っている言葉を子どもが理解しているかどうかチェックし，その制約に対処しなさい。 あなたと子どもが同じ言葉で同じものを指しているかどうか，チェックしなさい。 対象を表わす言葉を知らない時，子どもは過度に一般化した用語を用いがちであることに注意しなさい。	子どもはあなたが使っている言葉を知っていると仮定してはいけません。 子どもは，あなたがある言葉を使う時に心に思い浮かべていることと同じことを思い浮かべると仮定してはいけません。 言いたいことを表わす言葉を子どもが習得していると仮定してはいけません。
法律用語	ソーシャルワーカーの面接官としての役割について説明しなさい。また，警察官である面接官は人を捕まえる以外に多くの仕事をもっていることを説明しなさい。 子ども自身がトラブルに巻き込まれたのではないこと，面接官が子どもを捕まえようとしているのではないことを告げ，安心させなさい。 子どもによる法律用語の理解が現実に即したものであるかどうかチェックしなさい。「裁判所」という言葉を使うことができても，子どもはそれを刑務所の一種だと思い込んでいるかもしれません。	子どもがソーシャルワーカーの仕事を知っていると仮定してはいけません。 子どもが警察官の仕事を十分に理解している（たとえば，犯罪者を捕まえる仕事以外についての知識をもっている）と仮定してはいけません。 子どもが「裁判所」のような法律用語を大人と同じように理解していると仮定してはいけません。 こうした言葉が一見正確に用いられると，誤解を見逃してしまうことがあります。
身体部位と性的用語	絵を描いたり，（自分や人形を）指すことで非言語的に身体部位を特定することができる機会を与えなさい。 その言葉を素早く言う，綴りを言う，書く，水着が覆う身体の部分について話すなどの方法を使って，身体部位の用語を聞き出しなさい。 言葉の過般化に注意しなさい。	子どもが身体のすべての部位の用語を知っていると仮定してはいけません。 特定の身体部位を言いたがらない子どもを，そのまま放っておいてはいけません。 子どもは，ある言葉を知らなければ一般的な言葉を用いるかもしれません（コンドームのことを風船と言う等）。このことを見過ごしてはいけません。

面接の実際：子どもの言語と発達

感情を表わす語	子どもは「悲しい」「だいじょうぶ」等の言葉で否定的感情と肯定的感情を表わし、それを過般化して用いているかもしれない、ということに注意しなさい。子どもに、虐待者に抱いている感情を十分に（複数の感情があれば、そのすべてについて）表明する機会を与えなさい。その際、虐待そのものへの気持ちと虐待者への気持ちとを区別して尋ねるように配慮しなさい（たとえば虐待状況とそうでない状況のそれぞれにおいて、子どもが虐待者に抱いている感情を尋ねるとよいでしょう）。	子どもが「悲しい」「だいじょうぶ」「平気」と言ったとしても、これが実際に虐待あるいは虐待者に感じていることだとみなしてはいけません。子どもは感情を表わす言葉を持ち合わせていないのかもしれません。 子どもは複合的な感情（たとえば密接な関係にある虐待者への感情など）を説明することができる、と仮定してはいけません。
代名詞	質問への応答が、（複数の解釈の余地があるような）問題のある代名詞を含んでいる場合、子どもが何を言わんとしているのかチェックしなさい。	代名詞が、2つ以上の対象を指示している可能性を見逃してはいけません。 特定の代名詞に対し、あなたと子どもは異なる解釈をしているかもしれません。このような可能性を見逃さないようにしなさい。
前置詞	場所を表わす前置詞［to］のほうが、行為主を表わす前置詞［to］よりも先に獲得されるなど、子どもは種々の前置詞を異なるスピードで獲得します。このことを忘れてはいけません。 子どもは「何があなたの身に起きたの？」（人物が主語でない質問）よりも「誰かがあなたに何かしたの」（人物が主語である質問）のほうが理解しやすい、ということを覚えておきなさい。 「寝る前」のように、実生活の中での出来事と関連づけた質問をしなさい。	短い語だというだけで、前置詞は理解が容易だと考えてはいけません。 人物が主語でない質問をしてはいけません。 子どもには時間の概念があると仮定してはいけません。

217

✓✎ 自己査定シート（1）

①あなたは面接で，子どもが知らない語を使いましたか？ もしそうなら，それはどのような語でしたか？

②言いたいことを表わす語を子どもが見つけられなかった，ということはありませんでしたか？ もしそうなら，そのような語のリストを作ってみて下さい。

③あなたは警察官やソーシャルワーカーが面接を行なうことを子どもに説明しましたか？ 子どもはどのような反応をしましたか？

④あなたはその他の法律用語（逮捕，裁判所など）を面接中に用いましたか？ 子どもがこれらの語をどの程度理解しているか気をつけ，把握することができましたか？

⑤子どもは性的な身体部位の名称をどのように伝えようとしましたか？ 困難がある場合，（本人の）身体または人形で，その部位を指させてみましたか？

✏️ 自己査定シート（2）

⑥子どもは性的な行為をどのように伝えようとしましたか？　何か問題があったとすれば，それはどのような問題でしたか？

⑦性的行為に関する情報を引き出すために，何か支援となるような技法（描画など）を用いましたか？　もしそうなら，その技法はどの程度役に立ちましたか？

⑧子どもは虐待や虐待者に対する感情を，あなたに伝えることができましたか？　もしそうなら，子どもはどのような言葉を使いましたか（「悲しい」のような一般的な言葉か，「どぎまぎした」のようなより特定的な言葉か）？

⑨代名詞の用法について誤解は生じませんでしたか？　子どもが「彼」や「それ」などの代名詞を用いた時，あなたはその対象を常に確信することができましたか？

⑩子どもは「の前に」「の後に」などの前置詞をどのように用いましたか？　（訳注：日本語では助詞の使用に置き換えてもよいだろう）。

6章

特別な配慮を要する子どもへの面接

　この章では，特別な配慮を要する子どもへの面接に注意を向けます。私たちの専門領域は言語学なので，本書では特に子どもの言語スキルにかかわる問題を論じています。しかし，言語スキルだけに問題を限ったとしても，言葉に関して特別な配慮が必要な子どもはたくさんいます。たとえば双子は双子でない子どもとは異なる仕方で言葉を獲得する可能性があります。社会経済的な要因も，言語発達に影響を及ぼしている可能性があります。文化的，人種的，宗教的な要因の影響もあるでしょう。たとえば，性や性教育に対する態度には，文化，人種，宗教により，違いがあるかもしれません（レンヴォイズ（Renvoize, 1993）は多くの事例研究をあげています）。捜査過程では，このような違いを考慮する必要があるでしょう。ボンドの紹介によれば，ナディラ・オスマニー（少数民族の子どもを守る団体であるタワー・ハムレットの代表）は次のように書き記しています（Bond, 1996）。「どの地域社会においても児童虐待は問題です。しかしこの問題は，各々の地域社会に備わっている，文化的に適切な方法によって伝達される必要があります」。残念ながら紙幅上の制約もあり，文化的,人種的,宗教的要因についての検討は本書の範囲を越えてしまいます（ただし，バイリンガル（訳注：二言語使用。もしくは二言語を使用する人。たとえば，自宅では移民元の言語を話し，学校では公用語の英語を話すなど）にまつわる問題については触れたいと思います）。捜査面接における人種や文化の問題の検討に関心のある読者は，グプタやフィリップスによる著書を参照してください（Gupta, 1997；Phillips, 1993）。

6章

　この章では，次の2種類の子どもに焦点を当てることにします。まず障害児における虐待の問題について，そしてバイリンガルの子どもや少数言語（英国では英語以外の言語）を話す子ども，すなわち言語学的に見て特殊だと考えられる子どもへの配慮について考察します。したがってこの章は2節に分けられます。1節では障害児の虐待に関する問題について検討します。

※ 障害者における虐待の被害および司法へのアクセスについて
※ 障害児の面接にかかわる実務家の経験
※ MOGPと障害児
※ 障害児の言語スキル
※ 障害児への面接

　2節は，バイリンガルの子どもや少数言語を話す子どもへの配慮について検討することとし，次のような問題を扱います。

※ バイリンガルの子どもや少数言語を話す子どもの面接に関する実務家の経験
※ バイリンガルの子どもや少数言語を話す子どもの面接における言語的問題

1. 障害をもつ子ども

1-1. 障害者における虐待の被害および司法へのアクセスについて

　障害児は虐待の被害に遭いやすい，と指摘する研究はたくさんあります（特にWestcott, 1991。詳細はWestcott, 1993やWestcott & Jones, 1997の該当する章を参照のこと）。実際，被害を受ける可能性を高める要因は多々あると思われます。たとえば，複数の介護者の世話になること，家庭の外で世話を受ける機会が多いこと，そしてプライベートな世話も他者に頼らざるを得ないこと，などがあげられます。また多くの研究者が，障害児への虐待を増加させる要因としてコミュニケーションの問題をあげています（たとえばTurk & Brown, 1992）。虐待を受けても伝達できそうにない子どもは，虐待者にとっては「恰

好の標的」とみなされるかもしれません。

　伝達できないという問題にはさまざまな原因が考えられます。たとえば長期間入院し，たび重なる医学検査に耐えてきた子どもや個人的な世話を介護者に頼りきっている子どもにとっては，触れられるのが適切か否かを明確に判断するのが困難かもしれません（たとえば Westcott, 1993 や Westcott & Cross, 1996 を参照のこと）。また，伝達のための言語的手立てをもっていない子どももいるでしょう。たとえばウエストコットとクロスは次のように記しています。

　　「他者とのコミュニケーションがとれない子どもは，虐待の標的として『理想的』かもしれません。そういう子どもは自分の経験を，どんな方法であれ，人に伝えることが難しいからです。彼らは虐待や身体のプライベートな部位を表現するための言葉を教わっていないかもしれません（そしておそらく，表現することを許されてもいないでしょう）」(Westcott & Cross, 1996：84)。

　障害をもつ子どもが虐待に対して無防備であり，伝達も難しいのだとすれば，障害児がそのような出来事を報告できるようにする機関や練習法を準備することが重要です（虐待の報告にかかわる問題については，本章の後のほうで議論します）。また，虐待の報告がなされたならば，法廷で手続きを行ない，正義を達成するために，刑事司法の体系を障害児のニーズに合ったものにすることも重要です。刑事司法の体系が障害児のニーズに合っていないという指摘はたくさん見られるからです。知的障害児を性的虐待から守る国民連合(NAPSAC)の取りまとめ役であるパム・クークは以下のように述べています。

　　「私たちは，虐待を受けた多くの（障害のない）子どもたちが，適切な裁判や治療サービスを受けていないことを知っています。となれば，コミュニケーションの問題や障害を抱えた子どもたちがこういったサービスを受けられる見込みは，いっそう少ないものと思われます」(Bond, 1997：23)。

　換言すれば，障害のない子どものニーズに十分向き合えなければ，障害児のニーズに応えることはできない，といえるでしょう。ケネディらも述べている

ように，政策立案者は「まず『健常な』子どもたちについて体制を整え」がちだからです（Kennedy & Kelly, 1992：149）。

加えてウエストコットは，特別な配慮を要する子どもの証言は（こうした子どもが虐待の被害に遭いやすいという指摘はたくさんあるにもかかわらず）法廷ではほとんど採用されてこなかったと記しています（Westcott, 1992b；Bull, 1993における報告）。このことは，虐待を受けた障害児が刑事裁判にアクセスする効率的な手続きが存在しないことを示唆しています。これは以下のコメントにも反映されています。

「障害児が法廷で証人としての能力や信頼性を発揮できるようにするためには，刑事司法制度におけるより配慮の行き届いた改革が必要である」（Marchant & Page, 1997：77）。

最後に，刑事司法制度における成人障害者の体験は，障害児が（本質的に同じ）制度で体験する困難さを暗に物語っています。成人の障害者の体験は，証人となる場合には障害があるだけでもたいへんだということを示していますが，障害児には「子どもである」ことと「障害がある」ことの二重の困難があるのです。

知的障害者のために刑事司法制度の改善を求める「公正な審理」キャンペーンという運動があります（Community Care, 1998）。この運動自体も，知的障害やその他の障害をもつ人々の事件では，正義を追求することが困難だということを反映しています。さらには個別の事件，特に性的暴行の事件にも，障害者が直面する問題が示されています。メディアで報告された以下の事例はこうした問題をよく表わしています。

ゴールデン・アワーのテレビ番組（『今ここで：*Here and Now*』BBC, 1997年）は，コミュニケーション・ボードを用いてやりとりをする多発性硬化症の女性の事例を報道しました。彼女のコミュニケーション能力は法的に疑わしいものだと判断され，その証言は聞き入れられませんでした。この番組では2人のダウン症の女性の事例も紹介されました（この事例も法廷に行き着くことは

ありませんでした）。脳性マヒと知的障害をもつ27歳の男性の事例もあります（Fisher, 1997による）。この事例では，男性は性的暴行の被害者であると申し立てました。しかし，彼が証人として呼び出されることはなく，被告人は無罪となりました。この事例について，フィッシャーは以下のように述べています。

> 「ジョン（仮名）は意思の疎通は困難だが，適切な援助さえあれば自分で証言することができました。通訳か，彼の証言を援助する付添人が法廷に入ることが認められていれば，可能だったのです」（Fisher, 1997：25）。

ある障害者が，刑事手続きについて述べた不安も傾聴に値します。

> 「私は知的障害のある聾の黒人男性です。犯罪を通報しなければならないとしたら，それはたいへんな重荷です。……警察官は，私には答えられないような質問をするかもしれません……彼らの使う言葉は難しすぎて，私にはわからないと思います」（West, 1997：23）。

（成人の）障害者が裁判にアクセスしようとする時に直面する問題は見ての通りですが，これが障害児となると，問題はさらに増幅されます。上の引用は，コミュニケーションが鍵であるということをよく示しています。上の事例と同様，障害児の場合もコミュニケーション・スキルに対する疑いがあるために，事件が法廷にまで行き着かなかったり，証言が法廷に提出されなかったりします。マーチャントらは次のように記しています。

> 「主たる証拠が証言である場合，法の天秤は子どもにとって不利な向きに傾いている。コミュニケーションに障害がある子どもの場合には，その傾きは疑うべくもない」（Marchant & Page, 1997：78）。

より詳細に見てみると，上にあげた事例はさまざまなコミュニケーションの問題を例示しています。第1に（多発性硬化症の女性の事例で見られるような）

非言語的コミュニケーションや拡大コミュニケーション・システム（訳注：装置を用いたコミュニケーション）の問題。第2に（脳性マヒの男性の例に見られるような）通訳を用いることの問題。そして第3に，知的障害のある聾の男性の例は，障害者は面接官による質問を理解できるだろうかという，能力にかかわる問題を示しています。法手続きが柔軟で，個別のニーズへの対応が行き届いていれば，こうした問題は乗り越えることができるでしょう。しかしそのような対応は，面接にかかわる実務家が十分な知識をもっている場合にのみ可能です。残念なことに，最近の調査結果によれば，実務家は概して障害児のニーズについて十分な情報をもっていません（Aldridge & Wood, 1997a）。以下，私たちが見いだした結果を紹介しましょう。

1-2. 障害児の面接にかかわる実務家の経験

　最近私たちは，ウェールズで面接を行なっている警察官41人を対象に調査を行ない，障害児への面接についてさまざまな質問をしました（Aldridge & Wood, 1997a）。まず最初に，法手続きの最初の段階に障害児がどの程度いるのかを把握するため，障害児に面接を行なったことがあるかどうかを尋ねました。その結果，調査した面接官の50％は障害児に面接をした経験があり，残りの50％はそのような経験はないと答えました。障害児に面接をしたことのある50％のうち少なくとも何人かは，その経験はめずらしいことではなく，1度だけではないと答えました。たとえば，「何度か捜査の過程で特別な配慮を要する子どもに面接をしました」や「知的障害児には何度も面接したことがあります」などの回答が見られました。

　さらに，これらの面接の対象となった障害児のニーズは多岐にわたるという結果も得られました。障害児への面接についてより詳しい回答を求めたところ，以下のことが明らかになりました。

※ 障害児に面接したことのある面接官の71％は，知的障害のある子どもに面接をしていました。
※ 46％は聾児に面接をしていました。
※ 25％はダウン症の子どもに面接をしていました。

❋ 15％は脳性マヒの子どもに面接をしていました。

　障害児への面接経験は多く，種類も多様であるという結果と対照的だったのは，訓練に関する結果でした。特別な配慮を要する子どもの面接に関し，何らかの訓練を受けたかどうか尋ねたところ，すべての面接官がそのような経験はないと答えました。以下は障害児の面接に関する訓練について面接官が述べた，典型的なコメントです。

❋「今のところ，ユニットにはこういった障害をもつ子どもに対応するための『特別な支援』はありません。警察官としてニーズに応えるための訓練を，私たちは受けていないのです」。
❋「私たちはこれらのニーズに応えるための実際的な訓練を何も受けていません。そして検察局はそれがいかに問題であるかを理解していません」。
❋「私は知的障害のある子どもたちに面接をしてきましたが，彼らのニーズに応えるための実際的な訓練は何も受けたことがありません」。

　調査に含まれていたより詳細な質問により，実際，訓練がなされていないことが明らかになりました。私たちは (a) 聴覚障害，(b) 視覚障害，(c) 知的障害のある子どもにどのような配慮がなされるべきかを尋ねましたが，面接官の回答から以下のことが明らかになりました。

❋回答者の12％は，聴覚障害児にはどのような配慮が必要なのかわからないと答えました。
❋回答者の32％は，視覚障害児にはどのような配慮が必要なのかわからないと答えました。
❋回答者の25％は，知的障害児にはどのような配慮が必要なのかわからないと答えました。

　おそらく下記のコメントは，上に示した数値以上に実態を示しているでしょう。このコメントは，聴覚障害，視覚障害，知的障害児に必要な配慮について

6章

尋ねた質問への回答です。

※「直接的な回答はできません。でもこの質問を見て，私は立ち止まって考えざるを得ませんでした。もしその立場に立たされたら，私はいったいどうすればよいのだろうかと」。

ある面接官は同じ質問に，「障害児にも面接をします」とだけ答えました。

※「ただし，たいへんな困難を伴いつつ！」

私たちはまた，障害児のニーズに応える方法について多小なりとも知識のある面接官の回答を分析しました。その結果，知識の範囲には明らかな限界があることがわかりました。障害児への対応の仕方を知っている面接官の多くは，次のような（完璧な）回答をしました。すなわち，事前に十分な面接計画を練り，各所に相談し，適切な実務家や有資格者（たとえば聾者のためのソーシャルワーカーや手話通訳）を呼ぶ，などです。しかし，面接の遂行にかかわる具体的なコメントはほとんど見られませんでした。たとえば，視覚障害児に面接を行なう場合，面接室の機器（カメラなど）に子どもを慣らす過程を修正しなくてはならないだろうと答えたのはわずか2％にすぎませんでした。知的障害児の面接では小道具が役立つかもしれない，と答えたのはわずか5％でした。また，聴覚障害児の面接では視覚的な補助手段が有効だろうと指摘したのはわずか10％でした。

しかし重要なこととして，多くの面接官が障害児のニーズに関する情報や訓練を受け入れようとしていたことが指摘できます。以下のようなコメントがありました。

※「私は特別なニーズについてより深く理解する必要があります」。
※「障害児に関する特別な訓練が有効だと思います」。

この章で扱える範囲は限られていますが，以下，障害児の面接に関する情報，

特に言語学的観点からの情報を提供したいと思います。まずは MOGP に述べられている，面接官にとって有益な助言について検討しましょう。

1-3. MOGP と障害児

　他の文献（たとえば Bull, 1993；Westcott, 1992b）も指摘していることですが，MOGP には障害児のニーズについては限られた記述しかありません。私たちの調査でも，他の調査でも，実務家は MOGP の情報には制約があると述べています（ボンドによれば，社会福祉局もこのことを危惧しているようです (Bond, 1995)）。以下，MOGP が提示したガイドラインの概略を示します。証人能力という点について，MOGP は次のように述べています。

>　「1991 年の刑事司法法の改正後，子どもの証人が含まれる事件で能力の問題が生じた場合，裁判所がその問題をどのように扱うかを正確に予測することはできません。しかし現時点では，議会の法律改正の明確な意図に照らせば，『どのような子どもでも，連携捜査チームが理解できるように（申し立てた）犯罪について伝えることができるならば，法廷はその証言を積極的に傾聴すると考えてよいでしょう』」(MOGP, 1992：11 の要約。『　』内は MOGP による強調箇所を示す）。

　捜査チームが子どもの供述を理解できれば，裁判所もその証言を聞くというのですから，上の記述は（表面的には）積極的な姿勢であるように思われます。しかし経験的には，証人能力に関する決定はいつも一筋縄にはいきません。実際，第三者によって捜査チームの理解が促進されるような場合には困難がつきものです。スペンサー（Spencer, 1992）によれば，刑事訴訟手続きでは子どものことをよく知っている実務家の貢献は制限されています。たとえば子どもが描画でしか情報伝達できないような場合ですら，その描画の重要性について（そういった実務家による）コメントがなされることはないようです。

　障害をもつ成人も，能力の査定に関して同様の困難に直面してきました。たとえば BBC の『今ここで：Here & Now』（1997 年）に紹介された先述の多発性硬化症の女性は，証言をすることを許されませんでした。彼女はコミュニケー

ション・ボードを用いて話をしますが，その際パートナーが促進的な役割を果たすから，というのが理由でした。同様に，フィッシャーが述べた通り，通訳や弁護士の支援があれば，脳性マヒの男性（これも先述した事例ですが）は十分証言することができました（Fisher, 1997）。しかしこの男性も証言を許されませんでした。非言語的なコミュニケーションが用いられる場合や，第三者によるコミュニケーションの支援が必要である場合，証人能力を構成するのは実質的に何なのか，という問題をもっとよく考える必要があるでしょう。

　障害児に必要な設備面での配慮について，MOGPはこう述べています（MOGP, 1992：7）。「面接室への移動に車椅子その他の便宜が必要な子どももいるでしょう。聴覚障害児には誘導ループ・システム（訳注：ループ状のワイヤから補聴器に信号を送り聴覚障害者が音を聞けるようにしたシステム）が必要かもしれません（新しく設備を整える場合には，常に障害者のニーズに配慮しなければなりません）」。このアドバイスはある程度は正しいといえます。しかし，（障害者個々人のニーズについては後で論じますが）車椅子や誘導ループ・システムは氷山の一角にすぎません。おもちゃ，小道具，家具の配置，視聴覚機器なども障害者に対する設備面の配慮を考えるうえで重要です。

　MOGPは，障害児への面接について多くのアドバイスをしています。その中には次のようなものもあります。

　　「子どもに言語，聴覚の障害や知的障害がある場合は，面接のための効果的な方法，すなわち障害の影響を最小限にするような方法を用いる特別の配慮が必要です。コミュニケーションを助けるために，人形や『小道具』の使用を考える必要があるかもしれません。……また第三者，たとえば手話を使える人を介したコミュニケーションが必要な場合もあるでしょう。さらに，こういった第三者に面接そのものを依頼しなければならないこともあります。……外国語が話される場合と同様，法廷では通訳の利用が可能でなければなりません」。

　上の文章は，MOGPが障害児の面接に関して焦点を当ててきた3つの重要なポイントを示しています。その第1は，障害児への面接では小道具が有効な場合がある，ということです。このことは上の引用にも，以下の引用にも示さ

れています。

> 「人形，描画，人形の家，フィギュアなどの『小道具』は，面接でのコミュニケーションを助ける有効な手段として，MOGP の目的の達成に寄与してきました。幼児でもコミュニケーションに障害がある人でも，小道具があれば，言葉だけのやり取りに比べてより明確な報告が行なえる可能性があります」(MOGP, 1992：24)。

障害児が出来事を再構成しようとする際，小道具が助けとなることは疑いありません。母親リン・ラッセルと娘ミーガンが殺され，もう1人の娘（ジョジー・ラッセル）が重傷を負った最近の事件（1995年7月）では，捜査において小道具が効果的であることが判明しました。小道具の助けによって，ジョジー・ラッセル（事件の唯一の生存者）は生々しい犯行の細部について話をすることができたのです。捜査が開始された当時，ジョジーの発話には深刻な障害があり，そのために特別な小道具が取り入れられました。それは野外場面を再現した模型と，子どもや母親の模型でした。また，ジョジーが述べた犯人像に似せて作られた犯人の模型や犯行に用いられたハンマーの模型もありました。捜査官の1人が，どのように小道具が用いられたかを説明しています。

> 「その模型は曲げることができました。ジョジーは模型を取り上げ，置いていきます。彼女はボードの上に，すべての模型を完璧に配置しようとしました。……このボードを使い始めた頃，ある時彼女は私たちに何かを伝えようとしました。その時私たちは，彼女が何を言いたいのかわかりませんでした。しかし彼女は自分の家の周りを歩いてみてから，陶器でできた模型の家を見つけ，それをボードの上に置きました。彼女の家は実際（ボードにおける）その場所にあったのです」(McGowan, 1996 の報告)。

障害児にとっては，小道具は概ね有効です。ただし，どのような小道具が適切かは障害の種類に依存する，ということをつけ加えておかなければなりません。このことは MOGP にも述べられておらず，より詳細な議論が必要です（小

道具の問題については，この章の最後でもう一度論じます）。

　MOGPが強調する第2のポイントは，通訳（手話通訳など）を用いるということです。このことも前掲のMOGPの引用に述べられています。ただし通訳つきの面接を円滑に行なうには，より綿密なアドバイスが必要でしょう。通訳の役割が疑問視された事例（通訳を介して証言できたにもかかわらず，証言が許されなかった脳性マヒの男性の事例など）のことを考えると，そういった配慮はいっそう重要だと思われます。

　上の引用にもありますが，MOGPは，障害児によってはサインを用いる人や，その子どもをよく知っている人が面接を行なうのがよい場合があると認めています。次の勧告を見てみましょう。

　　「例外的に，捜査チームには属していない，しかし子どもが信頼している人による面接が，子どもの利益になる場合があります。事件関係者でなく，訓練された捜査官に協力できる体制にあり，適切な指示を受け入れることができる人ならば，そのような人が面接を行なう可能性を排除すべきではありません」（MOGP, 1992：13）。

　またMOGPは，障害児には質問の種類を調整する必要があるかもしれない，とも述べてもいます。たとえばこのような記述があります。

　　「（事件によっては）『誘導質問の禁止は現実的でない』……と認める法廷もあります。……何らかのヒントがないと，法廷で何を話すよう求められているのか理解できない証人もいるからでしょう。たとえば，幼児や知的障害児などがそうです」（MOGP, 1992：27『　』はMOGPによる強調箇所）。

さらにこう続きます。

　　「幼児や知的障害者から証言を得ることの難しさに気づいてくれれば，法廷は，『必要な』誘導質問に対してより共感的な態度を示してくれることでしょう」（MOGP, 1992：27『　』はMOGPによる強調箇所）。

質問方法の修正が必要かもしれないという上述の認識は，積極的な第一歩です。しかしこの文は以下のことも含意しています。そのような変化はすぐに起きるわけではなく，実務家はまだまだ「様子を見守る」必要があること，そして現段階では，障害児から証言を得ることの難しさを裁判所が理解し，共感的になってくれるよう，実務家は希求し続けなければならない，ということです。しかし裁判所の理解は，ぼんやりと「様子を見守って」いるよりも，障害児には何ができて何ができないのかという，より具体的な助言によって促進されるように思われます。そのため，ここでも MOGP の助言は不十分だといえるでしょう。

　残念ながら，障害児への捜査面接を行なう際，実務家が助言を得ることのできる情報源は MOGP 以外ほとんどありません。現在ある有効な情報源としては以下のようなものがある程度です。

- ABCD（虐待と障害のある子ども：ABuse and Children who are Disabled）のためのトレーニングと情報のパッケージ（NSPCC（National Society for the Prevention of Cruelty to Children）トレーニンググループによるもの）
- マーチャントらによる出版物（Marchant & Page, 1993, 1997）
- Child Abuse Review 誌の特集号（Child Abuse Review, 1992）

　現在手に入れることのできる情報は限られていますので，この章の中だけで「あらゆるギャップを埋める」ことは不可能です。しかし，障害児の面接にかかわる2つの問題について考察したいと思います。

　第1に，障害児に面接を行なう際に考慮すべき言語的要因について見ることにします。この要因を取り上げる理由は2つあります。まず（a）私たちの専門は言語学であり，言語的要因に格別な注意をはらってきたこと。また，（b）障害児は均質な集団ではなく，障害に応じた異なる言語的配慮が必要であることを強調したいからです。私たちはこういった個別のニーズを紹介することが重要だと考えています。

　第2に，全体をまとめる目的で，MOGP で推奨される面接を段階ごとに検討し，障害児に面接を行なう時に考えなくてはならない一般的要因について概

観します。

1-4. 障害児の言語スキル

言語に影響を与える障害はたくさんありますが，そのすべてについて解説する紙数も（その専門性も）ありません。しかし，調査において実務家が報告することの多かった障害について助言することはできます。それは知的障害，脳性マヒ，ダウン症，感覚障害（視覚や聴覚の障害）です。以下，こういった障害をもつ子どもの言語スキルについて，助言を提供します。

1-4-1. 知的障害児

「知的障害」と言っても障害の程度はさまざまです。知的障害児の能力の幅は大きいので，以下の助言はごく一般化されたものになるでしょう。知的障害は本質的には認知機能の障害なので，（程度はさまざまですが）理解能力が影響を受けます。したがって，基本的なアドバイスとしては2章〜4章で推奨したことが障害児にも当てはまります。たとえば，面接官の言語レベルを（知的障害のない）幼児のレベルに合わせることは，知的障害児の面接においても有効な方略となります。これに加え，知的障害児は面接の特定の側面に関して困難を感じることがよくある，ということも重要です。たとえば，知的障害児は時刻や日付のような詳細情報を理解できないことがあります。そのため日時の質問は，子どもの日課と関連づけて尋ねる必要があるでしょう。繰り返しになりますが，これは幼児にも有効な技法の1つです。

他にも理解に制約がある事柄として，性にかかわる知識があげられます（Marchant & Page, 1993）。16歳の知的障害者への面接データはこのことを示しています。

> **事例1** 　16歳の知的障害者への面接
> **面接官**　あなたと［従兄の名前］の間で何があったの？
> **被面接者**　私たちはセックスみたいな，みたいなことをして，でも兄さんは入らなかった。妊娠してない，少し覚えてる，お医者さんから。

事例1では，後に彼女が話したことから，彼女が長期にわたって性的虐待を受けていたことが明らかになりました。しかし彼女は虐待という概念をもっておらず，「セックスみたいなこと」としか述べていません。彼女は従兄が「入らなかった」と言いましたが，このことから妊娠していないという結論を導いたのではありません。医者が告げたことをわずかに記憶していて，そう述べたのです。知的障害者は年齢のわりに性に関する知識がない場合がある，ということに面接官は注意すべきです。

1-4-2. 脳性マヒの子ども

コーガーらによれば，「脳性マヒは発達初期に生じる中枢運動神経の障害を共通の特徴とする，一群の症状」を指します（Cogher, Savage & Smith, 1992:3）。脳性マヒの子どもの障害は，その下位類型に応じて異なります。たとえば以下のような下位類型は，次のように異なる性質をもっています。簡単に示しましょう（下位類型や特性はコーガーら（Cogher, Savage & Smith, 1992）によるものです）。

- 運動失調：筋肉のコントロールが低下し，頭部のコントロールも影響を受けます。そのため，「はい」「いいえ」のシグナルが損なわれている可能性があります。面接の最初の段階で，「はい」「いいえ」を表わすシグナルを打ち立てておく必要があります。
- 痙性片麻痺：知的障害を伴っているかもしれません。そのため言語理解が損なわれているかもしれません。
- 四肢麻痺あるいは全身を含む麻痺：口や表情の動きに困難があり，そのため言語産出が損なわれることがあります。発音が困難で不明瞭な場合もあるでしょうし，拡大コミュニケーション・システムが用いられる場合もあるでしょう。口や表情の困難の他，知的障害を伴うこともあり，その場合は言語産出だけでなく言語理解も損なわれます。
- 両麻痺：この種の脳性マヒの症状は，おもに下肢に現われます（Cogher, Savage & Smith, 1992）。そのため言語への影響はないでしょう。しかし面接では，車椅子での移動など，身体面での配慮が必要です。

1-4-3. ダウン症の子ども

　認知的な遅れはダウン症の最も大きな特徴です。しかしバーンズらは，ダウン症の人には共通の特徴もあるものの，違いも大きいと述べています（Burns & Gunn, 1993）。ダウン症が認知機能に及ぼす個々の影響について検討することは本章の範囲を超えますので，詳細な議論について関心がある読者は他書（Cicchetti & Beeghly, 1990）を読まれることをお勧めします。

　言語スキルにも個人差があります。言語に障害が出るような症状をもつダウン症児もいます。たとえば聴覚障害はダウン症でよく見られる障害です。こうしたケースでは，パジェット・ゴーマン（Paget Gorman）やマカトン（Makaton）のようなサイン言語システムが用いられます（これらの言語システムについては，聴覚障害に関する次の項で述べます）。また，拡大コミュニケーション・システムを用いるダウン症児もいます（これについても本章の後の項で考察します）。

　しかし，ダウン症に共通する典型的な特徴もあります。第1に，多くの研究が，ダウン症では記憶の諸機能に障害があることを示しています（たとえばMarcell & Weeks, 1988）。第2に，構音（発話の産出）にも障害があることがあります（たとえばBleile & Schwartz, 1984）。第3に，ダウン症では，文法的な発達にも限界があるようです（たとえばFowler, Gelman & Gleitman, 1994）。

　面接官はさまざまな方法を用いることで，これらの言語的な問題に対処することができます。構音が不明瞭なら，より効果的な録音機器がないか，技術者に相談すべきでしょう。ダウン症児が言おうとしていることをマイクが拾い損ねるようであれば，同時筆記（ノートテイキング）を考慮すべきかもしれません。認知的な障害がある場合は，文法にも問題があることが多いので，面接官は一度に1つの質問だけを行なうように特に注意すべきです（Burns & Gunn, 1993）。私たちが前の章で概説した手法（たとえば真偽についての説明や自由語りを促進する方法）は，ダウン症児にも用いることができます。

1-4-4. 聴覚障害児

　聴覚障害児が用いる言語システムは，他の障害の有無や失聴の範囲など，個々

人の状態に応じてかなり異なります。社会的あるいは個人的な好みも，どのような言語システムを用いるかに影響を及ぼします。一部の聴覚障害児は，伝統的に（成功することは少ないものの）口話の習得を強いられてきました（Kyle & Woll, 1984 による歴史的レビューを参照のこと）。しかし現在では，さまざまなコミュニケーションの方法を組み合わせて用いるのが一般的です。英語の場合，これは「サインによって支えられた英語（SSE：Sign Supported Einglish）」を用いることとほぼ同値です。SSE は英語の話し言葉と同じ順序で単語を配列する，サインのシステムです。そこでは読唇も活用されます（国立聴覚障害児協会（National Deaf Children's Society：NDCS）や王立聴覚障害者協会（Royal National Institute for Deaf People：RNID）のような機関では，効果的に読唇を行なう方法について，資料を発行しています）。SSE の代わりに英国手話（BSL：British Sigh Language）を用いる子どももいます。英国手話は，英語，フランス語，ウェールズ語と同様，独立した言語です。そのため，その場合は手話を話せる面接官が面接を行なう（あるいは通訳する）必要があります（訳注：日本においても読唇を併用した日本語対応手話を用いる子どもと，日本語文法とは独立した日本手話を用いる子どもがいる。このように同じ聴覚障害者でもコミュニケーション方法は多様であることに注意する必要がある）。

　聴覚障害児の一部（たとえばダウン症の一部の例のように，知的障害を伴う子ども）は，マカトンやパジェット・ゴーマンのように比較的単純なサイン・システムを用いるかもしれません。こうした場合，サインの数はわずか数百に限られます。これらは完全な言語ではありませんし，システムにも制約があるので，子どもは言いたいことすべてを表現できないかもしれません。このような場合も，適格な面接官が面接を行なう（あるいは通訳する）必要があるでしょう。

　これとは別に，一部の聴覚障害児は人口内耳（蝸牛インプラント）を装着しているかもしれません（この手術の詳細は本章の範囲を越えますので，ローズら（Rose, Vernon & Pool, 1996）の論文を参照してください）。人口内耳がうまくいった場合（必ずしもうまくいくとは限りません），子どもは話せるようになりますが，言語獲得は遅れることがよくあります。面接官はこのことに留意し，レベルに応じた質問を行なう必要があります。

1-4-5. 視覚障害児

　面接にかかわる実務家を対象とした私たちの調査では（Aldridge & Wood, 1997a），面接官の15％は視覚障害児のニーズに応えることは容易であり，視覚障害児の面接は晴眼児の場合となんら変わりがないと感じていました。しかし，こうした見方は間違っています。視覚障害児には晴眼児とは異なる身体的配慮が必要ですし，言語的な違いもあるかもしれません。たとえば視覚障害児は，晴眼の子ども（あるいは成人）にとっては当たり前の生活経験が限られているため，言語スキルの発達が遅れているかもしれません。視覚障害児は生活上の視覚的体験，たとえば色を経験することができません。また，対象の名称を即座に習得する能力は，対象を視覚化する能力に大きく依存しています。たとえば「りんご」「猫」「ピアノ」のような単語を思い浮かべた場合，そこで再認されるものはかなり視覚的です。いわば私たちは対象を「心の目」で見ているのです。視覚障害児は，視覚によらない手段を用いて対象の名称を獲得しなければなりません。その言語獲得の過程は困難であり，言語遅滞が生じても不思議ではありません。

1-4-6. 拡大コミュニケーション・システムを用いる子ども

　拡大コミュニケーション・システムは非言語的なコミュニケーションを可能にする方法で，その数も種類もたくさんあります。これらのシステムでは，ボード（伝達板），コンピューター，コミュニケーション・フレームなどをベースとし，そのうえでシンボル，写真，絵，単語などを用います（システムの詳細については他書（Kennedy, 1992；Disability Information Trust, 1995など）をご覧下さい。各種システムのイラストや写真も載っています）。ただし，システムにより精緻化のレベルが異なるという問題は重要です。子どもがどの程度コミュニケーションできるかは，用いるシステムに依存するからです。たとえば「ピクチャー・プリーズ！ ランゲージ：Pictures Please! Language」は，1232枚の絵を用いるシンプルな絵画システムです。一方「メイヤー＝ジョンソン・コミュニケーション・システム：Mayer-Johnson Communication system」は類似したシステムですが，3,000枚を超える絵のシンボルを用います。シンボルの数が多い分だけ，思い浮かべることのできる話題は広がり，伝達力も高ま

ります。

「リーバス・シンボル：Rebus symbols」や「マカトン・シンボル：Makaton symbols」は，(単なる絵のシンボルではない) 任意のシンボルを含む，かなり洗練されたシステムです。しかし，より洗練されたシステムとしては「ブリシンボリクス：Blissymbolics」があります。このシステムは文字盤や表を用い，手や目で指示を行なうのに向いています。ブリシンボリクスでは，語彙は常に更新され，洗練されたコミュニケーションが可能です。文章をつくったり，シンボルを組み合わせて新しい表現を作り出すこともできます。また，シンボルの横に単語が書いてあるので，システムに不慣れな人ともコミュニケーションができます。

ブリシンボリクスのような洗練されたシステムは，認知スキルが高い人が用います。このようなシステムでは，使用者はより詳細な情報を伝達することができます。これに対し，認知スキルの低い人はリーバス・シンボルやマカトン・シンボルのような，あまり洗練されていないシステムを使うでしょう。これらのシステムでは，使用者が伝達できることは限られます。面接でこうしたシステムを用いる場合，実務家にはその知識が必要です。

以上，さまざまな障害の鍵となる言語的特徴について検討してきました。これらの知見を，MOGP面接の中でどう活かせばよいのか見ていくことにしましょう。

1-5. 障害児への面接
1-5-1. 面接計画

私たちの調査（Aldridge & Wood, 1997a）に回答した実務家は，障害児の面接にあたっては，事前の面接計画を十分に立てておくことが重要だと述べています。このことは他書においても強調されています（たとえばMarchant & Page, 1997）。この事前の面接計画には実務家同士の相談や討議が含まれます。特殊な知識をもつソーシャルワーカー（たとえば聴覚障害者のためのソーシャルワーカー）や，個々の子どものニーズについて知識のある専門家に相談することも必要です。こうしたコンサルテーションや計画立案では，いくつもの要因が検討されねばなりません。

第1に，どのような面接でも時間や場所を注意深く検討する必要があります。2章で指摘しましたが，面接の時間については子どもの日課やスケジュールを十分に考慮することが必要です。障害児の場合，スケジュールが細かく決まっている可能性があります。自宅外でケアを受けている障害児は，自宅で過ごす子どもよりも固定したスケジュールに沿った生活をしているかもしれません。また，たとえば理学療法など，医療上の予約が生活のペースメーカーになっている子どももいるかもしれません。面接のせいで子どもの生活に大きな混乱が生じないよう，これらの要因に配慮する必要があります。

　第2に，面接の場所も重要な検討事項です。マーチャントらは，技術的設備が整っていても馴染みのない環境と，（持ち運びできる機材には制約があるので）設備としては劣ってはいても馴染みのある環境と，どちらがよいか比較検討する必要があると論じています（Marchant & Page, 1993）。標準的な面接場所が子どもに適さない場合は，当然慣れ親しんだ環境のほうに軍配が上がるでしょう。たとえば，建物の1階に面接室が必要な場合もあると思われますが，私たちの経験では，面接室は2階にあることのほうが多いようでした。車椅子の子どもにとっては，上階で面接を行なうことは実用的でないだけでなく，否定的なメッセージを送ることにもなりかねません。マーチャントらが指摘しているように，子どもを上階に運び上げることは，この建物はあなたのためのものではない，あなたはそこに居るべきではない，というメッセージを伝えるかもしれないからです（Marchant & Page, 1993）。

　他にも「特別な」便宜をはかる必要があります。たとえばトイレの設備を適切なものにしなければなりません。場合によっては，面接室の家具の配置についても検討が必要でしょう。通訳や付添人がいる場合は，これらの人がカメラに収まるように家具を配置する必要があるかもしれません。これはMOGPの記述に照らしても重要です。MOGPは，「裁判所は面接記録の採否に関して，証人が面接で発言を強いられたり，抑制されたりしていないか確認できることを望んでいます」と述べています（MOGP, 1992：13）。MOGPが続けて述べているように，録画面接で，子どもが発言を強いられたり抑制されたりしていないことを示すのは容易ではありません。「2人以上の言葉や身振りを明確に記録することは，技術的にも困難」だからです（MOGP, 1992：13）。カメラに

写る人の数が増えれば技術的な負担は増しますが，家具の配置を工夫することで，この問題は多少緩和されるかもしれません。また，備わっている設備を最大限活用できるように視聴覚の技官に相談するのもよいでしょう。その他の技術的側面についても配慮が必要です。たとえば以下のようなMOGPの勧告は心に留めておくと役に立ちます。

* 「子どもの顔を明瞭に録画しておけば，何が話されているのか裁判所は確定しやすくなるでしょう」(MOGP, 1992：49)。
* 「ビデオ面接では子どもの応答を直接記録する必要があります。なぜなら子どもの応答を面接官が述べたとすれば，それは伝聞になってしまうからです。たとえば，虐待者にどこを触られたのかと尋ねられた女児が，その応答として性器を指したなら，その行為をカメラに収めなければなりません。面接官が『彼女は性器を指さしています』と言うだけでは十分ではありません。それは面接官の言葉であって，子どもの言葉ではないからです。このことさえ理解すれば，証拠が子どもから直接得られたものだということを保証するのは容易になります」(MOGP, 1992：29)。

子どもが拡大コミュニケーション・システムを用いる場合，上の指摘は特に重要であり，勧告に忠実に従う必要があります。子どもがボードやフレームを使う様子は，子どもがどの絵，シンボル，単語を指しているのかが明確にわかるように録画しなければなりません。

また，言語障害の種類によっては，子どもの発音は不明瞭です（先に述べたように，ダウン症児においてよく見られます）。そのような場合は視聴覚機器がどの程度使えそうか，検討すべきでしょう。MOGPは次のように記しています。「ビデオ録画面接の証拠としての価値は，法廷が，子どもの証人と面接官が話したことをどの程度明確に理解できるかにかかっています」(MOGP, 1992：49 要点)。ビデオ録画だけでは子どもの言うことが聞こえにくい場合，同時筆記（ノートテイキング）を行なうことも考えなければなりません。さらに以下のMOGPの勧告 (MOGP, 1992：32) を修正するのも賢明かもしれません。

6章

「この段階では面接官と協力し，テープの簡単な概要を作るとよいでしょう。そうすれば，申し立てられている犯罪と最も関連の深い発話を後で見つけだすことが容易になります。……概要は面接テープの書き起こしでなくてもかまいません。しかしビデオ録画によって補強される，ビデオ録画と同じような役割を果たす資料として機能するものでなければなりません」。

短い概要よりも，より詳しく書かれた記録のほうがより役に立つのではないでしょうか。

この他，事例によっては検討すべき技術的な事柄として，ライト（明かり）の問題があります。MOGPは「最近のビデオ機器では特別のライトは要りません」と述べています（MOGP, 1992：49）。しかし，たとえば読唇をする子どもにとっては，明るさは重要な検討課題です。この場合，ライトで面接官を照らす必要があります。

最後に，やはり技術的な問題ですが，聴覚障害者のための誘導ループ・システムの有効性についても検討が必要です。誘導ループ・システムは，他の補聴器具と併せて用いることにより，雑音の影響を受けることなく聞きたいものだけに焦点を当てられるようにする装置です。また，面接の事前計画に関して時間や場所の問題について検討しましたが，その次に検討すべきこととして面接に同室する人の問題もあります。2章で「愛着のある」大人の存在（子どもがよく知っている大人の存在）の有利な点や不利な点について論じました。そして，こうした大人の存在は多くの理由によって（たとえば子どもへの感情的負荷が加わるなど）問題がある，という結論を出しました。しかし障害児によっては，こういう大人の存在は，不利を補ってなお余りある利益をもたらす可能性もあります（それはいぜんとして，非障害者には不利であったとしても）。たとえばマーチャントらは，子どもが用いている拡大コミュニケーション・システムの扱いに最も慣れているのは，その子どもの親であることが多い，と述べています（Marchant & Page, 1993）。親の同席が不適切である場合は（たとえば虐待が家庭内で生じている場合），子どもが慣れ親しんでいるケア・ワーカーの同室が有益でしょう。家庭外の虐待が疑われる場合は，反対のことを行なえばよいのです。

以上，子どもとのコミュニケーションを助けるため，資格がない人を同室させるケースについて述べましたが，正式な資格のある実務家を同室させることが必要なケースもあります。たとえば通訳（手話通訳など）を呼ばなければならないケースもあるでしょう。こういう場合は登録された資格のある人に連絡をすべきです。また，どんな通訳であれ，面接に馴染んでもらうため，事前の面接計画の段階から加わってもらうことが大切です。子どもの保護に携わり，しかも通訳ができるといった二重の専門をもつ人はなかなかいないので，このことはとりわけ重要です。また，事前準備として通訳が子どもに会うことも重要です。そうすることで，通訳は子どもの言語発達の段階（子どもはどのようなサインを使っているかなど）を知ることができます。

最後に，どのように面接を進めるのか計画を立てておくことも必要でしょう。たとえば誰が面接をリードするかについて話し合っておく必要があります。子どもの保護に携わる実務家（警察官やソーシャルワーカーなど）がリードするのが有効な場合もあるでしょう。子どもの言語システムを専門とする人がリードする必要がある場合もあるでしょう。後者の場合，リードする人が子どもの保護の手続きやMOGPの面接法に慣れていない場合は，十分な説明を行なう必要があるでしょう。また，そのための時間を確保しなければなりません。一方，面接を行なう警察官やソーシャルワーカーが子どものコミュニケーションの方法に不慣れな場合は，それに慣れるための時間を取っておかなければなりません。

以上，さまざまな問題について事前に面接計画を立てることが重要だと強調してきたので（マーチャントらは私たちよりも以前からそう主張していましたが（Marchant & Page, 1993, 1997）），次に面接の実践について論じることにしましょう。

1-5-2. 面接の遂行

面接の時間について，MOGPは「経験的な指針として，面接は1時間以内に終わるように計画すべきです」と示唆しています（MOGP, 1992：12）。しかしMOGPは，（面接対象が障害児である場合）矛盾しそうなことも述べています。それは「原則として，面接は大人のペースではなく子どものペースで

進めなくてはなりません」という記述です（MOGP, 1992：12）。子どものペースで進めるという健全な勧告を十分に満たそうとするなら，障害児の場合（そして非障害児の場合も）面接は1時間以内で終えるべきだという指針は返上すべきでしょう。たとえばマーチャントらは，代替的なコミュニケーション・システムを用いる場合，面接はしばしば長引くと述べています（Marchant & Page, 1993）。また，彼らの経験によれば，ラポール段階だけでも30〜40分かかるということです（Marchant & Page, 1997）。障害児への面接には時間がかかるとすれば，MOGPのさらなる勧告は再検討する必要があるでしょう。MOGPは，「面接が1日以上に及ぶと適切な記録を取ることが困難になります。そのため，面接は可能な限り1日で行なうよう強く推奨」すると述べているのです（MOGP, 1992：12）。

　上の勧告には見直しが必要だという理由は，面接に時間がかかるということだけではありません。代替的なコミュニケーション・システムを長時間使うのは疲れる，ということもあります。システムを用いるのは短時間だけ（面接に要するような長時間ではなく），という子どももたくさんいるでしょう。また，健康上の理由により，短時間しか面接を受けられない障害児もいるでしょう。こうしたニーズに応えるには，面接を何日かに分けて行なう必要もあるでしょうし，少なくとも休憩はたくさん必要でしょう。では，MOGPの個別の段階について見ていくことにします。

　先に述べたように，面接のラポール段階には多くの機能があります。ここでは個々の機能の特徴について述べます。

①効果的なラポールを築く。
　MOGPは「ラポール段階は，個々の子どものニーズや状況に合わせなければなりません。年齢の低い子どもとのラポール段階では，おもちゃで遊んだりお絵描きをしたりして，子どもがリラックスし，面接官と話ができるように援助します」と指摘しています（MOGP, 1992：16）。MOGPが推奨するように，ラポール段階を個々の子どものニーズや状況に合わせるには，多くの要因について検討する必要があります。たとえば会話をするための適切な話題について

考えなければなりません。ラポールを築くためのさまざまな話題は2章で示しました。

　障害児とラポールを築く場合，特に注意すべきこととして，おもちゃや遊びに関する問題があります。というのは，障害によっては不適切なおもちゃがあるからです。たとえば視覚障害児には，非視覚的な感覚（触覚など）を刺激するおもちゃがよいでしょう。また，障害の種類によっては（ある種の脳性マヒなど），おもちゃを操作する手の動きに問題があるかもしれません。したがって，能力によらずうまく遊べるおもちゃを用意すること，そしてどのおもちゃも不適切というような事態に陥らせないことが大切です。不適切なおもちゃは障害児をいら立たせ，面接室には自分の居場所がないという否定的な印象を与えるかもしれません。

②発達に関する情報を補足する。
　非障害児の場合と同様，ラポール段階では，子どもの発達に関する情報を得ることができます。2章で示した多くの事項は，障害児の面接においても等しく適用することができるでしょう。たとえば非障害児の場合と同様，障害児においても，中立的な出来事を自由語りで報告する能力は，虐待の出来事について詳しく語る能力の指標となります。これについても2章をご覧ください。さて，次の話題に移る前にいくつかつけ加えておきたいことがあります。障害児に面接を行なう際は，ラポール段階を利用して，子どものコミュニケーション能力をカメラに残しておくことが重要だ，ということです。こうやって子どもの能力を示しておけば，障害のある証人には能力がないという仮説に反論しやすくなるでしょう。ラポール段階では子どもの言語スキルを示すこともできます。たとえば，コミュニケーション・ボードを用いることで完全で効果的なやりとりができることを示せれば，有効だと思われます。マーチャントらは，障害児は自分たちのコミュニケーション・スキルを示したがっており，大人が彼らのコミュニケーションに注意や関心をはらうことを喜ぶ，と述べています (Marchant & Page, 1993)。また，通訳を介してコミュニケーションを行なう場合，ラポール段階は面接を行なう人にとっても面接を受ける人にとっても重要な「練習」になるでしょう。

③面接の理由を説明する。

　障害児に面接を行なう場合は，面接の目的について説明することが大切です（非障害児にとっても重要ですが，それ以上に重要でしょう）。特定の障害児（たとえば知的障害がある子ども）にとっては，面接とは何かが理解できず，また面接が行なわれる理由もわからない可能性があるからです（Westcott & Cross, 1996）。そのため，こうした事柄を面接の最初の段階で話しておくことは重要です。面接の機能を説明する方法については2章を参照してください。

④子どもは何も悪くないのだと安心させる。

　これも2章で論じた問題であり，そこで推奨したことは障害児にも適用可能です。ただし強調すべきことがあります。それは，あなたは何も悪くないのだと安心させることは，障害児では特に重要だということです。ミドルトンらは，障害児は虐待を受けたのは自分の障害のせいだと考えている（つまり，自分に非があるために虐待を受けたのだと感じている）可能性がある，と指摘しています（Middleton, 1992；Westcott & Cross, 1996）。このような場合，そうではない，あなたは何も間違ったことをしていないのだと安心させることは特に重要だと思われます。

⑤カメラについて説明する。

　多くの研究者が，障害による問題の1つは障害のために生活経験が限られてしまうことだ，と指摘しています（Cogher, Savage & Smith, 1992など）。たとえば，障害をもたない子どもの多くにとっては（一部の障害児にとってもそうでしょうが），ビデオは日常生活の一部となっています（ビデオアニメを見るなど）。その場合，ビデオについての説明を受けたりそれを理解することは容易でしょう。しかし障害児によっては（特に視覚障害児では明らかに）そうではありません。こうした状況では機材についての説明を注意深く行なわなければなりません。

⑥真実を話すことの必要性を強調する。

　子どもが真実と嘘をどの程度理解しているかを明らかにする，という問題に

ついては2章で多くの紙数を割きました。そのため読者には，2章を参照していただければと思います。しかしここでもう1つ，障害児については真実と嘘の問題は一筋縄にはいかない，ということを付け加えておきましょう（2章で見たように，この問題は非障害児においても容易ではありません）。たとえばマーチャントらは，知的障害を伴う脳性マヒの子どもに面接を行なった経験を次のように報告しています（Marchant & Page, 1993：23）。その事例では，面接官は（その子どもが）「大人と冗談を言い合うのが好きで，ユーモアをねらっておかしな回答をすることがよくある」と事前に注意を受けました。このような事例では，真実を述べることの重要性について特に注意することが大切です。

⑦「知らない」「わからない」という応答。
　2章，4章では，面接官の質問に対して「知らない」「わからない」と答えてもよいのだと子どもに伝えることの大切さについて述べました。そこで述べたことは，非障害児と同様，障害児についても考慮しなければなりません。

　それでは自由語りの段階に目を向けることにしましょう。自由語りの段階にかかわる問題については3章で十分に検討したので，それをここで繰り返すつもりはありません。しかし，障害児が自由語りの段階に臨む場合に配慮しなくてはならないいくつかの補足的事項があります。
　まず，障害児が虐待の出来事を自由語りで報告するのを困難にするような社会的制約があるかもしれません。たとえばウエストコットらは，（施設での非難を恐れて）虐待については話してはいけないという圧力を受けていた子どもたちの事例を報告しています（Westcott, 1992b；Westcott & Cross, 1996）。また，性の問題から「保護」されている子ども（訳注：性の情報から隔絶されている子ども）もいます。これでは語ることはますます困難だといえるでしょう。
　また，性的虐待について話す言葉をもたないように「保護」されている障害児もいます。たとえば次のような事例があります。

　　「子どもが人工的な［コミュニケーション・］システムを使う場合，子どもが

習得し，使用する語彙に対する絶対的な統制権は指導員が握っています。クロス（第2著者）は次のような話を聞いたことがあります。ブリシンボルにはペニスとバギナを表わすシンボルがありますが，ある心理療法家は，ブリシンボルを使っている14歳の男児のボードから，そのようなシンボルはまだ早いと，取り除いてしまったそうです」（Wescott & Cross, 1996：86）。

同様の言語的制約は他所でも報告されています。たとえばマーチャントらは次のように指摘しています。

「コミュニケーション・ボードを使う子どもの場合，適切な語彙を持っているかどうかという問題は重要です。……プライベートな身体部位を表わす語だけでなく，『お尻』といった基本的な語すら持っていない子どもは1人，2人ではありません」（Marchant & Page, 1993：7）。

マーチャントらは，「虐待のことを話すのに必要な語彙を持っていない」子どもについても報告しています。「この子どものボードには，『閉める』『叩く』『殴る』といった語がありませんでした」（Marchant & Page, 1993：19）。語彙の制約という同様の問題は，音声言語によるコミュニケーションでも生じます。マーチャントらは「話せる子どもでも，語彙の問題がありました。性的虐待の疑いに関する捜査では特にそうです」と指摘しています（Marchant & Page, 1993：19）。

障害児が自由語りによる報告で経験する困難は，語彙の問題だけではありません。たとえばマーチャントらは「本来，障害は子どもの自発的な報告を妨げるわけではありません。しかし，子どもが「はい／いいえ」だけで答えようとする場合や，制約のあるコミュニケーション・ボードを使用する場合は異なります」と述べています（Marchant & Page, 1997：74）。こうしたケースでは，言語的な制約により，自由語りによる報告が抑制される可能性があります。

障害児に自由語りで報告してもらう際に考慮すべきこととして，小道具の使用の問題があります。MOGPもこの問題を提起していますし，私たちも本章ですでに簡単に述べました。また，自由語りを促進する小道具の効果について

は3章を参照してください。しかし，障害児に小道具を用いる場合に考えなければならない要因について，いくつか注意を喚起したいと思います。それは障害によってはふさわしくない小道具がある，ということです。たとえば特定の障害児（ある種の脳性マヒをもつ子どもなど）には，手先の器用さが求められる小道具は，手の動きを制御しきれないために操作が難しいかもしれません。またマーチャントらは，人形を用いて部位を特定することに困難を感じる障害児もいるだろうと指摘しています（特に人形が子ども自身の姿とは明らかに異なっている場合など）(Marchant & Page, 1993)。障害に応じて小道具を適切に用いることができるよう，配慮が必要です。

それでは質問段階の問題に移りましょう。この段階に関する問題は4章で扱われていますので，読者はその議論をご覧下さい。ただし，障害児に対する面接は誘導質問への依存度が高まりやすいことは強調しておきたいと思います（これはMOGP, 1992も強調しています）。マーチャントらは彼ら自身の経験から，誘導質問が必要な障害児もいると述べています (Marchant & Page, 1993：26)。たとえば拡大コミュニケーション・システムを用いている子どもたちがそうです。このような子どもたちは日常生活で，「はい／いいえ」で答える質問に頼りがちです。このような質問の（証拠としての）妥当性を高めるには，最もあり得そうにない選択肢を先に尋ねるのがよい，とマーチャントらは示唆しています (Marchant & Page, 1993：27)。たとえば「恐かった？」と尋ねるかわりに，まず「楽しかった？」という質問をするのがよい，と彼らは述べています。

最後になりましたが，障害児の面接において，終結段階はとりわけ重要だと考えられています。障害児は，虐待の出来事を明かしたら仕返しをされるかもしれないと恐れているかもしれません。面接官はそのような不安に配慮し，安心させるのが望ましいとマーチャントらは述べています (Marchant & Page, 1993)。

以上，MOGPによる面接を障害児に行なうためのさまざまな方法を見てきました。次に，バイリンガルや少数言語の問題を見ることにしましょう。

2. バイリンガルの子どもと少数言語話者

　言語的環境という点から見れば，私たちは北ウェールズ地方のバイリンガル地域で暮らし，研究するという幸運に恵まれています。この地域の警察は，英語話者にもウェールズ語話者にも（および両方話す人にも）よく対応しています。警察にはどちらの言語の話者もいるからです。実際，子どもも大人も，英語またはウェールズ語，すなわち自分の選んだ言語で面接を受けることができます（それはしばしばバイリンガルの警察官によって行なわれます）。しかしこの地域は2つの言語，ウェールズ語と英語が共存し，警察内により広い地域の言語が反映されている，英国の中でも特殊な地域だといえるでしょう。さまざまな少数言語が話されている地域（たとえば英国の都市中心部）では，警察や社会福祉において，これらの言語的コミュニティは十分な対応を受けていません。否，場合によってはまったく対応を受けていないこともあります。このことは，母語で面接を受けることができない子どもがいるということを意味します。たとえば第2言語として英語を話す子どもが英語しか話せない面接官によって，英語で面接を受けるということもあり得ます。これに代わる方法としては，通訳を介した面接があるでしょう。

　私たちの最近の調査（Aldridge & Wood, 1997a）には，このような状況における面接官の経験が反映されていました。この調査によれば，ウェールズの面接官の25%は（面接官とは）母語が異なる子どもの面接を行なった経験がありました。この数値をウェールズ以外の警察と比較するとどうなるのか興味深いところです。調査に回答した警官の多くはバイリンガルであったので，25%という数値はかなり低いかもしれません。しかし母語が異なる子どもに面接を行なったことのある警察官においても，状況はさまざまでした。

　たとえば，英語のみを話す警察官が，ウェールズ語と英語を話すバイリンガルの子どもに面接を行なった例がありました。彼女たちは以下のようにコメントしています。

※「私はウェールズ語を話す子どもに英語で面接しましたが，何の問題もあり

ませんでした」（この警察官は，第1言語がウェールズ語であるバイリンガルの子どもに面接したと述べたかったのでしょう！）。
❋「面接をした子どもの第1言語はウェールズ語でした。でも彼女は英語がよくわかり，英語での面接を積極的に受けていました」。
❋「面接をした子どもの第1言語はウェールズ語でした。でも彼女は英語が流暢に話せました」。

　これらの事例ではどの面接官も，特に問題はなかった，子どもは英語が流暢に話せた，と強調しています。しかし私たちはバイリンガルの子どもに第2言語で面接を行なうのは理想的ではないと思います。このことは後で触れたいと思います。
　私たちの調査では，ウェールズ語や英語以外の言語の子どもに面接をした面接官もいました。たとえば以下のような例がありました。

❋「ソマリア人の子どもに面接をしたことがあります。その子は英語で面接を受けるのに十分な英語力がありました」。
❋「アジア人の子どもに面接をしたことがあります。面接にはその子の第1言語に精通しているソーシャルワーカーに加わってもらいました」。
❋「私は通訳を介してフランス語を話す子どもに面接したことがあります」。

　上の最初の報告には明らかに問題があります。この面接官は，ソマリア人の子どもが（英語しか話さない面接官が行なう英語の面接を受けるのに）「十分な英語力があった」と述べています。少数言語を用いる面接官や通訳を用意することが困難だということはわかります。しかし，いったいどのような根拠で「十分な」英語力があったと言えるのでしょうか。問題があると言わざるを得ません。英語だけを話す子どもが英語だけを話す面接官によって面接を受ける場合でさえ，多大な言語スキルが要請されます（私たちはそのことを，本書で述べてきたわけです）。第2言語での面接というさらなる負荷をかけるのは憂慮すべきことだと思われます。上の報告のように「十分な」という査定が明らかに問題であるような場合，この指摘は特に重要です。しかしこの例ほど深刻

ではないにしても，同様の問題は，英語だけを話す面接官がウェールズ語／英語のバイリンガルの子どもに面接を行なう状況にも当てはまります。バイリンガル話者には会話の途中でコード・スイッチ（つまり言語の変換）をするという，彼ら特有の言語的特徴があります。この自然なプロセスが，単一言語の面接官の存在により制限されるからです。このことは私たちの調査に答えてくれた面接官のコメントによっても支持されます。「私が面接をした子どもは，面接の途中で，ウェールズ語での面接だったらよかったのにともらしました」。バイリンガルの子どもにはバイリンガルの面接官が面接するようにすれば，上のような問題が起きる可能性は減るでしょう。そして子どもは2つの言葉をより柔軟に（そして自然に）用いることができるでしょう。

また，明言はできませんが，バイリンガルの子どもにとっては虐待が行なわれた言語的環境も重要かもしれません。バイリンガルの人が用いる言語はしばしば領域固有的です（たとえば家庭内では一方の言語を用い，学校では別の言語を用いるとか，父親と話す時には一方の言語を用い，母親と話す時には別の言語を用いるといったことがあります）。もしそうならば，バイリンガルの子どもが一方の言語のみが用いられる環境で虐待を受けた場合，その言語で面接を受ければ，子どもは出来事をよりよく思い出せるかもしれません。文脈の復元（たとえば3章で概説した認知面接法で用いられるような心的復元）により想起が促進される可能性がある，という研究結果と同様のことが起きる可能性があります。つまり，虐待があった時に用いられた言語と同じ言語を用いることは，文脈の一部を復元することになるでしょう。実際そのようなことがあるのかどうか，それを支持する研究結果を私たちは知りません。しかしそのような可能性は十分にあると思われます。

もちろん虐待が行なわれた言語は，子どもの第1言語ではないかもしれません。その場合はバイリンガルによる面接を行なえば，子どもは得意な第1言語で話をすることができます。と同時に，子どもはその出来事を思い出すのに第2言語を用いることもできます。たとえば第1言語が英語で第2言語がウェールズ語のバイリンガルの子どもがいたと想像してみてください。この子どもはウェールズ語だけを話す祖父に虐待されていたとします。もしこの子どもが英語だけを話す人によって英語で面接を受けたとすれば，出来事を報告する際の

困難さは増すでしょう。たとえば祖父が子どもに言ったかもしれないことを，面接官が子どもに尋ねるところを想像してみてください。面接官の質問に答えるには，子どもは（祖父の言語である）ウェールズ語から（面接官の言語である）英語に翻訳しなければなりません。

最後に，（フランス語を話す子どもが通訳を介して面接を受けたという）先の報告の3番目の例から，子どもの話す言葉を知らない面接官が通訳を介して面接を行なう，という問題について考えてみましょう。調査に応じてくれたすべての面接官が，必要に応じて適切な通訳を呼ぶと回答しました。しかし，彼らは通訳を用いることについて多くの問題をあげました。面接官が表明した最大の問題は，通訳がMOGPの訓練を受けていないかもしれない，というものでした。次のコメントはこの問題をよく表わしています。「私は通訳サービスを手配すると思いますが，通訳を行なう人がMOGPの訓練を受けているかどうか心配です」。

本来ならば，どのような言語のどのような通訳であれ，MOGPの訓練を受けているのが理想的です。しかし通訳とMOGPというのが技能の特殊な組み合わせであることを考えれば，さまざまな対策を立てることで問題の軽減を試みるしかないでしょう。通訳がMOGPの訓練を受けていなければ，面接前に明確な計画を立てることは不可欠です。また，関連する手続きや質問の種類について説明するため，十分な時間を確保することが必要です。また，ある面接官が訴えていたこととして，通訳を用いるとラポールの構築がうまくいかない可能性がある，という問題があります。典型的なコメントとして次のようなものがありました。「通訳や手話通訳を介した面接はうまくいかない可能性が高い，というのが私の意見です。信頼感やラポールの感覚が得られないのです。こうした信頼感がなければ，子どもは話をしてくれないでしょう」。

通訳を介した面接を行ないながら効果的なラポールを（面接官と子ども，子どもと通訳，通訳と面接官というすべての組み合わせで）築くのは困難でしょう。しかし，この潜在的な問題が面接前に認識されていれば，それを最小限にするための工夫もできます。たとえば面接官や通訳が子どもと親しくなるための時間を特別にとることができるかもしれません。一緒におもちゃで遊ぶことも効果的でしょう。また，面接官が気にかけていることを子どもに打ち明ける

のも役立つと思われます。たとえば「あなたと直接話せるように,あなたの言葉を話せたらいいのだけれど。でも通訳の人が会話を助けてくれるので嬉しいわ」などの話をしてもよいかもしれません。

　秘密の保持についても保証する必要があります。しかし,困難なこともあるでしょう。たとえば文化的要因の影響もあるかもしれません。子どもと通訳が(性的なことをタブーとする)文化を共有している場合,子どもはプライベートな情報を話しにくいと感じるかもしれません(たとえばウエストコットは,文化的制約が原因で事件の発覚が遅れた事例を報告しています(Westcott, 1992b))。この点についても配慮し,秘密保持が保障されていることを子どもに伝えなければなりません。

　以上を要約すると次のようになります。

- バイリンガルの子どもには,できるだけバイリンガルの面接官が面接を行なわなければなりません。
- 子どもの第2言語能力の査定は注意深く行なわなければなりません。たとえば,何をもって第2言語の力は「十分だ」とするのでしょうか。
- 通訳を用いる場合,事前の面接計画は十分に行なう必要があります。通訳がMOGPの訓練を受けていない場合,このことはとりわけ重要です。

付録 1

MOGP について

**よき実践のためのメモ：
刑事手続きのために行なわれる，子どもの目撃者のビデオ録画面接**

　英国では 1990 年初頭まで，7 歳未満の子どもの法廷証言を認めていませんでした。しかし，幼児虐待など，子どもが証言しなければ解決できない問題も増加し，子どもに証言を求める必要性が高まってきました。子どもの証言の信頼性は面接の方法に大きく依存します。そこで英国内務省は心理学者や法律家の協力を求め，1992 年，面接のガイドライン「よき実践のためのメモ：刑事手続きのために行なわれる，子どもの目撃者のビデオ録画面接について」を作成しました。このガイドラインは暴力の被害については 14 歳未満，性的暴力の被害については 17 歳未満の子どもの面接に適用され，そのすべてがビデオで録画されます。「よい面接」を行なわなければ，裁判官に子どもの証言を認めてもらえない，という認識が徹底しており，イングランドとウェールズのすべての警察官がこの面接法の訓練を受け，実施しています。なお，このガイドラインの改訂版「刑事手続きにおいて最良の証拠を得るために：子どもを含む弱者，脅えた人々のためのガイドライン」が 2001 年に出ています。そこでは弱者や民族的な背景への考慮も強化されています。

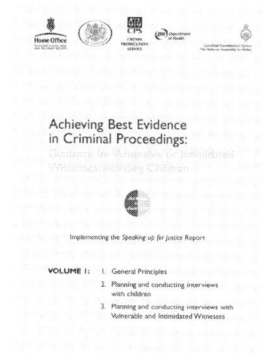

◀「よき実践のためのメモ（Memorandum of Good Practice）」（左）とその改訂版である「刑事手続きにおいて最良の証拠を得るために（Achieving Best Evidence in Criminal Proceedings）」（右）

付録1

表 「よき実践のためのメモ」で用いられている段階アプローチのまとめ（MOGP：22-23）

	目的	アプローチ	やってはいけないこと	その他の注意点
第1段階 ：ラポールの構築	子どもを落ちつかせ，不安を取り除く。 子どもについての情報を得る。 面接の目的を述べる。 本当のことのみを話すよう理解させる。	子どもをリラックスさせる。遊びをとり入れてもよい。	面接官のほうから問題となっている出来事に言及してはならない。 子どもをじっと見つめたり，触ったりしてはいけない。	第1段階は何度か繰り返さなくてはならないかもしれない。 けっしてこの段階を省いてはいけない。
第2段階 ：自由語りによる報告	子どもに自発的に話してもらう。	子どものペースで出来事について話してもらうよう努める。 面接官は「積極的に聞く」態度をとる。	子どもが言及していない出来事について直接尋ねてはいけない。 子どもの話がとぎれても，すぐに口をはさんではいけない。	がまん強く聞く。 出来事と関係のないことが出てくるようであったら，第4段階（面接の終結）に進むことを考える。
第3段階 ：質問	子どもが話した出来事について，より多くの情報を得る。	一般的な質問からより特定的な質問に移る。	この段階では，子どもが話した内容を明確にするための質問すら行なってはいけない。 質問をすぐに繰り返さない。 文法的，構文的に難しい表現を避ける。 一度に1つのことしか聞かない。	質問をする際は，この質問が子どものためになるのか，先に進むのが公正かどうか考える。
A段階 ：オープン質問	圧力をかけることなく，子どもにもっと多くを語ってもらう。	焦点を当てつつも，誘導にならないように尋ねる。		
B段階 ：特定の内容に関する，しかし誘導にならない質問	より広い情報を得，またその内容を明確にする。 子どもに面接の目的を思い出させる。	出来事に言及する焦点を絞った質問を行なう。 子どもが語った事や表現のうち，つじつまの合わないところをやさしく指摘し，検討する。	「うん（はい）」，「ううん（いいえ）」で答えさせるような質問を避ける。	

C段階 ：クローズ質問	話したがらない子どもにも話してもらうように。	回答の選択肢が限られるような質問を行なう。		このような質問形式をとってよいかどうか，他の面接官に相談する。
D段階 ：誘導質問	話したがらない子どもにも話してもらうように。	答えが含意されるような質問や，「出来事」を前提とした質問を行なう。	同じ答えが期待される質問だけを行なわないようにする。	直接的に誘導する質問はすべて避ける。
第4段階 ：面接の終結	子どもがこの面接について理解できるよう，はかる。子どもが不安になることのないようにする。	子どもが語った言葉を用いて出来事の確認を行なう。ラポールでの話題に戻る。子どもに「ありがとう」と言い，質問がないか尋ねる。	大人の言葉でまとめてしまうことのないようにする。	この段階を省いてはいけない。子どもまたは付添いの大人に，面接官の名前や電話番号を教える。

付録2
障害者支援の関係団体リスト

社会福祉法人　子どもの虐待防止センター（CCAP）
〒156-0043　東京都世田谷区松原 1-38-19　東建ビル 202
TEL 03-5300-2451 ／ FAX 03-5300-2452
URL http://www.ccap.or.jp

全国LD（学習障害）親の会
〒162-0823　東京都新宿区神楽河岸 1-1　東京ボランティアセンター気付 27 号
URL http://www.normanet.ne.jp/~zenkokld/index.html
E-mail jpald@mbm.nifty.com

社会福祉法人　全日本手をつなぐ育成会
〒105-0003　東京都港区西新橋 2-16-1　全国たばこセンタービル 8F
TEL 03-3431-0668 ／ FAX 03-3578-6935
URL http://www1.odn.ne.jp/ikuseikai/index.html

財団法人　全日本ろうあ連盟
本部事務所
〒162-0801　東京都新宿区山吹町 130　ＳＫビル８階
TEL 03-3268-8847 ／ FAX 03-3267-3445
URL http://www.jfd.or.jp/
京都事務所
〒602-0901　京都市上京区室町通今出川下ル　繊維会館
TEL 075-441-6079 ／ FAX 075-441-6147

社会福祉法人　日本肢体不自由児協会
〒173-0037　東京都板橋区小茂根 1-1-7
TEL 03-5995-4511 ／ FAX 03-5995-4515
URL http://www.normanet.ne.jp/~jsdc/index0.html

障害者支援の関係団体リスト

社団法人　日本自閉症協会
　〒162-0051　東京都新宿区西早稲田2-2-8　全国心身障害児福祉財団内5階
　TEL 03-3232-6478 / FAX 03-5273-8438
　URL http://www.autism.or.jp/

特定非営利活動法人　日本ダウン症ネットワーク事務局
　〒305-0856　茨城県つくば市観音台1-36-14　百溪方
　TEL 029-836-3990 / FAX 029-836-3990
　URL http://jdsn.gr.jp/

社団法人　日本知的障害福祉連盟
　〒102-0072　千代田区飯田橋2-4-3　ルート飯田橋ビル4F
　TEL 03-5275-1128 / FAX 03-5275-1205
　URL http://www13.ocn.ne.jp/~jlid/

ピープルファーストジャパン
　〒577-0023　東大阪市荒本2049-4-101　はっしんきちザ☆ハート内
　TEL 06-6789-6637 / FAX 06-6789-6649
　URL http://www.pf-japan.jp

全国難聴児を持つ親の会事務局
　〒162-0051　東京都新宿区西早稲田2-2-8　全国心身障害児福祉財団内
　TEL 03-5292-2882 / FAX 03-5292-2882
　URL http://www.zennancho.com/

参考文献

Aldridge, M. & Timmins, K. (1997). Children's understanding of preposition types (unpublished).
Aldridge, M., Timmins, K. & Wood, J. (1996). Children's understanding of wh-questions. (unpublished).
Aldridge, M., Timmins, K. & Wood, J. (1997). Children's understanding of legal terminology: Judges get money at pet shows, don't they? *Child Abuse Review*, **6**, 141–146.
Aldridge, M. & Wood, J. (1996). Children's understanding and use of body part terminology: A guide for child witness interviewers. In J. Wood (Ed), *Research Papers in Linguistics, Volume 8* (pp. 1–14). Bangor: University of Wales.
Aldridge, M. & Wood, J. (1997a). A survey of police-officers' attitudes towards and knowledge of the guidelines set out in the Memorandum of Good Practice (unpublished).
Aldridge, M. & Wood, J. (1997b). Talking about feelings: Young children's ability to express emotions. *Child Abuse and Neglect*, **21**, 1221–1233.
Aldridge, M. & Wood, J. (forthcoming). Children's free narrative accounts.
　（訳注：Aldridge, M. & Wood, J. (1999). Telling it how it was: A comparative analysis of children's evidential and non-evidential narrative accounts. *Narrative Inquiry*, 257-277. のことだと思われる。）
Anderson, E. (1978). Body part terminology. In J. Greenberg (Ed), *Universals of Human Language, Volume 3: Word Structure*. Stanford: Stanford University Press.
Applebee, A. (1978). *The Child's Concept of Story*. Chicago: Chicago University Press.
Baker-Ward, L., Gordon, B.N., Ornstein, P.A., Larus, D.M. & Clubb, P.A. (1993). Young children's long term retention of a pediatric examination. *Child Development*, **64**, 1519–1533.
Bamberg, M. & Damrad-Frye, R. (1991). On the ability to provide evaluative comments: Further explorations of children's narrative competencies. *Journal of Child Language*, **18**, 689–710.
Beeghly, M. & Cicchetti, D. (1994). Child maltreatment, attachment and the self system. Emergence of an internal state lexicon in toddlers at high social risk. *Development and Psychopathology*, **6**, 5–30.
Berman, R.A. & Slobin, D.I. (1994). *Relating Events in Narrative: A Crosslinguistic Developmental Study*. Hillsdale, New Jersey: Lawrence Erlbaum Associates.
Bleile, K. & Schwartz, I. (1984). Three perspectives on the speech of children with Down's syndrome. *Journal of Communication Disorders*, **17**, 87–94.
Boggs, S. & Eyberg, S. (1990). Interview techniques and establishing rapport. In A. La Greca (Ed), *Through the Eyes of the Child: Obtaining Self-reports from Children and Adolescents*. Boston: Allyn & Bacon.
Bond, H. (1995). Environmental care. *Community Care*, 7–13 September.
Bond, H. (1996). Audience participation. *Community Care*, 8–14 February.

Bond, H. (1997). Having someone to help. *Community Care*, 30 November–5 December.

Bremner, J. & Idowu, T. (1987). Constructing favourable conditions for measuring the young child's understanding of the terms in, on and under. *International Journal of Behavioural Development*, **10**, 89–98.

Brennan, M. (1994). The battle for credibility – themes in the cross examination of child victim witnesses. *International Journal for the Semiotics of Law*, **7**, 51–73.

Brownlow, J. & Waller, B. (1997). The Memorandum: A social services perspective. In H. Westcott & J. Jones (Eds), *Perspectives on the Memorandum Policy, Practice and Research in Investigative Interviews* (pp. 13–26). Aldershot, Hants: Arena.

Bull, R. (1992). Obtaining evidence expertly: The reliability of interviews with child witnesses. *Expert Evidence*, **1**, 5–12.

Bull, R. (1993). Innovative techniques for the questioning of child witnesses especially those who are young and those with learning disability. An invited paper for the Kent State University (DH10) Annual Kent Psychology Forum.

Bull, R. & Davies, G. (1996). The effect of child witness research on legislation in Great Britain. In G.S. Goodman & B.L. Bottoms (Eds), *International Perspectives on Child Abuse and Children's Testimony* (pp. 36–113). Sage, CA: Psychological Research, and Law.

Burns, Y. & Gunn, P. (Eds) (1993). *Down's Syndrome: Moving Through Life*. London: Chapman & Hall.

Bussey, K. (1992). Lying and truthfulness: Children's definitions, standards and evaluative reactions. *Child Development*, **63**, 129–137.

Butler, T. (1997). The Memorandum: The police view. In H. Westcott & J. Jones (Eds), *Perspectives on the Memorandum Policy, Practice and Research in Investigative Interviews* (pp. 27–38). Aldershot, Hants: Arena.

Cairns, H.S. & Hsu, J.R. (1978). Who, why, when and how: A developmental study. *Journal of Child Language*, **5**, 477–488.

Cassel, W.S. & Bjorklund, D.F. (1995). Developmental patterns of eyewitness memory and suggestibility: An ecologically based short term longitudinal study. *Law and Human Behaviour*, **19**, 507–532.

Ceci, S.J., Ross, D.F. & Toglia, M.P. (1987). Age differences in suggestibility: Narrowing the uncertainties. In S.J. Ceci, M.P. Toglia & D.F. Ross (Eds), *Children's Eyewitness Memory*. New York: Springer Verlag.

Child Abuse Review (1992). *Special Issue*, **1**, 145–210.

Choi, S. (1991). Children's answers to yes-no questions: A developmental study in English, French and Korean. *Developmental Psychology*, **27**, 407–420.

Cicchetti, D. & Beeghly, M. (Eds) (1990). *Children with Down Syndrome: A Developmental Perspective*. Cambridge, MA: Cambridge University Press.

Clark, E.V. (1993). *The Lexicon in Acquisition*. Cambridge, UK & New York: Cambridge University Press.

Clarke, C. (1994). The effect of police-officers' language when interviewing children. *Police Research Award Scheme*, London: Home Office.

Cogher, L., Savage, E. & Smith, M.F. (Eds) (1992). *Cerebral Palsy: The Child and Young Person*. London: Chapman & Hall Medical.

Cole, C.B. & Loftus, E.F. (1987). The memory of children. In S.J. Ceci, M.P. Toglia & D.F. Ross (Eds), *Children's Eyewitness Memory* (pp. 178–209). New York: Springer Verlag.

Community Care (1998). Thousands join justice campaign. *Community Care*, 29 January–4 February.

Coulborn-Faller, K. & Corwin, D.L. (1995). Children's interview statements and behaviours: Role in identifying sexually abused children. *Child Abuse and Neglect*, **19**, 71–82.

Davies, G. (1991). Children on trial? Psychology, videotechnology and the law. *Howard Journal of Criminal Justice*, **30**, 177–191.

Davies, G.M. & Noon, E. (1991). *An Evaluation of the Live Link for Child Witnesses*. London: Home Office.

Davies, G., Tarrant, A. & Flin, R. (1989). Close encounters of the witness kind: Children's memory for a simulated health inspection. *British Journal of Psychology*, **80**, 415–429.

Davies, G. & Wilson, C. (1997). Implementation of the Memorandum: An overview. In H.L. Westcott & J. Jones (Eds), *Perspectives on the Memorandum Policy, Practice and Research in Investigative Interviews* (pp. 1–12). Aldershot, Hants: Arena.

Davies, G., Wilson, C., Mitchell, R. & Milsom, J. (1995). *An Evaluation of the New Provision for Child Witnesses*. London: Home Office.

Dennet, J. & Bekerian, D. (1991). Interviewing abused children: A training initiative involving Cambridgeshire constabulary with other agencies. *Policing*, **7**, 355–360.

Dent, H. & Flin, R. (1992). *Children as Witnesses*. Chichester: Wiley.

Dent, H.R. & Stephenson, G.M. (1979). An experimental study of the effectiveness of different techniques of questioning child witnesses. *British Journal of Social and Clinical Psychology*, **18**, 41–51.

Department of Health (1994). *Social Services Inspectorate. The Child, the Court and the Video*. Heywood, Lancs: Health Publications Unit.

Disability Information Trust (1995). *Communication and Access to Computer Technology*. Oxford: Disability Information Trust.

Dunn, J. & Brown, J. (1994). Affect expression in the family, children's understanding of emotions and their interactions with others. *Merrill Palmer Quarterly*, **40**, 120–133.

Durkin, K. (1981). Aspects of late acquisition: School children's use and comprehension of prepositions. *First Language*, **2**, 47–59.

Ervin-Tripp, S. (1970). Discourse agreement: How children answer questions. In J. Hayes (Ed), *Cognition and the Development of Language* (pp. 79–109). New York: Wiley.

Evans, M.A. (1987). Discourse characteristics of reticent children. *Applied Psycholinguistics*, **8**, 171–184.

Fielding, N.G. & Conroy, S. (1992). Interviewing child victims: Police and social worker investigations of child sexual abuse. *Sociology*, **26**, 103–124.

Fisher, R. (1997). State of indifference. *Community Care*, 4–10 December.

Fivush, R. (1994). Young children's event recall: Are memories constructed through discourse? *Consciousness and Cognition*, **13**, 356–373.

Fivush, R. & Hamond, N.R. (1991). Memories of Mickey Mouse: Young children recount their trip to Disneyworld. *Cognitive Development*, **6**, 433–448.

Fivush, R., Gray, J.T. & Fromhoff, F.A. (1987). Two-year-olds talk about the past. *Cognitive Development*, **2**, 393–410.

Flavell, J.H., Speer, J.R., Green, F.L. & August, D.L. (1981). The development of comprehension monitoring and knowledge about communication. *Monographs of the Society for Research in Child Development*, **46**, 1–65.

Flin, R.H., Boon, J., Knox, A. & Bull, R. (1992). The effect of a five month delay on children's and adult's eye witness memory. *British Journal of Psychology*, **83**, 323–336.

Flin, R.H., Stephenson, Y. & Davies, G. (1989). Children's knowledge of court proceedings. *British Journal of Psychology*, **80**, 285–297.

Foster, S.H. (1990). *The Communicative Competence of Young Children*. London: Longman.

Fowler, A.E., Gelman, R. & Gleitman, L.R. (1994). The course of language learning in children with Down syndrome. In H. Tager-Flusberg (Ed), *Constraints on Language Acquisition: Studies of Atypical Children* (pp. 91–140). Hillsdale, NJ: Lawrence Erlbaum Associates.

Geiselman, R.E., Fisher, R.P., Firstenberg, I., Hutton, L.A., Sullivan, S.J., Avetission, I.V. & Prosk, A.L. (1984). Enhancement of eyewitness memory: An empirical evaluation of the cognitive interview. *Journal of Police Science and Administration*, **12**, 74–80.

Geiselman, R.E. & Padilla, J. (1988). Cognitive interviewing with child witnesses. *Journal of Police Science and Administration*, **16**, 236–242.

Goodman, G.S. & Aman, C. (1990). Children's use of anatomically detailed dolls to recount an event. *Child Development*, **61**, 1859–1871.

Goodman, G.S., Bottoms, B.L., Schwartz-Kenney, B.M. & Rudy, L. (1991). Children's testimony about a stressful event: Improving children's reports. *Journal of Narrative and Life History*, **1**, 69–99.

Goodman, G.S. & Bottoms, B.L. (Eds) (1993). *Child Victims: Child Witnesses: Understanding and Improving Testimony*. New York: Guilford Press.

Goodman, G.S. & Bottoms, B.L. (1996). *International Perspectives on Child Abuse and Children's Testimony: Psychological Research and Law*. Thousand Oaks, CA: Sage.

Goodman, G.S. & Helgeson, V. (1988). Children as witnesses: What do they remember? In L. Walker (Ed), *Handbook on Sexual Abuse of Children*. New York: Springer Verlag.

Gullo, D.F. (1981). Social class differences in preschool children's comprehension of wh-questions. *Journal of Child Development*, **52**, 736–740.

Gupta, A. (1997). Black children and the Memorandum. In H. Westcott & J. Jones (Eds), *Perspectives on the Memorandum Policy, Practice and Research in Investigative Interviews*. Aldershot, Hants: Arena.

Hamond, N.R. & Fivush, R. (1991). Memories of Mickey Mouse: Young children recount their trip to Disneyworld. *Cognitive Development*, **6**, 433–448.

Harter, S. & Whitesell, N.R. (1989). Developmental changes in children's understanding of single, multiple and blended emotion concepts. In C. Saarni & P.L. Harris (Eds), *Children's Understanding of Emotion* (pp. 81–117). Cambridge, UK: Cambridge University Press.

Hendry, E. & Jones, J. (1997). Dilemmas and opportunities in training around the Memorandum. In H. Westcott & J. Jones (Eds), *Perspectives on the Memorandum Policy, Practice and Research in Investigative Interviews* (pp. 141–153). Aldershot, Hants: Arena.

Holton, J. & Bonnerjea, L. (1994). *The Child, the Court and the Video: A Study of the Implementation of the Memorandum of Good Practice on Video Interviewing of Child Witnesses*. London: Department of Health.

Home Office (1989). *Report of the Advisory Group on Video Evidence, Chairman Judge Thomas Pigot QC*. London: Home Office.

Home Office and The Department of Health (1992). *Memorandum of Good Practice on Video-recorded Interviews with Child Witnesses for Criminal Proceedings*. London: HMSO.

Horgan, D. (1978). How to answer questions when you've got nothing to say. *Journal of Child Language*, **5**, 159–165.

Hughes, M. & Grieve, R. (1980). On asking children bizarre questions. *First Language*, **1**, 149–160.

Hughes, B., Parker, H. & Gallagher, B. (1996). *Policing Child Sexual Abuse: The View from Police Practitioners*. London: Home Office.

Kennedy, M. (1992). Not the only way to communicate: A challenge to voice in child protection work. *Child Abuse Review*, **1**, 169–177.

Kennedy, M. & Kelly, L. (1992). Inclusion not exclusion. *Child Abuse Review*, **1**, 147–149.

King, P. & Young, I. (1992). *The Child as Client: A Handbook for Solicitors who Represent Children*. Bristol: Jordan & Sons.

King, M.A. & Yuille, J.C. (1987). Suggestibility and the child witness. In S. Ceci, M.P. Togia & D.F. Ross (Eds), *Children's Eyewitness Memory* (pp. 24–35). New York: Springer Verlag.

Kyle, J.G. & Woll, B. (1984). *Sign Language: The Study of Deaf People and their Language*. Cambridge, UK: Cambridge University Press.

Lamb, M.E., **Sternberg**, K. & Esplin, P. (1996). Making children into competent witnesses: Reactions to the amicus brief in re: Michaels. *Psychology, Public Policy and Law*, **1**, 438–449.

Leichtman, M. & Ceci, S.J. (1995). Effects of stereotypes and suggestions on preschoolers' reports. *Developmental Psychology*, **31**, 568–578.

Liles, B.Z. (1987). Episode organisation and cohesive conjunctives in narratives in children with and without language disorder. *Journal of Speech and Hearing Research*, **30**, 185–196.

MacWhinney, K., Cermak, S. & Fisher, A. (1987). Body part identification in one to four-year-old children. *American Journal of Occupational Therapy*, **41**, 454–459.

Marcell, M.M. & Weeks, S.L. (1988). Short-term memory difficulties and Down's syndrome. *Journal of Mental Deficiency Research*, **32**, 153–162.

Marchant, R. & Page, M. (1993). *Bridging the Gap: Child Protection Work with Children with Multiple Disabilities*. London: NSPCC.

Marchant, R. & Page, M. (1997). The Memorandum and disabled children. In H. Westcott & J. Jones (Eds), *Perspectives on the Memorandum Policy, Practice and Research in Investigative Interviews* (pp. 67–80). Aldershot, Hants: Arena.

McGough, L.S. & Warren, A.R. (1994). The all-important investigative interview. *Juvenile and Family Court Journal*, **45**, 13–29.

McGowan, B. (1996). Little dollies that may trap cornfield hammer killer. *The Express* Newspaper, 4 November.

Middleton, L. (1992). *Children First: Working with Children and Disability*. Birmingham: Venture Press.

Murray, N. (1993). Children on film. *Community Care*, 17 June.

NSPCC and Tower Hamlets ACPC (1996). *Protecting our Children*. London: NSPCC and London Borough of Tower Hamlets.

Open University, Department of Health and Social Welfare (1993). Investigative interviewing with children: Trainers' pack KS01, Dorset: Blackmore.

Ornstein, P.A., Gordon, B.N. & Larus, D.M. (1992). Children's memory for a personally experienced event: Implications for testimony. *Applied Developmental Psychology*, **6**, 49–60.

Ornstein, P.A., Larus, D.M. & Clubb, P.A. (1991). Understanding children's testimony: Implications of research on the development of memory. *Annals of Child Development*, **8**, 145–176.

Parnell. M.M. & Amerman, J.D. (1983). Answers to wh-questions: Research and application. In T. Gallaghar & C. Prutting (Eds), *Pragmatic Assessment and Intervention Issues in Language* (pp. 129–151). San Diego: College Hill Press.

Parnell, M.M., Patterson, S.S. & Harding, M.A. (1984). Answers to wh-questions: A developmental study. *Journal of Speech and Hearing Research*, **27**, 297–305.

Perry, N.W. & Teply, L.L. (1984). Interviewing, counselling and in court examination of children: Practical approaches for attorneys. *Creighton Law Review*, **18**, 5. Creighton University School of Law.

Phillips, M. (1993). Investigative interviewing: Issues of race and culture. In Open University Investigative interviewing with children: Trainers' pack. Open University, Milton Keynes.

Pipe, M.E. & Wilson, J.C. (1994). Cues and secrets: Influences on children's event reports. *Developmental Psychology*, **30**, 515–525.

Poole, D. (1992). Eliciting information from children with non-suggestive visual and auditory feedback. Paper presented at the Advanced Studies Institute on the Child Witness in Context, Italy.

Poole, D. & White, L. (1991). Effects of question repetition on the eyewitness testimony of children and adults. *Developmental Psychology*, **27**, 975–986.

Powell, M.B. & Thomson, D.M. (1994). Children's eyewitness memory research: Implications for practice. *Families in Society: The Journal of Contemporary Human Services*, **75**, 204–216.

Preece, A. (1987). The range of narrative forms conversationally produced by young children. *Journal of Child Language*, **14**, 353–373.

Rappley, M. & Speare, K.H. (1993). Initial evaluation and interview techniques for child sexual abuse. *Primary Care*, **20**, 329–342.

Renvoize, J. (1993). *Innocence Destroyed: A Study of Child Sexual Abuse*. London: Routledge.

Richardson, G.C. (1993). The child witness: A linguistic analysis of child sexual abuse testimony. Unpublished doctoral dissertation.

Rose, D.E., Vernon, M. & Pool, A.F. (1996). Cochlear implants in prelingually deaf children. *American Annals of the Deaf*, **141**, 258–262.

Saarni, C. & Harris, P.L. (Eds) (1989). *Children's Understanding of Emotion*. Cambridge, UK: Cambridge University Press.

Sattar, G. & Bull, R. (1994). The effects of the feltboard and auditory feedback on young children's recall of a live event. Paper presented at the Annual Conference of the British Psychological Society's Division of Criminological and Legal Psychology, Rugby.

Savic, S. (1978). Strategies children use to answer questions posed by adults. In N. Waterson & C. Snow (Eds), *The Development of Communication* (pp. 217–225). New York: Wiley.

Saywitz, K.J., Geiselman, R.E. & **Bornstein**, G.K. (1992). Effects of cognitive interviewing and practice on children's recall performance. *Journal of Applied Psychology*, **77**, 744–756.

Saywitz, K. & Jaenicke, C. (1987). Children's understanding of legal terms: A preliminary report of grade-related trends. Paper presented at the Biennial meeting of the Society for Research on Child Development, Baltimore, MD.

Saywitz, K.J., Nathanson, R. & Snyder, L. (1993). Credibility of child witnesses: The role of communicative competence. *Topics in Language Disorders*, **13**, 59–78.

Sharland, E., Jones, D., Algate, J., Seal, H. & Croucher, M. (1995). Professional intervention in child sexual abuse. In Department of Health, *Child Protection: Messages from Research*. London: HMSO.

Shuy, R.W. (1986). Language and the law. *Annual Review of Applied Linguistics*, **7**, 50–63.
Shuy, R.W. (1993). *Language Crimes: The Use and Abuse of Language Evidence in the Courtroom.* Oxford: Blackwell.
Siegal, M., Waters, L. & Dinwiddy, L. (1988). Misleading children: Causal attributions for inconsistency under repeated questioning. *Journal of Experimental Child Psychology*, **45**, 438–456.
Social Services Inspectorate (1994). *The Child, the Court and the Video.* London: HMSO.
Spencer, J.R. (1992). The complexities of the legal process for children with disabilities. *Child Abuse Review*, **1**, 200–203.
Spencer, J.R. & Flin, R.H. (1990). *The Evidence of Children: The Law and the Psychology.* London: Blackstone.
Spencer, J.H. & Flin, R.H. (1993). *The Evidence of Children.* London: Blackstone.
Steller, M. & Boychuck, R. (1992). Children as witnesses in sexual abuse cases. In H. Dent & R. Flin (Eds), *Children as Witnesses.* Chichester: Wiley.
Tissier, G. (1995). A clouded lens. *Community Care*, February.
Toglia, M.P., Hembrooke, H., Ceci, S.J. & Ross, D.F. (1994). Children's resistance to misleading post-event information, when does it occur? *Current Psychology*, **13**, 21–26.
Toglia, M., Ross, D. & Ceci, S. (1992). The suggestibility of children's memory. In M. Howe, C. Brainerd & V. Reyna (Eds), *The Development of Long-term Retention.* New York: Springer Verlag.
Tomasello, M. (1987). Learning to use prepositions: A case study. *Journal of Child Language*, **14**, 79–98.
Turk, V. & Brown, H. (1992). Sexual abuse and adults with learning disabilities: Preliminary communication of survey results. *Mental Handicap*, **20**, 55–58.
Tyack, D. & Ingram, D. (1977). Children's production and comprehension of questions. *Journal of Child Language*, **4**, 211–224.
Vizard, E. (1987). Child sexual abuse. *Lancet*, 2, 8572: 1397–1398.
Wade, A. & Westcott, H. (1997). No easy answers: Children's perspectives on investigative interviews. In H. Westcott & J. Jones (Eds), *Perspectives on the Memorandum Policy, Practice and Research in Investigative Interviews* (pp. 51–65). Aldershot, Hants: Arena.
Walker, A.G. (1993). Questioning young children in court: A linguistic case study. *Law and Human Behaviour*, **17**, 59–81.
Walker, A.G. (1994). *Handbook on Questioning Children: A Linguistic Perspective.* Washington: ABA Center on Children and the Law.
Walker, A.G. & Warren, A.R. (1995). The language of the child abuse interview. Asking the questions, understanding the answers. In T. Ney (Ed), *True and False Allegations of Child Sex Abuse: Assessment and Case Management* (pp. 153–162). New York: Bruner-Mazel.
Warren, A., Hulse-Trotter, K. & Tubbs, E. (1991). Inducing resistance to suggestibility in children. *Law and Human Behaviour*, **15**, 273–285.
Warren-Leubecker, A., Tate, C., Hinton, I. & Ozbek, N. (1988). What do children know about the legal system and when do they know it? In S. Ceci, D. Ross & M. Toglia (Eds), *Perspectives on Children's Testimony* (pp. 131–157). New York: Springer Verlag.
Waterson, N. & Snow, C. (Eds) (1978). *The Development of Communication.* New York: Wiley.
West, R. (1997). A fair hearing. *Community Care*, **14–20 August**, 23.

Westcott, H.L. (1991). The abuse of disabled children: A review of the literature. *Child Care, Health and Development*, **17**, 243–358.

Westcott, H.L. (1992a). Memorandum of Good Practice (Commentary on Davies, Protecting the child witness in the courtroom). *Child Abuse Review*, **1**, 77–79.

Westcott, H.L. (1992b). The disabled child witness. Paper presented at the Nato Advanced Studies Institute on the Child Witness in Context, Italy.

Westcott, H.L. (1993). *Abuse of Children and Adults with Disabilities*. London: NSPCC.

Westcott, H.L. & Cross, M. (1996). *This Far and No Further: Towards Ending the Abuse of Disabled Children*. Birmingham: Venture Press.

Westcott, H.L. & Davies, G. (1996). Sexually abused children's and young people's perspectives on investigative interviews. *British Journal of Social Work*, **26**, 451–474.

Westcott, H.L. & Jones, J. (1997). *Perspectives on the Memorandum Policy, Practice and Research in Investigative Interviews*. Aldershot, Hants: Arena.

White, S. (1990). The investigatory interview with suspected victims of child sexual abuse. In A. La Greca (Ed), *Through the Eyes of the Child: Obtaining Self-reports from Children and Adolescents*. Boston: Allyn & Bacon.

Working Together (1988). London: HMSO.

訳注：日本語では以下の文献が役に立つ。

W. ボーグ　R. フラゴー　D. L. アービン　R. ブロドリック　D. M. ケリー（著）／藤川洋子・小沢真嗣（監訳）2003年　子どもの面接ガイドブック　日本評論社

イギリス保健省　イギリス教育雇用省　イギリス内務省（著）／松本伊知朗・屋代通子（訳）2002年　子ども保護のためのワーキング・トゥギャザー──児童虐待対応のイギリス政府ガイドライン　医学書院

厳島行雄・仲真紀子・原　聰（著）2003年　目撃証言の心理学　北大路書房（特に「8章　子どもの証言」「10章　捜査面接法」）

索引

あ

アーヴィン＝トリップ, S.（Ervin-Tripp, S.） 154
アナトミカルドール 117-118
アルドリッジ, M.（Aldridge, M.） 127, 201
安心させる（子どもを） 63, 179

い

怒り 203
一般的な語彙 172
意味をなさない質問 144
色名を言う能力 55

う

ウェイド, A.（Wade, A.） 23, 145
ウエストコット, H. L.（Westcott, H. L.） 3, 22, 127, 133, 223-224, 247, 254
ウォーカー, A. G.（Walker, A. G.） 28, 91, 112, 133, 144-145
ウォーラー, B.（Waller, B.） 12
嘘 68
運動失調 235

え

英国の司法制度 4
エヴァンス, M. A.（Evans, M. A.） 88-89
エコーイング 105
MOGP（よき実践のためのメモ） v, 6
　～に関するメディア報道 12
　～の経験 8
　～の欠点 18
　～の統計 11
　～の利点 9
　～への意見 7, 14

お

応答拒否 130
応答の不一致 151
オープン質問 82, 126, 134, 143
オーンステイン, P. A.（Ornstein, P. A.） 95, 116
恐れ 86, 203
　～に対して安心感を与える 88
おもちゃ 51, 245

か

解釈の余地（多義性） 206
ガイゼルマン, R. E.（Geiselman, R. E.） 106
ガイドライン（言語発達についての） 23
会話
　～についての知識 126
　～の前提 133
　～のトピック 43
書き起こし資料（トランスクリプト）vi-vii
拡大コミュニケーション・システム 226, 236, 238, 241, 249
語りの精巧化 119
カッセル, W. S.（Cassel, W. S.） 94
カメラについての説明 64
カメラについての説明（障害児） 246
感情を表わす語彙 200
感情を表わす語彙（言葉遊び） 201
間接的な質問 136
間接的な促し 105

き

記憶スキル 94
記憶能力 94
基本的情報の記録 39
虐待の被害 222
　障害児の～ 222, 226, 229

強制　203
脅迫　179, 247
キング，M. A.（King, M. A.）　146

く

グッドマン，G. S.（Goodman, G. S.）　94
グプタ，A.（Gupta, A.）　221
クラーク，C.（Clarke, C.）　21
繰り返された出来事　115
クリーブランド調査　3
グロ，D. F.（Gullo, D. F.）　142
クローズ質問　135, 145, 159
クロス，M.（Cross, M.）　223
訓練　26

け

警察官の概念　176
警察官（法律用語）　175
刑事司法法の改正　5
痙性片麻痺　235
ケネディ，M.（Kennedy, M.）　224
言語スキル　95
　　～の制約　95
言語的環境　252
言語能力　251
検索技法の「練習」　119
現実　67
顕著な情報　113

こ

語彙の制約　202
コーガー，L.（Cogher, L.）　235
コード・スイッチ　252
小道具　117, 140, 230, 248
言葉あそび（自由語りの質）　93
言葉あそび（自由語りの量）　90
言葉あそび（情報の種類）　97
子ども自身が話す　148, 163
小林春美　213
コンドーム　200
困惑　86

さ

最後の選択肢を答える傾向　161
サイン言語システム　236
サインによって支えられた英語　237
サヴィック，S.（Savic, S.）　154-155
佐々木正人　213
サッター，G.（Sattar, G.）　119-120
算数の能力　55

し

シーガル，M.（Siegal, M.）　148
視覚障害　238
時間　60, 167
　　～の概念　60
時間的に順序立った報告　112
指示対象　140
事実　67
事実とファンタジーの区別　74
四肢麻痺　235
実務家へのアドバイス　147
質問
質問段階　249
質問に答える能力　139
質問の繰り返し　107, 135, 148, 164
質問の効力　137
質問への応答　149
質問への応答（WH質問）　152
質問への応答（「はい／いいえ」質問）　150
指標（発達の査定の）　62
司法へのアクセス　224
　　障害児の～　224
弱者　vi
射精　197
シュイ，R. W.（Shuy, R. W.）　212
自由語り　ix, 81, 89
　　～段階の重要性　82
　　～で報告する能力　84
　　～の足場　110
　　～の機会　104
　　～の支援　110
　　～の進め方　82
　　～の「第2の機会」　105
　　～の「第3の機会」　110
　　～の長さ　89
　　～の能力　60

索　引

　　　　～の枠組み　112
終結段階　169
周辺的情報　94, 115
自由報告
　　　　～の中心化方略　98
　　　　～の連結方略　98
手話　237
順序を変える　106
障害児　232
　　　　～に必要な設備　230
　　　　～への質問の種類　232
障害児への面接　226, 239
　　　　～のための情報源　233
証言能力　167
詳細情報　167
証人能力　226
情報単位　96
情報の種類　96
情報の特定化　101
情報の連結　98
助詞　213
「知らない」「わからない」という応答　77
「知らない」「わからない」という応答（障害児）
　　247
人工内耳（蝸牛インプラント）　237
真実　67
真実と嘘の理解　69
　　　　～を査定する方法　70
真実を話すことの必要性を強調する（障害児）
　　246
身体部位の特定（言葉遊び）　193
身体部位の特定を支援する方略　186
身体部位を表わす語　184, 191
身体部位を表わす語（性的な）　191
心的復元　252
信用性（子どもの証言の）　4

● す

ステラー , M.（Steller, M.）　143
ステレオタイプな反応　157
すべてを話す　106
スペンサー , J. R.（Spencer, J. R.）　1, 229

● せ

セイヴィッツ , K. J.（Saywitz, K. J.）　2, 113, 118
性に関する語　184, 247
接続詞　98
設備　240
説明の詳細さ　84
選択式の質問　158
前置詞　211

● そ

挿入　194
ソーシャルワーカーの概念　180
ソーシャルワーカー（法律用語）　175
測度体系　167
測度に関する質問　168

● た

ターン　138, 144
代名詞　205
対立する感情　204
ダウン症　236
多義語　173
WH質問　136, 145
　　　　～の理解　139
ダン , J.（Dunn, J.）　205
段階アプローチ　ix, 5
単語の選択　101

● ち

知的障害　234
中心的情報　94, 115
チョイ , S.（Choi, S.）　138
聴覚障害　236
直接的な質問　136
沈黙　128

● つ

通訳　253

通訳（手話通訳）　232, 243
付添人　34
　　愛着のある大人の〜　35, 242
　　愛着のない大人の〜　39

て

デイヴィス, G. M.（Davies, G. M.）　4, 7, 11, 17, 104, 134
ティシアー, G.（Tissier, G.）　17
適切な言葉　173
デネット, J.（Dennet, J.）　21
デント, H. R.（Dent, H. R.）　82, 127
伝聞　241

と

同時筆記（ノートテイキング）　236, 241
特殊な語彙　172
特定質問　135, 143
トランスクリプト（書き起こし資料）　vi

な

中味のないサンドイッチ　91
馴染みのない会話様式　85
「なぜ」質問　152

に

二重否定　135
人形　117, 249
認知面接　106, 118

の

脳性マヒ　235

は

ハーター, S.（Harter, S.）　204
バーマン, R. A.（Berman, R. A.）　101

バーンズ, Y.（Burns, Y.）　236
「はい／いいえ」質問　143
　　〜の理解　138, 142, 181
「はい」と答える傾向　159, 162
パイプ, M. E.（Pipe, M. E.）　70
バイリンガル　250
バイリンガル（面接官の経験）　250
パウエル, M. B.（Powell, M. B.）　82, 89
パジェット・ゴーマン　236
恥ずかしさ　86
バッシー, K.（Bussey, K.）　69
発達に関する情報を補足する　55
発達に関する情報を補足する（障害児）　245
ハモンド, N. R.（Hamond, N. R.）　110
反対尋問　5
反応方略　141, 154
反応方略（質問の一部にのみ答える）　155
反応方略（ステレオタイプな反応をする）　155
反応方略（他の形式の質問であるかのように答える）　155
バンバーグ, M.（Bamberg, M.）　99
反復質問　136

ひ

被暗示性　118
ビーリー, M.（Beeghly, M.）　205
ピクチャー・ブリーズ！　ランゲージ　238
非言語的コミュニケーション　226
ビデオの機能　65
ビデオの性質　65
ビデオ面接（情報の種類）　97
1つの答えへの固執　144
秘密の保持　254
ヒュー, M.（Hughes, M.）　144
描画　117
評価的情報　99
描写的情報　99

ふ

ファイヴァッシュ, R.（Fivush, R.）　96
ファンタジー
　　〜のキャラクター　76
　　〜の出来事　76

索引

フィッシャー, R.（Fisher, R.） 225, 230
フィリップス, M.（Phillips, M.） 221
プール, D.（Poole, D.） 119-120, 149
フェルトボード 119
フォスター, S. H.（Foster, S. H.） 110
付加疑問文 137, 145, 158
不適切な答え 128
不適切な質問 127
不品行の概念 69
フラヴェル, J. H.（Flavell, J. H.） 144
ブラウンロウ, J.（Brownlow, J.） 12
プリシンボリクス 239
プリース, A.（Preece, A.） 85
フリン, R. H.（Flin, R. H.） 1, 94, 147
ブル, R.（Bull, R.） 119-120
文脈の復元 106

● へ

ベケリアン, D.（Bekerian, D.） 21
ヘンドリー, E.（Hendry, E.） 27

● ほ

法律用語 175
　　〜の年齢別習得状況 183
勃起 199
ホワイト, S.（White, S.） 146
ボンド, H.（Bond, H.） 221, 229

● ま

マーチャント, R.（Marchant, R.） 225, 240, 242-245, 247-249
マカトン 236
マカトン・シンボル 239
マクゴウ, L. S.（McGough, L. S.） 89
マスターベーション 196

● み

ミドルトン, L.（Middleton, L.） 246

● む

無口 86, 167
矛盾 131-132

● め

メイヤー＝ジョンソン・コミュニケーション・システム 238
　　〜を行なう際の問題 20
　　〜に対する実務家の考え 21
　　〜に関する研究者の考え 21
　　〜に対する子どもの証人の考え 22
面接
面接官の仕事の説明 175
面接テープの概要 242
面接の開始 39
面接の時間 17
面接の時間（障害児） 240, 243
面接の証拠的（法廷的）価値 146, 149, 166, 241
面接のタイミング 32
面接の場所 33, 240
面接の理由
　　〜を説明する 61
　　〜を説明する（障害児） 246

● ゆ

誘導質問 135, 146, 162
誘導ループ・システム 242

● よ

よき実践のためのメモ（MOGP） v, 6
　　〜に関するメディア報道 12
　　〜の経験 8
　　〜の欠点 18
　　〜の統計 11
　　〜の利点 9
　　〜への意見 7, 14
横山正幸 213

ら

ライト　242
ラポール　31, 253
ラポール（障害児との）　244
ラポール段階　42
　〜での話題　43
ラム, M. E.（Lamb, M. E.）　29

り

リチャードソン, G. C.（Richardson, G. C.）
　　91, 137
リーバス・シンボル　239
両麻痺　235

れ

レイクマン, M.（Leichtman, M.）　107
レンヴォイズ, J.（Renvoize, J.）　89, 118, 221
連携捜査チーム　6

ろ

ローズ, D. E.（Rose, D. E.）　237
録音の再生　120
ロックデール・オークニー報告　3
論理的な順序　112

わ

「ワーキング・トゥギャザー」　4
ワーキング・トゥギャザー法　6
「わからない」と言うこと　147-148, 163
「わからない」と答える傾向　163

訳者紹介

編訳者　仲　真紀子（北海道大学大学院文学研究科教授）
訳　者　仲　真紀子　…………………………………………… 1章, 2章
　　　　齋藤憲一郎（立命館大学非常勤講師）………………… 3章, 4章
　　　　脇中　　洋（大谷大学教授）………………………… 5章, 6章

法は言うまでもなく人間の現象である。そして心理学は人間の現象にかかわる科学である。それゆえ法学と心理学はおのずと深く関わりあうはずの領域である。ところがこの二つがたがいに真の意味で近づき，交わりはじめたのはごく最近のことにすぎない。法学は規範学であり，一方で心理学は事実学であるという，学としての性格の違いが両者の交流を妨げていたのかもしれない。しかし規範が生まれ，人々のあいだで共有され，それが種々の人間関係にあてはめられていく過程は，まさに心理学が対象としなければならない重要な領域のひとつであり，その心理学によって見出された事実は，ふたたび法の本体である規範に組みこまれ，その規範の解釈や適用に生かされるものでなければならない。

　「法と心理学会」はこうした問題意識のもとに，2000年の秋に立ち上げられた。時あたかも20世紀から21世紀へと移る過渡であった。法の世界も心理学の世界もいま大きく変わりつつあり，そこに問題は山積している。二つの世界にともにかかわってくる諸問題を学際的に共有することで，現実世界に深く関与できる学を構築する。そのために裁判官，検察官，弁護士をはじめとする法の実務家を含め，法学と心理学それぞれの研究者が双方から議論を交わし合う。そうした場としてこの学会は出発した。この学会はその性格上，けっして学問の世界で閉じない。つねに現実に開かれて，現実の問題を取りこみ，現実の世界に食いこむことではじめてその意味をまっとうする。

　以上の趣旨を実現する一環として，私たちはここに「法と心理学会叢書」を刊行する。これは私たちの学会を内実化するためのツールであると同時に，学会が外の現実世界に向かって開いた窓である。私たちはこの窓から，法の世界をよりよき方向に導き，心理学の世界をより豊かにできる方向が開かれてくることを期待している。

　　　2003年5月1日

　　　　　　　　　　　　　　　　　　　　　　　　　　法と心理学会
　　　　　　　　　　　　　　　　　　　http://www.law.psych.chs.nihon-u.ac.jp

[法と心理学会叢書]

子どもの面接法
司法手続きにおける子どものケア・ガイド

2004年10月15日　初版第1刷発行	定価はカバーに表示
2012年 6 月20日　初版第2刷発行	してあります。

原 著 者　　M．アルドリッジ
　　　　　　　J．ウ ッ ド
編 訳 者　　仲　真紀子
発 行 所　　㈱北大路書房
〒603-8303　京都市北区紫野十二坊町12-8
　　　　　　電　話　(075) 431-0361 ㈹
　　　　　　F A X　(075) 431-9393
　　　　　　振　替　01050-4-2083

© 2004　　　制作／T.M.H.　　印刷・製本／㈱太洋社
検印省略　落丁・乱丁本はお取り替えいたします。
ISBN978-4-7628-2411-1　　Printed in Japan